돈 모을 때 시작하는
금융투자 공부

돈 모을 때 시작하는
금융투자 공부

복잡한 세상에서 돈은 어떻게 불어나는가?

임경 지음

적은 돈이라도 모으고 불리는 일에 공부가 필요한 시대가 된 지도 오래되었습니다. 금융과 투자에 대한 책이 넘쳐 나는 세상에서 저도 《돈은 어떻게 움직이는가?》(원화와 외화 그리고 금리와 환율의 긴밀한 연결고리), 《환율은 어떻게 움직이는가?》(미래를 예측하는 환율전략), 《투자를 위한 생각의 틀》(성공과 실패를 가르는 금융·경제 지식) 등을 더하였습니다. 다행히 많은 독자의 사랑으로 '판'과 '쇄'를 거듭하며 금융에 대한 이해에 도움이 된 것 같아 다행이라 생각합니다. 복잡하고 어려운 내용을 쉽고 재미있게 전달하는 일이 쉽지 않지만 최대한 노력하였습니다. 그런데 기초가 다소 부족한 독자들을 위해 쉽고 재미있는 책이 필요하다는 요청이 적지 않아 다시 금융투자를 위한 기본서를 출간하게 되었습니다.

이 책은 금융에 대해 거의 아는 바가 없는 대학생 두 명과 직장인 두 명이 '핵심금융 아카데미'에 입학하여 금융전공 교수에게 2주간 강의를 받는 형식으로 구성되어 있습니다. 주제별 내용에 대한 설명과 함께 질의·답변을 구성하여 독자들이 편한 마음으로 읽을 수 있도록 하였으며, 각 주제의 처음에 간단한 화두 또는 질문을 제시한

4

후 '관심의 끈'을 이어 가는 방식을 취하였습니다. 또한 교과서, 논문, 검토보고서의 건조한 문체를 버리고 강의를 직접 듣는 느낌으로 흥미를 더하여 독자들의 이해를 높이고자 노력하였습니다. 특히 딱딱한 내용을 재미있게 설명하는 데 초점을 맞췄습니다. 아울러 각 강의 끝에 그날 배운 내용과 관련된 정보를 수강생들이 조사하는 과제를 제시하여 그 주제에 대해 다시 생각해 보도록 하였습니다. 또한 한 주간 강의의 마지막에는 퀴즈를 출제하여 그동안 공부한 내용을 스스로 평가하는 기회를 제공하였습니다. 이에 더하여 등장인물 간의 대화를 조미료로 활용하여 독자의 흥미를 돋우는 데 관심을 기울였습니다.

강의는 제1주 차 '금융경제의 기초와 원리', 제2주 차 '투자전략과 금융상품' 순으로 진행하였습니다. 1주 차에는 경제학적 생각의 기초, 화폐가치와 통화량, 국민소득·경기·물가 등 주요 경제통계, 금융시장과 통화정책, 재무 의사결정의 선택 순으로 이야기하였고, 2주 차에는 효율적 시장가설, 적극적·소극적 투자전략, 주식과 채권을 비롯한 다양한 금융상품, 재무설계 순으로 설명하였습니다.

이러한 체계를 갖추어 가는 과정에서 오래전에 썼던 《소설처럼 재미있는 금융 이야기》의 형식을 빌려 왔습니다. 물론 그동안 금융 경제 환경이 많이 바뀌었으므로 그 변화를 반영하였으며 웬만한 여건에도 흔들리지 않는 금융경제의 기초원리를 강조하였습니다. 한편 독자의 이해를 돕기 위해 재미있는 사례를 추가하려고 적지 않게 노력하였습니다. 내용에 있어서는 그동안 집필하였던 책에서 '돈의 흐름', '환율의 예측', '투자를 위한 생각의 틀' 등의 일부 내용을 간추려 넣었습니다. '핵심' 내용은 그대로 두고 구성의 틀을 바꾸어 내용을 쉽게 알 수 있도록 수준을 조절하였습니다.

잔가지를 잘라내면서 '핵심'을 온전히 이해하여 기초를 다져 나간다면 복잡하고 어려운 문제를 쉽게 이해할 수 있습니다. 또한 관련 주제를 연결하는 힘이 생깁니다. 독자 여러분도 이제 이 책의 수강생들과 함께 '핵심금융 아카데미'에 입학하여 '돈의 흐름' 속에서 세상을 볼 것입니다. 그리고 선택의 갈림길에서 만나게 될 의사결정 과정에서 많은 도움을 받게 될 것입니다.

마지막으로 원고를 쓰는 과정에서 도움을 주신 분들께 감사드립니다. 혹시 책의 내용 중 잘못과 부족함이 있다면 전적으로 저의 책임입니다. 언제나 날카로운 이론과 튼튼한 실무지식으로 유익한 관점을 제시해 주신 한국은행 권준석 팀장님께 고마운 마음을 전합니다. 열정적으로 연구하고 강의하는 가운데서도 폭넓은 관점을 제공해 주신 성균관대 이규인 박사님과 서울시립대 신원섭 박사님께도 감사의 말씀을 드립니다. 아울러 원고 쓰기를 계속 격려해 주신 생각비행 출판사 조성우 대표님께도 감사드립니다. 그리고 항상 곁에서 용기를 북돋아 주는 가족에게도 거듭 고마운 마음을 전합니다.

2024년 4월
임경

금융경제의 기초와 원리

생각의 기초

01 ▶ 무엇을 생각하고 잊을 것인가?

'내가 왜 여기에 앉아 있어야 하지?' 채권희는 목련이 핀 정원을 내다보며 중얼거렸다. 금융연합회 10층에서 바라본 풍경이 낯설었다. 친구들은 학교 카페나 벤치에서 잡담을 하고 있을 텐데……. 지난달 신용카드 명세서만 아버지께 들키지 않았어도 여기에 있지 않았을 것이다.

넓은 강의실 창가에 여성 두 명만 앉아 있는 모습을 본 주식영은 '핵심금융 아카데미라는 거창한 이름에 수강생이 나 포함 겨우 3명인가?' 생각했다. 그때 뒷문이 열리더니 20대 남성이 뛰어와 앉았다. 주식영은 혼잣말로 "총 4명이군."이라고 하며 넥타이를 느슨하게 풀고 창문 밖 하늘을 바라보았다. 그 역시 회사 업무를 급하게 정리하고 퇴근해 간신히 늦지 않았다.

오리엔테이션

"안녕하십니까? 오늘부터 2주간 '핵심금융 아카데미' 기초 과정 강의를 맡은 복자금입니다. 수강생이 4명이군요. 예, 충분합니다. 1 대 1 과외처럼 편하게 진행하겠습니다. 인원이 적을수록 강하게 독려하는 게 강사 아닙니까? 허허허."

독려란 말에 수강생들은 복자금 교수를 힐끗 쳐다보았지만, 깐깐해 보이지는 않았다.

"인원이 적으니 각자 일어나서 자기소개를 하면 좋겠어요. 우측에 앉은 분부터 할까요?"

복 교수가 자신을 가리키자 넥타이를 고쳐 매며 주식영이 일어났다.

"안녕하세요. 수강생 중 저만 직장인 같네요. 열심히 따라가겠습니다. 주식영이라고 합니다."

자연스럽게 은성실이 일어났다.

"출산휴가를 내고 남편 권유로 강의를 듣게 된 은성실이라고 합니다. 성실히 듣겠습니다."

"하하하하하."

성실히 듣겠다는 은성실의 말에 모두 박수를 치며 웃었다. 은성실 옆자리에 앉은 채권희가 쭈뼛쭈뼛 일어나며 "아버지의 강요로 강의를 듣게 된 대학교 2학년 채권희라고 합니다. 잘 부탁드립니다."라고 작은 목소리로 말했다.

은성실 뒷자리에 앉은 한영리는 채권희의 소개가 끝나자 바로 일어나 "더 영리해지려고 강의에 참여하게 된 한영리입니다. 저는 대학교 3학년입니다."라고 소개하고 앉았다.

"밝게 자신을 소개해 주셔서 고맙습니다. 모두 성인이니 강의할 때 '~ 씨'라고 부르고 싶은데 괜찮은가요?"

"네."

웃으며 말하는 복자금 교수를 보며 수강생들이 대답했다.

"자 그럼, 나눠 드린 시간표를 보겠습니다. 이번 게임은 이렇게 시작합니다."

복 교수는 강의라는 말 대신 '게임'이란 말을 사용했다.

"한영리 씨, 혹시 컴퓨터게임 좋아하나요?

"아, 네."

갑작스러운 복 교수의 질문을 받고 얼떨결에 한영리가 대답했다.

"저 역시 게임을 좋아해서 간단한 것으로 몇 개 만들었습니다. 여러분이 이번 '핵심금융 아카데미'에 참여하는 태도, 질문에 대한 대답, 강의에 대한 질의와 답변, 토론, 퀴즈 점수 등을 모두 지금 개발 중인 '투자게임'의 수준을 정하는 데 사용할 예정입니다. 그러니 강의에 열심히 참여했으면 합니다."

"지금 구상하는 투자게임은 두 단계입니다. 예금, 대출, 주식, 채권의 기본 원리를 이용하는 첫 단계와 경제 여건 변화를 반영하여 한층 복잡하게 참여하는 두 번째 단계입니다. 그런데 이 게임은 단순히 손가락을 빨리 놀리는 것이 중요하지 않습니다. 게임에 나오는 여러 개념과 주식, 채권 등의 가격 움직임에 내재된 기본 원리를 이용하며 게임이 끝난 다음에는 그 과정에서 발생한 이해득실에 대한 평가로 구성할 예정입니다."

복자금 교수는 수강생들이 내년 봄 개설되는 투자게임 강좌에도 참여하면 좋겠다며 10분간 설명을 늘어놓았다.

"그럼, 이번 주 시간표를 볼까요? 수업은 60분 강의, 10분 휴식으로 하겠습니다. 그리고 매일 짚어 주는 핵심 포인트를 복습하기 바랍니다. 회사 업무나 학교 수업 때문에 걱정이지만 잘할 수 있겠지요?"

1주 차 강의시간표

MON 생각의 기초
정보의 가치 / 기회비용 / 매몰원가 / 탐색비용 / 금리 / 화폐의 시간가치 / 현재가치 / 미래가치 / 복리 / 금리 변동 요인 / 통화량

TUE 경제의 기본 여건
경제지표 / 국민소득 / 경기지수 / 물가지수 / 환율 / 국제수지

WED 보이지 않는 손과 운동장
금융거래 / 금융시장의 구조 / 시장 규율 / 단기금융시장 / 채권시장 / 주식시장 / 파생금융시장 / 금융기관 / 투자 행태

THU 보이는 손과 호루라기
통화정책 목표 / 통화정책 운용체계 / 통화정책 파급경로 / 전통적 통화정책 / 비전통적 통화정책

FRI 선택의 기로에 서서
금융거래의 발생 / 빌려주기와 투자하기 / 레버리지 효과 / 리스크의 선택 / 실적배당 vs 확정금리 / 고정금리 vs 변동금리 // QUIZ

"네."

"제1주와 제2주의 강의 마지막에 간단한 퀴즈가 있다는 내용이 안내 팸플릿에 나와 있으니 모르는 사람은 없겠지요? 모범 답안은 시험 후 단톡방에 올리고 강의실 뒤에 있는 게시판에도 붙여 놓겠습니다. 그리고 강의 도중에 질문이 있으면 언제라도 망설이지 말고 손을 들어 주세요."

수강생들은 얼마나 알고 있을까?

"자 그럼, 강의에 들어가기 전에 간단한 테스트를 하겠습니다. '금융시장과의 대화'라는 이 테스트는 '눈높이 강의'를 위한 것입니다. 오래전부터 금융지수FQ Financial Quotient, 금융문맹financial illiteracy이라는 말이 유행했습니다. 그러나 여러분이 이 테스트에서 낮은 점수를 받더라도 걱정할 필요 없습니다. 앞으로 열심히 강의에 참여한다면 오늘 테스트 수준 정도는 다른 사람에게 알려 줄 수 있게 될 테니까요."

수강생들은 '정말 그럴까?' 하는 표정으로 고개를 갸우뚱거렸다. 어쨌든 모두 열심히 해 보자는 눈빛으로 복 교수가 나눠 주는 문제지를 받고 문제를 풀기 시작했다. 하지만 누구 하나 자신 있게 답을 적지 못했다.

1. 금리가 상승하면 채권 가격은 하락하는가? 그렇다면 왜 그런가?
2. 주식 가격은 어떤 요인을 반영하여 결정되는가?
3. 채권의 만기가 길수록 채권 가격은 큰 폭으로 움직이는가?
4. 왜 위험이 클수록 기대되는 평균수익률은 높은가?
5. 물가는 상승하기보다 하락하는 편이 좋은가?
6. 투자와 투기의 차이점은 무엇인가?
7. 일반적으로 기대와 실현은 금융상품의 가격에 어떤 영향을 미치는가?
8. 자산가격이 하락할 때는 손실을 볼 수밖에 없는가? 또는 이익을 얻을 수
   도 있는가?
9. 자산가격이 상승과 하락을 반복할 때는 어떻게 이익을 얻을 것인가?
10. 한국은행은 어떤 기준으로 금리를 조절하는가?
11. 변동금리와 고정금리 중 어떤 조건으로 돈을 빌리기를 원하는가?
12. 채권형 펀드에 투자할 것인가? 주식형 펀드에 투자할 것인가?
13. 확정금리 상품에 투자할 것인가? 실적배당 상품에 투자할 것인가?
14. 장기 투자가 좋은가? 단기 투자가 좋은가?
15. 향후 금리는 상승할 것인가? 하락할 것인가?
16. 자산가격 변동 방향에 대한 만장일치는 어떤 결과를 가져오는가?
17. 다양한 금융상품 중 관심이 가는 상품은 무엇인가?
18. ABS와 MMF란 무엇인가?
19. 채권형 펀드는 언제 가입하는 것이 유리한가?
20. 환율이 상승하면 무역거래와 자본이동에 어떤 영향을 미치는가?

복자금 교수가 문제를 푸는 수강생 사이를 어슬렁거렸기 때문에
주식영은 신경이 쓰여 편하지 않았다.

"자, 테스트 끝! 모두 펜을 놓아 주세요. 음~ 봅시다. 제 생각과

크게 다르지 않게 여러분이 거의 모른다는 점을 확인했습니다. 그럼, 이제 기초부터 차근차근 공부하겠습니다."

주식영은 회사원인 자신이 학생들보다 나을 게 없다는 생각에 부끄러웠다.

금융 마인드를 세우자!

"여러분도 알고 있겠지만 처음이 가장 중요합니다. 그래서 첫 시간의 주제를 '금융 마인드를 세우자!'로 정하였습니다. 비록 여러분이 공부하거나 일하는 분야가 아니고 강의 시간이 짧다는 제약도 있지만 경제적 의사결정에서 필요한 몇 가지 원리를 확실히 안다면 금융 마인드를 갖출 수 있습니다. 그리고 다양한 용어에 익숙해져야합니다. 전문용어는 여러분의 긴 생각을 요약하여 정리할 수 있는 힘을 줍니다.

또한 가급적 생각을 수로 환원하는 편이 좋습니다. 말로 할 때보다 수로 표현하면 생각이 명료해지거든요. 수치로 알고 있어야 전체에 대한 감을 잡을 수 있습니다. 단순하게 계산하더라도 더하고 빼고 곱하고 나누면서 생각이 정리되는 부분도 있습니다. 방향을 잡기 어려운 상황에는 극단적인 수나 기호를 넣어 생각해 보는 것도 좋습니다. 예를 들어 제로(0), 무한대(∞), 마이너스(-) 등을 넣어 보면 방향을 정하는 데 도움이 됩니다. 큰 차이 앞에서는 복잡하게 계산하지 않더라도 직관의 힘으로 생각이 정리되거든요."

수강생들은 알 듯 말 듯하여 고개를 갸웃거렸다.

정보가 넘칠 때 버려야 할 것들

"생각해야 할 점을 챙기지 못하고 생각하지 않아야 할 점에 몰두 한다면 누구나 어리석다고 말합니다. 이런 차이는 현실 투자 환경의 문제와 학교 시험의 차이가 아닐까 생각합니다. 학교 시험에 나오는 질문은 대부분 출제자인 담당 교수가 풀이와 관계된 항목을 만들어 함께 제시합니다. 하지만 현실 투자 환경에서는 누가 문제를 만들어 주지 않습니다. 오직 스스로 문제를 먼저 만들고 스스로 답을 구해 야 합니다. 물론 문제를 구성하기 위한 자료 역시 많은 정보 속에서 혼자 찾아야 합니다. 그 과정에서 쓸데없는 정보를 과감히 버려야 합니다."

은성실이 뭔가 알겠다는 듯 고개를 끄덕였다. 은성실을 본 복 교 수는 목소리 톤을 높이면서 포인터로 스크린을 가리켰다.

홍길동은 현재 가지고 있는 3,000만 원만으로 향후 1년의 투자를 고려하고 있 다. 현재 예금금리는 연 3%, 대출금리는 연 4%, A회사 주식은 현재 10만 원, 1년 후 11만 원으로 예상하고 있다. 홍길동은 주식에 투자할 것인가? 투자 계산에서 필요 없는 정보는 무엇인가?

"여기에 간단한 사례를 제시했습니다. 너무 쉬워 질문할 필요도 없지만, 홍길동이 버려야 할 정보는 무엇일까요? 많은 정보라면 정리하기 어렵지만, 이처럼 간단한 문제라면 답하기 쉽습니다. 집에서 쓸데없는 물건들을 하나, 둘 버릴 때 비로소 지난겨울부터 보이지 않던 장갑이나 목도리를 찾을 수 있습니다."

"주식영 씨, 예시에 나타난 정보 중에서 쓸데없는 정보는 무엇인 가요?"

갑작스러운 질문에 당황한 주식영은 모르겠다고 재빨리 대답했다.

"그렇게 질문에 바로 모른다고 답하지 말고 조금 생각하면 쉽게 답을 찾을 수 있습니다."

웃으며 복 교수는 말을 이었다.

"홍길동이 투자를 생각하고 있는데 대안은 예금과 주식뿐입니다. 정보는 주어졌습니다. 투자 수익 계산에서 투자 금액과 투자 기간도 필요합니다. 그런데 문제에서 '홍길동은 현재 가지고 있는' 돈만으로 투자한다고 했습니다. 그러니 대출 금리는 필요 없는 정보입니다. 돈을 빌리지 않을 테니까요.

답을 알고 보면 쉽지만 이렇게 쓱 스쳐 지나가면 쉽지 않습니다. 이런 불필요한 정보에 휩쓸리면 핵심을 짚어 내기 어렵습니다."

의사결정은 항상 현재 시점에서 이루어진다!

: 기회비용

> '열심히 일한 당신, 떠나라!'
> 광고를 보는 순간 홍길동은 가게 문을 닫고 멀리 떠나 휴가를 즐기고 싶었다.
> "그래, 그동안 너무 열심히 일했어!"
>
> 홍길동은 고등학교 동창인 한영리와 3박 4일 일정으로 휴가를 떠나기로 했다. 둘이 합하여 기차와 배 편 20만 원, 숙박비 20만 원, 음식비 20만 원이 들었다. 홍길동과 한영리는 율도에서 기분 좋은 시간을 즐긴 후 소요 경비를 절반씩 부담하기로 하였다. 홍길동과 한영리가 각각 부담한 경제적 관점의 비용은 얼마인가?

"홍길동과 한영리 중에서 누가 비용이 더 들었을까요?

자, 한영리 씨?"

한영리가 황당한 표정으로 대답했다.

"홍길동과 제가 반씩 부담하기로 했으니, 30만 원 아닙니까?"

복 교수는 그럴 줄 알았다는 표정으로 "아닙니다. 그럼, 채권희 씨는 어떻게 생각하나요?"라고 말하며 채권희를 쳐다보았다.

"모르겠습니다."

자신에게 질문이 올 줄 알았다는 듯 채권희가 힘없이 대답했다.

"네, 맞습니다. 채권희 씨!"

복 교수가 웃으며 말하자 모두 어리둥절하며 그를 쳐다봤다.

"이런 이야기이지요. 홍길동은 휴가 기간에 장사하면 얻을 수 있는 이익을 포기한 겁니다. 따라서 휴가 비용은 명시적 비용인 60만 원의 반인 30만 원에 포기한 이익, 다른 말로 '기회비용opportunity cost'을 더해야 하는 것입니다. 즉 선택하지 않은 다른 길을 포기한 손실까지도 따져야 하는 것이지요. 그런데 여기서 학생인 한영리는 현재 돈을 벌고 있지 않으니 기회비용이 없을까요? 혹시 아르바이트를 해서 돈을 벌 수 있지 않을까요? 기회비용은 다른 말로 '암묵적 비용'이라고 부를 수 있습니다.

이를 다시 정의하면 우리가 어떤 선택을 했을 때 그에 따라 포기해야 하는 '차선책의 가치'라고 표현할 수 있습니다. 여기서 차선이란 포기한 대안 중에서 가장 높은 대안의 가치를 말합니다. 그래서 홍길동과 한영리 중 '누가 더 비용을 많이 부담했나?'에 대한 답은 '알 수 없다'가 정답입니다. 홍길동은 가게를 운영하고 있어 현재 수입이 명시적으로 보이므로 비용을 계산하기 쉽지만 한영리의 비용은 계산하기 어렵습니다."

"교수님, 문제에서 '한영리가 학생'이라는 가정이 없는데요?"

은성실의 첫 질문에 복 교수가 빙그레 웃었다.

"한영리는 지금 현실에서 학생이지 않나요? 그러니까 이 문제에서도 학생이라고 가정한 것입니다. 현실과 가상의 문제는 항상 엉켜 있습니다. 현실에서 한영리는 학생이므로 문제에서도 학생으로 보는 것이 합리적이죠. 이런 이치를 실감하려면 시간이 필요합니다."

은성실은 '이 무슨 뚱딴지같은 말'인지 이해하기 어려웠지만 일단 그냥 넘어가기로 했다.

학교에 다니는 비용은 얼마인가?

"한영리 씨, 채권희 씨! 학교에 다니는 데 쓰는 비용은 얼마일까요?"

"그거야, 등록금과 책값 정도가 아닐까 생각합니다만. 아니, 점심 값과 버스비 정도도 포함되겠네요."

한영리가 빠르게 대답하자, 채권희도 고개를 끄덕였다.

"학교 다니는 데 쓰는 비용은 등록금과 교재비 외에도 많습니다. 학교에 다니지 않고 취업을 하거나 장사를 했다면 벌었을 돈도 기회 비용에 해당한다는 점을 잊지 않았으면 좋겠습니다. 예를 들어 1년 에 3,000만 원을 벌 수 있다면, 대학 다니는 4년간 1억 2,000만 원을 벌 수 있습니다. 학교에 다니느라고 이를 포기했으니 기회비용인 셈 이지요. 다만 밥값과 옷값은 학교에 다니기 때문에 내야 하는 비용 에 포함되지 않습니다. 학교에 다니지 않고 회사에 다닐 경우에도 밥값과 옷값을 치렀을 테니까요. 물론 학교에 다니는 이유가 돈으로 만 계산되지는 않습니다. 교양과 지식을 쌓는 시간, 전공을 살린 미 래 준비, 좋은 친구를 사귀는 가치 등도 당연히 포함되니까요. 다만 학교에 다녔을 때와 다니지 않았을 때 발생할 수 있는 미래수입의 현재가치 차이를 제외한다면 경제학적으로 그렇다는 말입니다."

과거는 과거일 뿐 돌아보지 말자!

"주식영 씨, 실제 사회생활에서 기회비용이 무엇인지 생각해 보겠 습니다. 주식영 씨가 학교를 졸업한 후 연봉 3,000만 원을 주는 B기 업과 4,000만 원을 주는 C기업에 합격했지만, 결국 연봉 5,000만 원을 주는 현재의 A기업에 취업했다면 기회비용은 얼마일까요?"

"교수님께서 기회비용은 조금 전 '포기해야 하는 차선책의 가치'라고 하셨으니 다른 대안 중 가장 가치가 큰 4,000만 원입니다."

"네, 잘했습니다. 그런데 이 기회비용이라는 것은 의사결정 당시의 개념입니다. 시간이 지나서 돌이켜 보는 관점이 아닙니다. 의사결정은 늘 현재 시점에서 이루어집니다. 세월이 흐른 뒤 선택에 대한 평가가 바뀌는 경우가 얼마나 많습니까? 그러므로 기회비용을 생각할 때는 과거를 돌아보지 말아야 합니다. 기회는 지나가면 그뿐, 과거는 과거일 뿐입니다. 자 그럼, 이제 과거와 관련된 매몰원가sunk cost에 대해 설명할 시간이군요."

과거를 묻지 마세요!: 매몰원가

일지매는 홍길동의 친구이다. 일지매는 전자제품을 생산하는 얼룩말 기업의 주식 두 주를 가지고 있다. 장부를 보면 그중 하나는 2년 전 4만 원에, 다른 주식은 1년 전 5만 원에 구입한 기록이 있다. 이 주식은 현재 6만 원에 거래되고 있다. 지금 현금이 필요하여 한 주를 판다면 어느 주식을 팔아야 할까? 세금 문제는 없다고 가정하자.

"앞의 사례는 매몰원가sunk cost를 다룬 문제입니다. 개념을 설명하기 전에 채권희 씨, 이 문제의 답을 말해 볼까요?"

"예, 지금의 정보로는 답을 알 수 없습니다."

채권희는 첫 번째 문제처럼 계속 알 수 없다는 쪽으로 밀고 나갔다.

"그럼, 주식영 씨는 어떤가요?"

"예, 4만 원에 매입한 주식을 파는 편이 좋을 것 같습니다. 왜냐하면 4만 원에 산 주식을 팔았을 경우에는 2만 원의 이익이 남지만, 5만 원에 매입한 주식을 팔았을 경우에는 1만 원의 이익밖에 남지 않으니까요."

복 교수는 빙그레 웃었다.

"둘 다 틀렸습니다. 어차피 두 주식 모두 현재 시장에서는 6만 원입니다. 여러분은 기업이 아니니까 손익계산서를 작성할 일이 없습니다. 결국 팔아야 할 주식을 얼마에 파느냐는 중요한 문제지만 과거에 얼마를 주고 샀는지는 중요하지 않습니다. 고려해야 할 중요 사항은 '얼룩말 기업의 주식 가격이 앞으로 어떻게 변동할 것인가?' 하는 겁니다. 그런데 결국 같은 주식이기 때문에 미래 가격에서 차이 날 까닭이 있겠습니까? 이렇게 매입한 주식 가격처럼 지나간 과거에 투입된 비용을 '매몰원가'라고 합니다. 매몰원가는 향후 의사결정에 영향을 미치지 않는 원가를 말하지요. 교과서에 나와 있는 흔한 예를 들면, 새로운 사업을 시작할 때 더는 사용하지 않을 과거에 투자한 기계설비의 원가 같은 것들입니다. 또 합격할 가능성이 없는데도 그동안 투입한 시간과 돈이 아까워 공무원 시험에 매달리는 행동도 매몰원가에 연연하는 것입니다.

여기서 분명히 알아 두어야 할 점은 '의사결정의 핵심은 속도와 정확성이다'라는 교훈입니다. 그러나 많은 투자자가 불필요한 부분을 고려하는 데 시간을 허비하다 의사결정이 늦어지는 경우가 있습니다. 심리적으로도 과거에 투입한 원가에 연연하게 되지요. 도움이 되지 않는 과거에 연연하여 의사결정이 늦어지면 금융시장의 상황은 이미 바뀌어 있습니다. 의사결정은 미래의 기대에 의해 달라지기 때문에 미래에 영향을 미치지 못하는 과거에 얽매이지 말아야 합니다."

왜 지나간 원가에 집착할까?

"과거에 비싸게 샀더라도 눈물을 머금고 과감히 팔아야 할 때도 있습니다. 이론적으로 분명해도 실제로는 그렇게 하지 못합니다. 매몰원가는 늘 의사결정에 개입됩니다. 왜 그런지 알겠나요?"

"글쎄요."

수강생들은 약속이나 한 듯이 동시에 대답하였다.

"매몰원가를 고려하면 안 된다는 사실을 알고 있더라도, 손실을 보고 판다면 손실을 낸다는 사실이 너무 억울하다고 느끼거나 자괴감이 들기 때문에 가급적 손실이 드러나는 행동을 하지 않으려고 하기 때문입니다. 천적이 다가오는 위협을 느꼈을 때 모래 속에 머리를 파묻는 타조와 같다고나 할까요? 나아가 이런 감정 때문에 지금 가지고 있는 물건 가격이 곧 오를 수도 있다고 기대하거나 착각하기 쉽습니다.

한편 기업에서 투자 업무를 담당하다가 손실을 보았을 때, 이와 같은 사실을 알고 있으면서도 실천하지 못하는 또 다른 이유가 있습니다. 담당자가 우유부단하기보다 다른 사람들의 눈치를 보기 때문일 경우가 많습니다. 특히 상사가 이를 알게 되면 어쩌나 하는 두려움 때문에 숨기려고 합니다. 그래서 적절한 평가시스템을 갖추는 노력과 경영진의 냉정한 판단이 필요합니다. 실제 현장에서는 이런 일이 비일비재하게 일어납니다."

무엇을 얻기 위해 찾아다니는가?: 탐색비용

"자 그럼, 우리는 모든 의사결정이 미래지향적이야 한다는 교훈을 공부했습니다. 떠날 때는 말없이 떠나야 합니다. 지나간 추억을 위한 매몰은 절대로 안 됩니다! 이제 준비한 사례를 읽으면서 다음 주제로 넘어가겠습니다."

홍길동의 동생 홍길서는 몇 가지 투자안을 놓고 고심하고 있다. 여러 투자설명회를 다닌 결과 A, B, C, D, E 투자안 중 A가 가장 마음에 들지만, 흡족하지 않다. 무엇인가 더 좋은 투자안이 반드시 있을 것이다. 다른 설명회에 또 참석해야 할지 망설이고 있다.

"투자안을 선택하는 문제에서 은성실 씨, 어떻게 하겠습니까? 이쯤에서 찾아다니는 일을 그만 해야 할까요?"

"저는 더 찾아보는 것이 어떨까 하는 생각입니다만……."

은성실은 자신 없게 말끝을 흐렸다.

"그렇군요. 그럼, 한영리 씨는 어떤가요?"

"글쎄요. 여러 투자안을 검토한 결과 A안이 가장 좋은 것으로 나타났으니 더 알아볼 필요는 없다고 생각합니다. 다른 투자설명회에 참석하려면 시간과 돈이 또 들지 않겠습니까?"

한영리는 망설이지 않고 시원하게 대답했다.

"그것도 좋은 생각입니다. 아, 참! 문제가 성립되려면 이미 검토한 투자안들이 사라지는 일이 없으며 시간이 지나더라도 기대이익에 변동이 없어야 한다는 전제가 있어야겠네요. 몇 가지 사례를 추가로 생각해 보겠습니다. 저는 어릴 적에 어머니를 따라 시장에 자주 갔습니다. 어머니는 한 군데 상점에서 물건을 사지 않고 시장 골목을 따라 여러 상점을 둘러보셔서 다리가 아팠습니다. 대신 어머니는 맛있는 것을 사 주셨지요. 이렇게 싸거나 좋은 품질의 물건을 사려고 둘러보는 비용을 탐색비용searching cost이라고 합니다.

그런데 이 문제에 대한 해답은 위 내용만으로는 알 수 없겠네요. 하지만 더 탐색해 얻을 수 있는 편익이 그때 소요되는 비용보다 많다면 탐색을 계속하고, 편익이 비용보다 적다면 탐색할 필요가 없습니다. 이때 탐색 행위로부터 얻을 수 있는 편익과 소요 비용의 크기는 자기가 처해 있는 상황에 따라 달라집니다. 편익의 크기가 상품 구입량이 많거나 투자 규모가 클수록 커지는 것은 당연하고, 탐색비용이 시간과 관련된 기회비용이므로 임금이 높을수록 더 커지겠지요. 예를 들어 대기업 사장과 대학생이 똑같은 시간을 탐색하더라도 소모되는 비용에는 큰 차이가 있다는 말입니다."

얼마나 많은 상대를 만나야 하나

"다른 사례를 알아볼까요? 후배가 '천생연분'이라는 결혼정보회사를 운영하는데, 가끔 놀러 가면 미래의 배우자를 찾다가 지친 사람들을 볼 때가 있습니다. 그런데 다른 편에서 이야기한다면 이 세상에서 결혼에 성공한 사람들이 모두 천생연분을 만났을까요? 은성실 씨, 가장 최근에 결혼했으니 물어보겠습니다. 세계 구석구석을 다니면서 이 사람보다 좋은 사람이 없다는 것을 확인할 필요가 있을까요? 우리의 의사결정 중 그것은 정말 최선책이라고 말할 수 있는 일이 얼마나 될까요? 이 정도면 됐다고 멈추는 순간, 더 나은 대안이 울고 있지 않을까요? 신성한 결혼을 탐색비용의 예로 들어 민망한가요? 그렇게 생각할 필요는 없습니다. 이런 주제들로 노벨경제학상을 수상한 게리 베커Gary Stanley Becke도 있으니까요."●

수강생들이 흥미로운 듯 웃는다.

"다른 예를 들면, 쉽게 고르기 힘든 스마트폰이나 노트북 같은 전자제품이 있습니다. 최상의 조건을 탐색하다가 지쳐 버리기 일쑤지요. 망설이다 보면 성능이 개량된 제품이 나오기 마련이거든요. 대안을 찾아다니다가 피곤해지기 쉬운 사람이라면 건강도 중요한 고려사항입니다. 이 은행 저 은행 다니면서 금리를 따지는 일은 좋은

● 시카고대학교에서 경제학을 가르치던 게리 베커는 전통적인 경제학에서 비교적 관심을 두지 않던 '결혼', '차별', '범죄', '교육 투자' 등 인간 행동에 대한 광범위한 주제를 연구했다. 그는 비용과 편익이라는 경제학에 있어서 가장 근본적이고 핵심적인 두 가지 축을 중심으로 인간의 선택에 대해 연구한 공로로 1992년 노벨 경제학상을 수상했다.

자세지만 때로는 좋지 않은 결정이 되기도 합니다. 합리적인 대안 평가 과정을 통해 '탐색을 포기하는 의사결정'을 선택할 수도 있습니다. '중요한 점을 선별하는 일, 그것을 아는 것이 가장 중요하다'라는 명제가 성립하겠군요. 자, 오늘 첫 시간에 배운 주요 내용 일부를 단톡방에 과제로 올리겠습니다. 다음 시간 전까지 이메일로 송부하기 바랍니다. 모범 답안은 하루 후 게시하겠습니다. 자, 이제 시간도 되었으니 10분간 쉬겠습니다."

과제-01

기회비용, 매몰원가, 탐색비용에 대해 설명하고 예를 제시하라. (150쪽 참조)

02 ▶ 원숭이들은 왜 조삼모사를 비판하는가?

"이제 이번 과정에서 가장 중요한 이야기를 시작하겠습니다. 이 부분을 모르면 여러분은 돈을 계산하는 게임을 할 수 없습니다. 간단한 산수를 사용하니 복잡하지 않습니다. 그러니 졸지 말고 잘 듣기 바랍니다."

하품이 나오고 졸음이 쏟아지는 차에 주식영은 눈을 비비며 정신을 차렸다.

"먼저 질문으로 시작하겠습니다. 왜 '원숭이와 조삼모사朝三暮四'라는 말이 이번 강의 제목에 들어가 있을까요? 옛날 송나라 저공이 어 쩌고저쩌고하여 원숭이들이 아침에 먹이 3개, 저녁에 먹이 4개를 주 겠다니까 불평하다가 아침에 4개, 저녁에 3개를 주겠다고 하니 좋아 하더라는 이야기를 아시나요? 여러분은 원숭이가 어리석다는 결론 을 내렸지요? 그렇지만 금리*라는 개념을 도입하면 원숭이가 현명 하다라는 결론도 나옵니다.

아침에 받은 먹이 중 1개를 먹지 않고 저축하면 저녁에는 이자가 붙어서 최소 1개 이상이 된다는 사실을 원숭이가 알고 있었다는 이 야기입니다. 우리가 하루를 가정했기 때문에 '뭘 그렇게까지' 하는 생각을 할 수 있지만, 기간을 1년으로 늘리면 명확해집니다. 조금 전 에도 이야기했지만 극단적인 가정이 우리를 명쾌하게 할 때가 있습 니다. 그렇기에 '3+4'와 '4+3'이 다르다는 사실!

자 그럼, 금리란 무엇일까요? 뭐 이런 쉬운 걸 물어보느냐고 하는 사람도 있을 것입니다. 그럼 질문하겠습니다. '금리란 돈의 값이다.' 라는 명제에 대해서 어떻게 생각하나요? 맞다고 생각하면 손을 들어 주세요."

수강생들이 눈치를 보며 모두 손을 슬그머니 올렸다.

"틀렸습니다."

● 이 책에서는 금리와 이자율을 같이 사용한다. 엄격하게 말하면 금리는 화폐 에서 사용하며 이자율은 화폐뿐 아니라 실물자산에서도 사용하는 용어이다. 예를 들 어, 봄에 쌀 10되를 빌려서 가을에 쌀 11되를 갚았다면 이자율은 10%이다. 이때는 금 리라는 말을 사용하지 않는다.

수강생이 틀리기를 은근히 즐기는 것 같은 복 교수의 말투에 주식영과 은성실은 기분이 언짢았다.

돈을 빌려주고 빌리는 대가를 계산하자!: 금리

"돈의 값이란 무엇이냐? 돈의 값은 돈 액면 그 자체라고 말할 수밖에 없습니다. 1만 원짜리의 값이 얼마냐? 그냥 1만 원입니다. 그리 어렵지는 않지요. 하하하."

복 교수의 웃음에 수강생들은 민망한 표정을 지었다.

"돈의 가치란 무엇을 살 수 있는 힘으로 표현됩니다. 조금 어려운 용어를 쓴다면 '돈의 값'이란 '화폐의 실질 구매력'이라는 더 적확한 용어로 바꾸고 여기에 기간 개념을 도입하면 '물가의 역수'로 나타낼 수 있습니다. 세상이 빵으로만 이루어져 있다면, 1만 원의 값이 얼마냐 하면 빵 10개라고 표현할 수 있습니다. 물가가 오르면 1만 원의 값이 빵 5개가 되겠지요.

그럼, 금리란 무엇인가? 쉽게 말하면 '돈을 빌려주고 빌리는 대가'라고 말할 수 있습니다. 이런 간단한 사실을 막상 물어보면 모르는 사람이 태반입니다. 그렇다면 우리는 왜 금융거래에 대한 대가인 이자를 주어야 할까요? 답해 볼 사람 있나요?"

모두가 조용하자 복 교수가 말을 이어 갔다.

"첫째, 당장의 현금을 사용하지 않고 소비를 미룬 데 대한 보상, 둘째, 투자했을 경우 얻을 수익에 대한 보상, 셋째, 돈을 떼일 위험을 감수하는 데 대한 보상, 넷째, 물가 상승 시 돈의 가치 하락에 대한 보상 등이라고 말할 수 있겠습니다.

그런데 금리는 왜 그리고 어떻게 변동할까요? '금리가 왜 상승하고 하락하는가?' 하는 문제는 다음 주 채권을 공부하는 시간에 이야기하겠습니다. 다음으로 금리 변동의 영향에 대해 말을 하자면, 음~ 금리 변동이 거시경제 측면에서 경기와 자금 배분에 어떤 영향을 미칠까요? 뭐, 이런 건 여러분이 아직 몰라도 되겠지만……."

미래 금리의 계산

홍길순은 홍길동의 누나이다. 2024년 1월 집 근처에 있는 '너희은행'을 찾아가니 정기예금 금리가 1년 5%, 2년 5.5%라고 창구 직원이 말했다. 그런데 사업하는 홍길순 친척이 점포 확장을 위한 자금으로 2025년 1월부터 1년간 돈을 빌려주겠다고 지금 약속해 주기만 하면 연 6.0%를 보장하겠다고 한다. 홍길순은 너희은행에 2년간 5.5% 정기예금을 드는 편이 좋을까? 아니면 너희은행에서 1년 5%로 예치한 후 다음 1년간 친척에게 6.0%로 빌려주는 편이 좋을까?

"자 그럼, 앞의 홍길순의 예로 들어가 볼까요? 이번엔 질문하지 않겠습니다. 어차피 모를 테니……."

복 교수가 수강생을 무시한다고 생각한 한영리는 슬슬 약이 올랐다. 하지만 딱히 반박할 수도 없었다.

"먼저 금리가 5%입니다. 이런 말은 부정확한 용어입니다. 정확히 말하면 '연 5%' 또는 '월 5%'라는 표현을 써야 합니다. 금리에는 시간이 개입하기 때문입니다. 다시 말해 시간이 없으면 금리도 없다는 뜻입니다. 금리는 돈을 빌리고 빌려주는 시간에 비례하니까요. 시간이 개입하는 모든 금융거래에서 여러분은 금리를 반드시 생각해야 합니다.

계산에 들어가기 전에 다음 그림에 대해 설명하겠습니다. 사례에는 현재로부터 1년간의 금리가 연 5%, 현재로부터 2년간의 연평균 금리가 5.5%로 나와 있습니다. 그런데 'x'로 표시한 금리는 어느 기간의 금리일까요? 지금으로부터 1년 후 시점부터 지금부터 2년 후 시점까지 1년간의 금리를 나타내고 있습니다. 그 금리가 얼마인지는 모르지만 말입니다. 그림을 이해했다면 이제 이자 계산으로 들어가 보겠습니다.

자, 홍길순 사례 자료를 보면서 설명하겠습니다. 1년 동안의 금리 연 5%, 2년 동안의 연 평균 금리 연 5.5%는 무엇을 말하느냐 계산하면, 지금 1,000만 원을 1년간 예금하면 연 5%가 적용되니까 1년 후 1,050만 원이 되고, 지금 2년간 연평균 5.5%로 예금한다고 가정하면 1,113만 원이 됩니다. 그런데 2년간 저축한 결과는 1년 예금

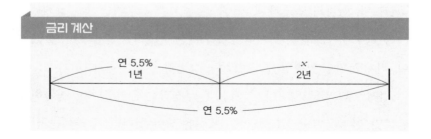

금리 계산

38

한 후 찾아서 다시 1년 예금한 결과와 같아야 합니다. 식을 써 보면 '1,000만 원×(1.05)×(1+x)=1,000만 원×(1.055)^2=1,113만 원'이 되는 것이 아니겠습니까? 1,000만 원을 연 5%로 1년 예금한 결과인 원리금을 2년째에는 '연 x%'로 1년간 예금한다고 보는 겁니다. 그러면 'x'는 얼마일까요? 약 연 6%가 되는군요.* 이 계산을 통해 나온 6%는 친척이 제시한 6%와 같습니다. 그렇다면 은행 예금을 하든지 친척에게 돈을 빌려주든지 이자는 비슷하다는 말입니다. 다만 개인 사업자에게 돈을 빌려주면 자금 사정이 어려워 제때 받지 못할 가능성이 있습니다. '사람은 거짓말하지 않는다. 다만 돈이 거짓말할 뿐이다.'라는 말이 괜히 생겨났겠습니까? 물론 친척의 부탁을 도저히 외면할 수 없다면, 이건 전혀 다른 문제가 됩니다만……."

이자 계산

- 1년 간 이자수입: 1,000만 원×0.05=50만 원
- 2년 간 이자수입:
  ① 은행 예치 시: 1,000만 원×(1.055)×(1.055)-1,000만 원≒113만 원
  ② 친척에게 빌려줄 때: 1,000만 원×(1.05)×(1.06)-1,000만 원≒113만 원

● $x=\{(1.055)^2/1.05\}-1=0.06$

오늘의 1원은 내일의 1원보다 더 가치 있다?

: 현재가치와 미래가치

홍길순은 급히 900만 원이 필요하다. 그런데 '저희은행'에 1년 후 만기인 본인 명의 정기예금 통장이 있다. 만기에 은행에서 받을 수 있는 돈은 1,000만 원이며 지금 해약하면 900만 원밖에 받을 수 없다. 한편 정기예금을 해약하지 않고 은행에서 900만 원을 빌릴 수도 있는데 이때의 이자율은 연 6%이다. 홍길순은 예금을 해약해야 하나? 아니면 은행에서 돈을 빌려야 하나? 잠깐! 지금 '저희은행' 1년 정기예금 금리는 연 5%라고 한다.

"다음으로 현재가치present value에 대해 알아보겠습니다. 현재가치를 앞의 홍길순 사례에 비추어 보면 1년 후에 틀림없이 받게 될 1,000만 원이 '현재 시점에서 얼마인가' 하는 말입니다. 그런데 현재가치를 알기 위해서는 미래가치future value를 먼저 아는 것이 좋습니다. 왜냐하면 미래가치가 이해하기 더 쉬우니까요. 우리는 현재에서 미래로 가고 있지, 미래에서 현재로 역주행하지 않습니다. 우리의 두뇌 역시 현재에서 미래를 계산하기 쉽게 구성되어 있습니다.

자 그럼, 홍길순이 정기예금을 해약하면 1년 후 얼마가 남겠습니까? 아무것도 없겠지요. 다음으로 정기예금을 해약하지 않는다면? 1년 후 정기예금이 만기가 되어 1,000만 원을 받겠지요. 그러나 당장 필요한 900만 원을 은행에서 연 6%로 빌렸을 테니 이자와 원금을 갚아야 합니다. 그 돈이 얼마일까요? 900만 원×(1＋0.06)＝954만 원입니다. 그럼 홍길순의 호주머니에는 1,000만 원에서 954만 원을 뺀 46만 원이 남습니다. 그런데 노파심에서 다시 강조하면 46만 원이 남는 시점은 1년 후가 됩니다.

이번엔 미래가치가 아닌 현재가치로 설명해 보겠습니다. 미래가치와 현재가치 계산은 동일한 사건을 시점을 달리하여 설명하는 것뿐입니다. 우선 통장을 해약할 경우 현 시점에서 홍길순에게 얼마의 돈이 남을까요? 해약한 돈 900만 원을 받아 사용하게 되니 역시 아무것도 남지 않습니다. 통장을 해약하지 않을 경우에는 돈을 빌려야 하니 900만 원의 빚이 생깁니다. 그러나 정기예금 통장이 있으니까 한편으로는 마음이 든든하겠지요. 그럼 정기예금이 만기가 되어 1년 후 받게 되는 1,000만 원의 현재가치는 얼마일까요? 1,000만 원의 현재가치는 1,000÷(1+이자율)로 계산*하여 구할 수 있습니다. 이 경우는 1,000만 원÷(1+0.06)=943만 원이 되는군요. 그럼, 자산 943만 원이 빚 900만 원보다 많지요? 빚을 갚으면 남는 돈은, 즉 순 현재가치는 43만 원이네요. 답은 통장을 해약하지 말아야 한다고 나오는군요."

그때 은성실이 손을 들었다.

"교수님, 조금 전에는 46만 원 이익이었는데, 지금은 왜 43만 원 이익이라는 것인가요?"

"한영리 씨가 대답해 보겠어요?"

● 　미래가치=현재가치×(1+이자율)이므로, 현재가치=미래가치÷(1+이자율)

복자금 교수가 빙그레 웃으며 말했다.

"처음 계산의 예는 미래가치가 그렇다는 것이고 지금 예는 현재가치가 그렇다는 것 아닙니까?"

한영리는 자신 있게 대답했다.

"글쎄 그거야 당연하고 '왜 차이 나는 금액이 3만 원인지'를 설명해 줄 수 있겠습니까?"

복 교수가 슬쩍 질문을 돌리자 한영리는 당황했다.

"잘 보세요. 43만 원을 빌리면 1년 후에는 46만 원을 갚아야 합니다. 43만 원×(1+0.06)=46만 원. 즉 현재 43만 원 이익이라는 말과 미래 1년 후의 시점에서 46만 원 이익이라는 말은 같은 뜻입니다.

주의할 점은 우리가 이 문제를 해결하는 과정에서 차입借入금리 연 6%를 사용했다는 사실입니다. 즉 예금금리 연 5%를 사용하지 않았다는 점입니다. 이번 홍길순 사례의 핵심은 자금의 운용 문제가 아니라 자금의 조달 문제라는 것입니다."

미래가치보다 현재가치

"한 가지 더, 현재가치와 미래가치는 시점을 달리하여 같은 문제에 사용할 수 있지만, 실제로는 현재가치를 더 많이 씁니다. 미래가치가 더 이해하기 쉬운데 왜 현재가치를 쓸까요? 채권희 씨?"

"……."

"왜냐하면 '지금 이 순간은 현재이다!'라는 시점이 중요하기 때문입니다. 우리가 의사결정을 해야 하는 시점은 대부분 현재입니다.

더욱이 비교 대상이 많은 복잡한 문제에서 미래는 여러 시점이 될 수 있습니다. 예를 들어 5년 후나 10년 후 만기인 사업을 어느 시점에서 통일하여 미래가치를 비교해야 할지는 결정하기 어렵습니다. 5년 후 시점으로 할 수도 없고 10년 후 시점으로 할 수도 없지 않겠어요? 아무래도 현재 시점으로 통일해야 하겠지요. 또한 시간의 흐름 속에서 1년 후 자금이 들어오고, 2년 후 자금이 나가고, 3년 후 자금이 또 들어오는 경우가 많기 때문에 현재 시점을 사용하는 것이 더 편합니다."

언덕에서 눈을 굴리다: 복리

옛날 북아메리카 대륙에 유럽인이 도착하여 얼마 지나지 않아 어떤 유럽인이 원주민 추장에게 뉴욕 맨해튼Manhattan 땅 전부를 약간의 돈을 주고 샀다. 그 유럽인은 아주 적은 돈으로 세계의 중심이 된 금싸라기 땅을 강탈했다고 세월이 흐른 후에 비난을 받았다. 그러나 얼마 전 어떤 사람이 그때 원주민이 받은 돈을 복리로 예금했다고 가정하면 지금의 맨해튼 땅을 모두 사고도 남는다는 사실을 계산했다. 그렇다면 당시 원주민은 손실을 보았을까? 이익을 보았을까? 누구의 주장이 맞을까?

"위 맨해튼 이야기는 많은 사람이 알고 있는 것으로 복리계산의 힘을 설명할 때 자주 등장합니다. 결국 현재 시점에서 누가 이익을 본 것일까요? 정답은 '몇백 년 동안의 금리를 어떻게 적용할 것인가?'에 달려 있습니다. 다소 높은 금리를 적용한다면 인디언이 이익을, 다소 낮은 금리를 적용한다면 맨해튼을 구입한 유럽인이 이익을 보았다고 볼 수 있지요. 하지만 각 시대에 적용된 금리를 찾아내어 계산하기란 어렵습니다. 약간의 금리 차이도 오랜 기간에 걸쳐 복리로 계산하면 엄청난 금액 차이로 벌어진다는 결론만 말하겠습니다. 엄청난 세월이 흘러 이 사례에 등장하는 인물들은 오래전 고인이 되었으니 지금 따진들 그들에게는 아무 소용이 없겠지만…….

자 그럼, 본론으로 들어가서, 1억 원을 연 6%로 1년간 단리로 예금하면 이자는 얼마나 되겠습니까?"

"예, 600만 원입니다(=1억 원×0.06)."

주식영이 대답했다.

"그럼, 그 1억 원을 연 6%로 1년간 월 수취 방식(월 0.5%)으로 예금한다면 이자가 얼마나 되겠습니까? 좀 복잡하지요. 이를 계산하면 원리금은 '1억 원×$(1+0.06/12)^{12}$=1억 617만 원'이고 이때 원금을 뺀 이자는 617만 원입니다. 어때요? 차이가 좀 나지요? 물론 금리 수준이 높고 기간이 길면 훨씬 차이가 납니다. 우리는 이를 '복리의 힘'이라고 부릅니다. 왜 이런 차이가 날까요?"

"예, 1년에 한 번 이자가 붙는 것보다 매월 이자에 대한 이자가 또 붙기 때문에 이자 금액이 커진 것입니다."

"예, 그렇습니다. 은성실 씨! 이자에 이자가 붙는다는 것은 언덕 위에서 눈 뭉치를 굴리는 것과 같습니다."

복리 70의 법칙

"여러분, 복리 70의 법칙이라고 들어 보셨습니까? 별 이론은 아니지만, 현재가치 계산을 응용하여 통용되는 간단한 방식입니다. 즉 투자 원금이 두 배 되는 데 걸리는 시간을 간단하게 계산하는 방식으로 '70을 수익률로 나눈 값'입니다. 예를 들어 100만 원을 투자하여 원리금이 당초 투자한 금액의 두 배를 넘어서는 데 필요한 기간은 수익률이 연 5%일 때는 약 14년(70÷5=14), 연 10%일 때는 약 7년, 연 12%일 때는 약 6년입니다. 현재의 1~2% 차이가 작아 보여도 세월이 흐르면서 엄청나게 큰 차이를 보인다는 뜻입니다. 또 일정 기간 내에 투자 원금이 두 배가 되려면 수익률이 얼마가 되어야 하는지도 구해 볼 수 있습니다. 70을 희망 기간으로 나누면 그 기간 내에 원금이 두 배가 되는 데 필요한 수익률을 계산할 수 있습니다. 이 법칙은 복잡하게 계산하지 않고 대강의 값을 구할 수 있어 널리 알려졌습니다."

금리가 움직이면 세상이 바뀐다: 금리 변동의 영향

"금리가 변동하면 환율, 신용, 물가, 자산, 유동성 등 여러 경로를 통해 경제의 각 부분에 영향을 미칩니다. 금리 변동의 영향을 받지 않는 부문은 없다고 보아야겠지요. 경제는 물론이거니와 정치, 사회, 문화, 국방, 외교 등 모든 부문이 영향을 받습니다. 그런데 이런 영향의 경로는 여건에 따라 조금씩 달라집니다. 어느 경로가 더 중요한지는 당시의 상황에 따라 다릅니다. 그럼, 다음으로 금리 변동이 경제에 미치는 영향을 단순화한 표를 보겠습니다."

금리 변동이 경제에 미치는 영향

- 금리↑ ⇨ 내외금리차 확대↑ ⇨ 외자 유입↑ ⇨ 환율↓(원화 절상) ⇨ 금리↓
- 금리↑ ⇨ 기업 가치↓ ⇨ 여신 조정↓ ⇨ 투자↓ ⇨ 금리↓
- 금리↑ ⇨ 인플레이션 기대↓ ⇨ 요소·재화가격↓ ⇨ 경기·물가↓ ⇨ 금리↓
- 금리↑ ⇨ 주가↓ ⇨ 기대소득↓ ⇨ 소비↓ ⇨ 금리↓
- 금리↑ ⇨ 자금 공급↑ 자금 수요↓ ⇨ 소비·투자↓ ⇨ 금리↓

"교수님! 질문 있습니다. 표에서 금리 상승 요인이 몇 가지 과정을 거쳐 결국 금리 하락을 가져오는 것으로 표시되는데, 이건 무슨 뜻인가요?"

"주식영 씨, 좋은 질문입니다. 각 경로를 잘 살펴보세요. 예를 들어 금리가 상승하면 주가가 떨어지고 기대소득이 줄어들어 소비가 감소합니다. 그러면 이는 다시 금리 하락 요인으로 작용한다는 말입니다. 반대로 금리 하락 요인은 여러 과정을 거쳐서 결국 금리 상승으로 귀결하지요. 한마디로 이러한 경로들은 경제가 순환하는 과정이라고 할 수 있습니다. 물론 이러한 과정에는 시간이 소요되며 얼마의 시간이 소요되는가 하는 문제는 당시 여건에 따라 달라지기 때문에 이를 사전에 단정하기는 어렵습니다.

이렇게 금리 변동이 실물경제에 파급되는 경로를 그리다 보니 '통화정책의 파급 경로'가 생각나는군요. 통화정책에 대해서는 이번 목요일에 설명하겠지만, 앞에 나온 그림의 금리를 정책금리라고 생각하면 이 그림이 '통화정책의 파급 경로'가 됩니다. 이들 경로에는 금리 경로interest rate channel, 자산가격 경로asset price channel, 환율 경로exchang rate channel, 신용 경로credit channel, 기대 경로expectation channel 등이 있습니다. '통화정책의 파급 경로'를 배운 후, 표에 나와 있는 경로들과 연결하여 생각해 보기 바랍니다."

복잡한 관계 속의 영향

"이렇게 표로 정리해 놓으니 금리 변동이 경제에 미치는 영향이 간단한 것처럼 보입니다. 그러나 현실에서는 이러한 경로가 불투명합니다. 예를 들어 그림에서 내외금리차가 확대되면 외자 유입이 증가한다고 되어 있지만, 외국인 자금의 이동은 내외금리차를 겨냥한 채권투자뿐 아니라 주식시장을 통해서도 이루어지기 때문에 '금리 상승 → 국내 주가 하락 → 외국인 투자자금 유출 → 원화수요 감소 → 환율 상승'처럼 반대 현상이 나타날 가능성도 있습니다. 이렇게 하나의 변동이 여러 곳으로 파급되는 경우가 많습니다. 금리 변동이 경제에 미치는 영향을 사전적으로 명확하게 설명하기는 어렵습니다. 당시의 여러 경제 변수를 고려해야 할 필요가 있기 때문이지요. 처음 대하면 너무 복잡합니다. 외우지 말고 이해할 수 있는 만큼 이해하면 됩니다. 시간이 지나면 이해할 수 있겠지요."

돈이란 무엇인가?: 통화량

"오늘 '돈이란 무엇인가?'에 대해 한마디 하지 않을 수 없겠네요. 은성실 씨, 돈은 무엇일까요?"

"예, 돈이란 첫째, 교환의 매개, 둘째, 가치의 저장, 셋째, 가치의 척도로 사용됩니다."

은성실은 고등학교 때 배운 내용이 불현듯 생각나서 스스로도 신기했다.

"잘 답했습니다. 은성실 씨는 학교에 다닐 때 꽤 '성실'하게 공부했네요. 하하하. 돈은 교환의 매개로 각종 거래에서 지급 수단이 되며, 가치를 저장하여 부의 소유를 가능하게 하고, 가치의 척도로 상품 가격을 나타내는 기준이 됩니다. 하지만 엄격히 말하면 그건 돈에 대한 설명이 아니고 돈의 주요 기능에 대한 설명입니다.

뭐 어렵게 생각할 필요 없습니다. 일반적으로 돈을 현금, 즉 한국은행권에 한정하여 생각하지만 경제와 금융에 관해 이야기할 때에는 더 넓은 개념으로 사용하고 있습니다. 돈은 통화와 같은 말이라고 할 수 있습니다.

그럼 '통화란 무엇이냐?', 통화는 대략 '무엇을 살 수 있는 힘'인 구매력 또는 유동성이라고 간단하게 말할 수 있습니다. 이건 조금 전에도 설명했지요. 예금도 쉽게 돈으로 바꿀 수 있으니 통화입니다. 즉 통화란 현금과 현금으로 손쉽게 전환할 수 있는 금융자산의 합입니다. 이렇게 금융자산을 현금으로 쉽게 전환할 수 있는 정도를 유

(단위: 조 원)

	M1 (협의 통화) (849.9)	M2 (광의 통화) (2,530.4)	Lf (금융기관 유동성) (3,565.9)	L (광의 유동성) (4,530.8)
현금통화(96.8)				
요구불예금(227.8)				
수시입출식예금(525.2)				
정기예적금(975.9)				
시장형 금융 상황[1](30.5)				
실적배당형 금융상품[2](484.9)				
기타 예금 및 금융채(189.12)				
2년 이상 장기금융상품 등 (346.8)				
생명보험계약준비금 및 증권금융예수금(688.8)				
기타 금융기관 상품(458.1)				
국채, 지방채(276.9)				
회사채, CP(229.9)				

주: 1) CD, RP, 매출어음
   2) 만기 2년 미만 금전신탁, 수익증권, MMF, CMA
   3) 반올림으로 인해 일부 수치 간 불일치가 있을 수 있음
자료: 《알기 쉬운 경제지표해설》(한국은행 경제통계국, 2019년 1월)

동성이라 합니다. 그런데 이러한 통화는 한 가지가 아니라 현금화할 수 있는 유동성의 정도에 따라 여러 개념으로 정의합니다. 앞의 그림을 보기 바랍니다. 협의의 의미에서 통화, 그리고 광의의 의미에서 통화, 이렇게 여러 범위로 사용합니다."

신용카드는 돈이 아닌가?

"그렇다면 교수님, 요즘은 현금보다 신용카드를 많이 사용하는데,

왜 신용카드는 화폐나 통화의 개념에 들어가지 않나요?"

은성실이 질문하였다.

"은성실 씨, 성실한 질문입니다. 언뜻 보면 그럴 것도 같습니다. 그러나 신용카드는 돈이 아니고 지급을 늦추는 수단에 불과합니다. 만약 신용카드로 점심값을 결제했다면 우선 신용카드사가 먼저 돈을 지급하고 결제일에 신용카드 주인의 예금계좌에서 돈을 빼 가는 것이지요. 직불카드 역시 돈이라고 할 수 없습니다. 신용카드와 달리 사용액이 즉시 직불카드 주인의 예금계좌에서 빠져나가 버리거든요. 이는 차라리 자기앞수표에 가깝다고 할 수 있습니다. 그러니 신용카드 자체가 아닌 뒤에 연결된 예금계좌가 돈이 되는 것입니다. 여러분이 착각하는 까닭은 돈의 기능 중 교환의 매개 수단만 염두에 두고 있기 때문입니다."

욕망의 공통분모

"그런데 말입니다. 평생 돈에 대해 공부한 사람으로서 돈의 정의에 대해 기억에 남는 이야기가 있습니다. '돈이란 무엇인가?' 철학하는 친구가 이야기했습니다. '태초에 있던 강렬한 욕망 덩어리들이 시간이 지나면서 무엇을 강렬히 붙잡고자 하는 욕망은 손으로 형상화되었고, 무한히 달리고자 하는 욕망은 발이 되었으며, 무엇을 소유하고 싶은 마음은 여러 가지 물건으로 체화되었는데 그러한 소유욕망의 공통분모나 공약수를 돈이라 한다.'라고 말입니다.

오늘 강의를 여기서 끝내겠습니다. 단톡방에 간단한 과제를 올릴 테니 집에 가서 작성하여 이메일로 제출하기 바랍니다."

은성실은 조심조심 몸을 일으켰다. 채권희는 약속이 있는 듯 챙겨 놓은 가방을 들고 후다닥 뛰어나갔다. 주식영은 오늘 배운 자료를 보고 있었고, 한영리는 기지개를 켜면서 하품을 했다.

과제-02

현재의 1년 만기 금리가 연 6.0%, 1년 후 시점에서 1년 만기 금리 예측치가 연 7.0%일 경우 현재 시점에서 2년 만기 금리는 얼마인가? (151쪽 참조)

경제의 기본 여건

03 ▶ 먼저 먹고사는 문제를 알자!

"어때요? 오늘 하루 잘 지냈나요? 오늘 친구와 점심을 먹었습니다. 친구 아들이 기장인데 비행기가 이륙하여 높이 올라가면 조종석에서 보는 하늘과 바다가 정말 멋있다는군요. 그런데 밤이 되면 하늘과 바다를 눈으로 분간하기 어렵다고 합니다. 은성실 씨, 그때는 어떻게 해야 할까요?"

"그럴 때 조종사는 비행기 계기판을 보아야 하지 않을까요?"

"그렇지요. 방위와 고도를 구별할 때 기장은 감각에 의존하여 창밖을 보지 말고 계기판을 믿어야겠지요. 그럼 경제가 어디로 가고 있는지 모를 때는 어떻게 해야 할까요? 경제지표가 나타내는 신호를 믿고 의지해야 합니다. 깜깜한 밤중에 등대를 찾은 여객선처럼 말이죠."

경제는 어디로 가는가? : 경제지표

"우리가 알고 있는 대부분의 경제지표는 현재 우리 경제가 어느 시점에 놓여 있는지 나타내 주지 않습니다. 실시간 위치를 나타내는 비행기의 계기판과 다르지요. 경제 현상을 파악하고 집계하여 통계를 내서 발표하기까지 통상 1개월에서 6개월이 걸립니다. 그 시차를 3개월이라고 가정하면, 우리는 3개월 전의 위치를 알게 된다는 말이지요. 예를 들어 서울에서 출발한 비행기에 있는 고장난 계기판이 30분 전의 위치인 부산 상공을 가리키고 있다고 가정하겠습니다. 이 사실을 알게 된 기장은 그동안의 비행 속도와 기류의 세기를 적용하여 지금쯤 비행기가 제주도를 지나 '일본 상공을 날고 있을 것'이라고 생각할 수 있습니다. 지연하여 위치를 나타내는 경제지표하에서 경제 현황을 파악하려면 추정이 필요합니다. 그러나 기장이 30분 전 위치에 일정 기간의 비행기 움직임을 짐작하여 현재 위치를 추정하는 일이 쉽지 않듯이, 현재의 경제 상황을 추정하기도 쉽지 않습니다."

미래를 가리키는 계기판

"경제를 예상하는 입장에서 '오늘 어디에 있는지'를 알려고 하는 이유는 현재 위치뿐 아니라 '미래에 어디에 있을지'를 알고 싶기 때문일 것입니다. 타임머신을 타고 미래로 가서 주가의 움직임을 보고 현재로 돌아온다면, 엄청난 돈을 벌 수 있겠지요. 하지만 우리에겐

타임머신이 없습니다.

그런데 현 시점에서 미래를 나타내는 경제지표가 정말 없을까요? 경제지표 중 선행지표 또는 선행지수라는 것이 있는데, '선행이란 앞서 나간다'는 뜻 아닌가요? 말 그대로 선행지표는 미래에 경제 상황이 이렇게 될 것이라고 알려 주는 역할을 합니다. '내년에 소비지수는 이렇게 움직일 것이다.'처럼 말입니다. 미래의 어떤 지표를 알기만 한다면 미래의 전체 경제를 예측하는 일에 큰 도움이 됩니다. 예를 들어 경기와 관련된 주가와 금리도 예상할 수 있겠지요.

그런데 오래전 월 스트리트Wall Street에서 투자은행 전문가를 만났을 때, 그는 의사결정을 할 때 선행지표를 참고하지 않는다고 하더군요. 까닭을 물으니 선행지표는 과거의 지표를 일정 시계열에 따라 연장한 것에 불과하고, 선행지표를 만드는 일에 시간이 소요되어 현행지표보다 늦게 발표되는 경우가 잦아 이를 기다리다가 투자 의사결정 타이밍을 놓치는 일이 자주 있기 때문이라고 하더라고요. 일리 있는 말이라고 생각했습니다.

그러나 다른 종류의 선행지표들도 있습니다. 예를 들어 보면, 향후 3개월 후 또는 6개월 후 경제 상황 또는 소비 등이 어떻게 될지 알려 주는 지수들이지요. 이들은 과거 변수들의 연장으로부터 예상 변수를 고려하여 미래를 전망하는 것이 아니라 현 시점에서 사람들이 어떻게 생각하는지를 앙케트 조사하여 종합한 지수입니다. 경제에 참여하는 사람들의 전망도 중요하고 많은 도움이 되지요. 그러나 세상은 사람들이 예상하는 대로 돌아가지 않을 때가 많습니다."

실시간 위치를 나타내는 계기판

"그러면 모든 경제 상황을 항상 늦게 알 수밖에 없는 걸까요? 여러 경제 변수 중에서 상황을 실시간으로 나타내는 변수는 과연 없을까요? 어떻게 생각하나요. 한영리 씨!"

"아무래도 현재의 금리, 환율, 주가의 수준은 현재의 경제 상황을 나타내는 변수가 아닐까 생각합니다만⋯⋯."

"그렇지요. 잘했습니다. 조금 더 자신 있게 답해도 됩니다. 허허허.

일반적으로 금리, 환율, 주가를 3대 가격 변수라고 부릅니다. 이들은 경제지표라고 할 수는 없지만 현재의 상황을 실시각으로, 그러니까 매 시간도 아니고, 매 분도 아니고, 매 초마다 변하는 경제 상황을 나타내는 변수입니다. 금융시장 상황은 시장의 수요와 공급, 투자자의 심리 등을 반영하기 때문에 적정 수준과 일시적으로 괴리가 있을 수 있습니다. 즉 현재 가격이 반드시 적정가격은 아니라는 말을 미리 합니다. 하지만 이렇게 시시각각 빠르게 경제 상황을 알려주는 신호도 없습니다. 달리 말하면 현재 가격이란 현 상황을 어떻게 생각하는지에 대해 다수가 참여하는 현장 투표라고 볼 수 있습니다. 말로만 하지 않고 많은 사람이 돈을 투자하면서 자기의 손익을 걸고 투표로 이야기하니 최소한 거짓말을 하지는 않겠지요. 모두 최선을 다해 자기주장을 펼친 결과로 볼 수 있습니다. 다만 자본시장에서는 1인 1표가 아니라 금액에 따라 투표 수가 결정되지만 말입니다."

챙겨 보는 계기판

"그런데 발표되는 경제지표를 찾아보면 기준 시점이 다르다는 사실을 발견할 수 있습니다. 즉 어느 시점을 기준으로 작성했는지 알 수 있는 셈이죠. 그리고 각 지표를 언제, 어떤 주기로 발표하는지 기억해야 합니다. 그래야 '아, 이제 그 경제지표를 발표할 때가 되었구나.' 하고 찾아볼 수 있으니까요."

경제지표의 발표 시점 및 주기

경제지표	발표 시점[1]	예	발표 주기
GDP	익월 말[2]	• 2022.2Q 실질 국내총생산(속보): 2022.7.26. • 2022.1Q 국민소득(잠정) – 2022.6.8.	분기
고용률	익월 초	• 2022.7월 고용동향: 2022.8.10.	월
산업생산지수	익월 말	• 2022.6월 산업활동동향: 2022.7.29.	월
소매판매액지수	익월 말	• 2022.6월 산업활동동향: 2022.7.29.	월
기업경기실사지수 (BSI)	당월 말	• 2022.7월 BSI 및 ESI: 2022.7.28.	월
소비자동향지수 (CSI)	당월 말	• 2022.7월 CSI: 2022.7.27.	월
소비자물가지수	익월 초	• 2022.7월 소비자물가동향: 2022.8.2.	월
생산자물가지수	익월 중순	• 2022.6월 생산자물가지수: 2022.7.22.	월
GDP디플레이터 (GDP deflator)	익익익월 초	• 2022.1Q 국민소득(잠정): 2022.6.8.	분기
국제수지	익익월 초	• 2022.6월 국제수지: 2022.8.5.	월

주: 1) 통계 기준 시점 이후 공표되는 데 소요되는 기간 기준
   2) 속보치 기준
자료: 한국은행, 통계청

우리나라에서 생산한 모든 것은 얼마인가?: 국민소득

"이제 주요 경제지표에 대해 하나씩 알아보겠습니다. 국민소득, 경기지수, 물가지수, 환율, 국제수지 등을 다루겠으니 집중하기 바랍니다. 지금부터 경제지표의 기본 내용을 간략하게 소개하고 이들의 상승, 하락, 증가, 감소가 금융시장에 각각 어떤 영향을 미치는지 간단히 정리하며 설명하겠습니다."

한영리는 하루 종일 무슨 피곤한 일이 있었는지 강의 시작부터 하품하고 있었다.

"주식영 씨, 한 나라의 경제력이나 국민의 생활 수준을 종합적으로 파악할 수 있는 지표가 무엇일까요?"

"……"

"이런, 국민소득 통계라고 들어 보지 못했나요? 국민소득은 생산의 포괄 범위나 가격의 평가 방법 등에 따라 여러 개념으로 나누어 볼 수 있습니다. 나는 많은 국민소득 통계 중에서도 국내총생산GDP; Gross Domestic Product과 국민총소득GNI; Gross National Income을 중요하게 생각합니다. 여러 지표를 설명하면 헷갈리기 쉬우니까 이 두 가지에 대해서만 살펴보겠습니다."

국내총생산

우리나라의 총생산이 늘어났다면 총산출out put에서 총투입in put의 차이인 부가가치가 증가했다는 의미이다. 부가가치란 재화와 서비스의 가치가 더해졌다는 뜻이다.

"먼저 가장 많이 사용되는 국내총생산GDP에 대해 알아보기로 하겠습니다. 국내총생산은 한 나라의 영역 내에서 가계, 기업, 정부 등의 모든 경제주체가 일정 기간 생산활동에 참여한 결과 창출된 부가가치를 시장 가격으로 평가해서 합계한 것입니다. 즉 국내에 거주한 생산자가 자국의 생산요소와 외국의 생산요소를 결합하여 발생시킨 부가가치입니다. 여기서는 '국내'라는 말이 중요합니다.

이제 새로이 생산한 부가가치라는 말을 생각해 보겠습니다. 간단하게 부가가치를 계산하면 산출액에서 중간 투입액을 차감한 금액입니다. 예를 들어 자동차 공장에서 5,000만 원짜리 승용차를 1대 만드는 데 원재료비, 인건비 등 경비가 4,000만 원 들어갔으면 이 공장의 산출액은 5,000만 원, 중간 투입액은 4,000만 원이므로 그 차액인 부가가치는 1,000만 원이라는 말씀. 이제 알겠지요?

이러한 GDP 산출은 물가 변동을 반영하느냐에 따라 적용 방법을 달리하여 명목 GDPNominal GDP와 실질 GDPReal GDP로 나누어 볼 수 있습니다. 명목 GDP는 국가 경제의 규모나 구조 등을 파악하는 데 사용하며, 실질 GDP는 경제 성장, 경기변동 등 전반적인 경제활동의 흐름을 분석하는 데 이용합니다."

열심히 필기를 하던 은성실은 '명목'과 '실질'이란 말에 헷갈리기 시작했다. 이를 알았는지 복 교수가 설명을 이어 갔다.

"'명목'이란 금액 그대로를 말하며 '실질'이란 기준 연도에서 비교 연도까지 물가가 변하지 않았다고 가정하여 같은 물가 기준을 적용하면 얼마냐 하는 의미입니다. 즉 그사이의 명목 변동분에서 물가 변동분을 차감하여 계산한 금액입니다."

국민총소득

"다음으로 국민총소득GNI에 대해 알아보겠습니다. GNI란 한 나라의 국민이 생산활동에 참가한 대가로 받은 소득의 합계로, 이 지표에는 국민(거주자)이 국외에서 벌어들인 소득을 포함하는 반면 국내총생산 중에는 외국인(비거주자)에게 지급한 소득을 제외합니다. 여기서는 '국민'이라는 경제주체가 중요하며 생산이 아니라 소득이라는 점이 중요합니다. 따라서 GNI 증가율은 국민이 피부로 느끼는 실질 소득 수준의 변화, 즉 체감경기를 나타낸다고 볼 수 있습니다. 여기에 한마디를 덧붙이면 국민의 평균적인 생활 수준을 알아보기 위해서는 전체 국민소득의 크기를 나타내는 GNI보다 1인당 GNI를 사용하는 편이 더 좋습니다."

성장이 주가와 금리에 미치는 영향

"자 그럼, 여기서 성장률을 구하는 방법을 알아볼까요? GDP 성장률을 산출하는 공식으로 예를 들겠습니다. GDP 성장률은 금년도 실질 GDP에서 전년도 실질 GDP를 차감한 후, 전년도 실질 GDP로 나누면 됩니다. 분자는 증가분이고 분모는 전년 수치입니다. GNI 성장률을 구하는 방식도 마찬가지고요. 어때요? 어렵지 않지요?

그럼, 금융시장에서 GDP 성장률이 상승했다는 뉴스가 전해졌습니다. 금리와 주가는 어떻게 변할까요? 주식영 씨?"

"예, 금리와 주가 모두 상승할 것 같습니다."

"맞아요. 경제가 성장하고 있으니 기업 가치는 전반적으로 올랐을 테지요. 주가 수준은 상승할 것입니다. 또 성장에 따라 투자할 곳도 많으니 돈이 많이 필요하겠지요. 자금의 수요가 증가하니 금리도 오를 가능성이 크겠지요. 잘했습니다."

그런데 주식영을 칭찬하던 교수가 말을 덧붙였다.

"그러나 금융시장참가자들이 GDP 성장률 상승을 당국의 발표 전에 예상했다면 이야기는 달라집니다. 왜냐하면 금리와 주가에 이미 반영되었을 가능성이 있거든요. 예상만큼 올랐느냐 혹은 예상보다 더 올랐느냐, 덜 올랐느냐의 문제는 있겠지만 말입니다."

먹고살기 좋아지는가?: 경기지수

"경기란 과연 무엇일까요? 쉬운 질문처럼 보이지만 답하기 곤란합니다. 경기에 대해 정확히 정의하기는 쉽지 않지만, 여기서는 '국민경제의 총체적인 활동 수준'으로 정의하겠습니다. 그래도 어렵지요? 차라리 '일상생활의 경제적인 형편'이라고 설명하는 편이 낫겠군요.

경기는 장기적인 관점에서 보면 경제의 장기 성장 추세를 중심으로 끊임없이 상승(확장)과 하강(수축)을 거듭하며 변동합니다. 경기는 파도와 같습니다. '회복기 → 확장기 → 수축기 → 후퇴기 → 회복기'를 반복하지요."

복자금 교수는 뭔가에 쫓기듯 질문 없이 설명을 이어 갔다. 이때 은성실이 손을 들었다.

"교수님, 경제는 꾸준히 성장한다고 알고 있는데, 그럼 경제 성장과 경기 회복은 다른 것인가요?"

"적절한 질문입니다. 일반적으로 경제는 성장한다고 볼 수 있지만 반드시 그렇다고 단정할 수는 없습니다. 마이너스 성장의 경우도 있으니까요. 여기서 말하는 경기란 성장과 다른 것입니다. 아무리 성장 추세에 있는 경제라도 경기순환의 과정을 거치면서 성장합니다. 즉 장기적 시간의 관점에서 경제가 확장하는 추세를 경제 성장이라고 하고, 경기가 상승과 하락을 끊임없이 반복하는 과정을 경기변동 또는 경기순환이라고 합니다. 더 엄밀하게 표현하면, 경기변동이란 실질 GDP, 소비, 투자, 고용 등 거시총량변수macroeconomic aggregates 들이 경제 성장의 장기 추세선을 중심으로 상승과 하락을 반복하면서 움직이는 현상을 말합니다. 앞에서 아주 간단히 언급하고 넘어가려고 했는데, 은성실 씨 덕분에 자세히 설명했네요. 좋은 질문이었습니다."

경기판단지표

"요동치는 파도의 바다 한가운데서 자신이 어디에 있는지 알기란 쉽지 않습니다. 울창한 숲속에서 동서남북을 파악하기도 어렵습니다. 경기 동향을 파악하는 일도 마찬가지입니다. 그래서 다양한 경제지표를 활용하는 것이지요. 기업이나 소비자가 경기 상태를 어떻게 느끼는지 조사하여 수집한 정보를 바탕으로 작성하는 경제심리지표도 경기 분석에 유용하게 쓰입니다.

먼저 경기 움직임을 파악하는 개별 경제지표들을 살펴보면 앞에서 배운 GDP 통계가 대표적입니다. 또 생산과 수요 동향과 관련된 산업생산지수 같은 지표가 있습니다. 그 외에 개별지표들을 가공하여 합성한 경기종합지수CI Composite Index도 활용되고 있습니다. 미리 나누어 준 자료를 훑어보기 바랍니다.

여러분이 주로 관심을 둘 지표는 신문이나 방송에 등장하는 기업경기실사지수가 될 것입니다. 설문 결과 경기가 좋아진다고 답한 기

생산과 수요 동향 관련 주요 지표

		지표명	작성기관
생산		산업생산지수, 생산자 제품출하지수 등	통계청
수요	소비	도소매업 판매액지수, 소비재수입액 등	통계청, 관세청
	건설투자	건축 허가면적, 국내 건설수주액	건설교통부, 통계청
	설비투자	국내 기계수주액, 기계수입액	통계청, 관세청
	수출입	수출액, 수입액	관세청

자료: 국토교통부, 통계청, 관세청

업 수와 나빠진다고 답한 기업 수가 같으면 지수가 100이 되고, 모든 기업이 좋아진다고 답하면 200, 모두 나빠진다고 답하면 0이 됩니다. 만일 지수가 110이 나오면 경기가 좋아진다고 답한 기업이 나빠진다고 답한 기업보다 조금 많다는 뜻입니다. *

그런데 이들 기업체감경기지표를 읽을 때 주의해야 할 점은 이들의 업황이 어떠한 수준인지를 나타내는 것이 아니라 특정 시점의 경기가 기준 시점보다 나아질지 나빠질지 하는 상대적인 비교를 보여준다는 것입니다. 따라서 이런 지표들로는 경기가 호전되는지 악화되는지 추세를 알 수 있지만, 향후 그 시점의 경기 수준을 알 수는 없습니다.

경기가 좋아지면 금리나 주가가 오른다는 사실은 초등학생들도 알 테니 굳이 길게 설명하지 않겠습니다. 경기가 좋으면 투자로 많은 수익을 거둘 수 있으니 높은 금리라도 돈을 빌리려고 하기 때문에 금리가 상승하며, 기업의 이익이 많아져 기업 가치가 상승하여 주가도 상승하게 됩니다."

개별 물가를 전체적으로 보자!: 물가지수

"우리는 종종 개별 상품의 가격 변동보다 전반적인 가격 변화를

---

*   BSI＝[{(경기가 좋아진다고 응답한 기업 수–나빠진다고 응답한 기업 수)÷총응답 기업 수}×100]＋100

알아야 할 필요가 있습니다. 이러한 필요에 의해 만든 개념을 '물가지수'라고 합니다. 예를 들어 달걀값은 올랐는데 채소값이 떨어졌다면 전체 물가가 얼마나 변동하였는지 계산할 필요가 있습니다. 여기서도 지수란 통상 어떤 기준이 되는 시점의 수치를 100으로 해서 비교 시점의 수치를 나타냅니다. 이를테면 어느 특정 시점의 물가지수가 115라면 이는 기준 시점보다 물가 수준이 15% 높다는 뜻입니다.

현재 우리나라 물가지수로는 통계청에서 작성하는 소비자물가지수, 한국은행에서 작성하는 생산자물가지수·수출입물가지수·GDP 디플레이터Deflator 등이 있습니다. 이 중 생산자물가지수는 생산하는 입장에서, 수출입물가지수는 수출과 수입하는 입장에서 작성하였다고 생각하겠지만 GDP 디플레이터란 말은 어렵게 느껴지지요? 이는 국민소득 추계 시 그 시점의 가격으로 산정한 경상經常가격 GDP를 일정 기준 시점 가격으로 산정한 불변不變가격 GDP로 나누어 산출합니다. 그런데 여기에는 국내 가격의 변동분 외에 수출입가격의 변동분까지 포함되기 때문에 가장 포괄적인 물가지수라고 할 수 있습니다."

물가 변동에 영향을 미치는 요인

"이러한 물가 변동은 우리나라 전체의 수요와 공급에 의해 영향을 받습니다. 이때 어떤 요소가 영향을 미치게 될까요? 총수요와 총공급을 나누어 생각해야 하는데 총수요를 먼저 살펴보겠습니다. 우선 수요에 영향을 주는 통화량이 있습니다. 돈이 많이 풀릴 때 상품의 공급이 그만큼 늘어나지 않으면 그만큼 물가가 상승합니다. 다음으로 가계가 상품을 살 수 있는 힘, 즉 구매력을 결정하는 소득과 인플레이션 기대심리 등도 수요에 영향을 미칩니다.

이어서 총공급에 영향을 주는 요인을 살펴보겠습니다. 기업이 생산하는 데 드는 원가의 상승, 세계화에 따른 다른 나라의 공급 사정 등이 있습니다. 쉬운 예로 원유 가격 상승, 원자재 가격 하락 같은 것입니다. 이러한 수요와 공급 요인 외에도 유통구조나 경쟁처럼 구조적 요인과 정부의 가격관리정책 같은 제도적 요인도 물가에 영향을 미칩니다."

물가지수의 활용

"이러한 물가지수는 경제 동향 분석, 정책 수립, 개인의 의사결정에 유용하게 활용됩니다. 이 중 우리의 강의 내용과 관련된 부분만 살펴보면 먼저 물가지수는 화폐의 구매력을 측정할 수 있는 수단이 됩니다. 지난 강의에서 설명했지요? 예를 들어 물가가 올랐다고 발표되었는데 임금이 제자리라면, 돈을 아껴 써야겠다는 다짐을 하거나 회사에 임금 인상을 요구할 수도 있겠지요. 다음으로 물가지수는 경기판단지표로서 구실을 합니다. 일반적으로 경기 상승 국면에서는 수요 증가에 의해 물가가 오르고 하강 국면에서는 수요 감소로 물가가 내려갑니다. 따라서 우리는 때로 물가지수를 경제지표로도 활용할 수 있습니다. 오늘은 여러분에게 질문을 거의 하지 않고 여기까지 달려왔습니다. 그러나 여기서 끝내지 않고 마지막으로 덧붙이고 싶은 말이 있습니다."

인플레이션의 경고

"채권희 씨, 전반적인 물가가 계속 상승하는 상태를 뭐라고 할까요?"

"예, 인플레이션이라고 합니다."

"음, 그럼 반대로 계속 하락하는 상태는?"

"예, 디플레이션이라고 합니다."

"잘했습니다. 여러분은 경험하지 못했지만, 우리나라도 경제 성장기에 인플레이션 때문에 골치가 아팠습니다. 또한 코로나19 팬데믹 이후에 인플레이션이 다시 문제가 되고 있습니다. 하지만 모든 인플레이션이 문제가 되는 것은 아닙니다. 얼마나 큰 폭으로 물가가 상승하느냐가 문제입니다. 약간의 인플레이션은 경제에 도움을 주는 측면이 있기 때문이지요. 물가가 오를 것으로 예상하면 오늘 물건을 사는 편이 싸기 때문에 사람들이 물건을 사는 데 주저하지 않거든요. 반면 디플레이션의 경우는 오늘보다 내일 사는 편이 싸기 때문에 소비를 미루게 되고 이는 다시 생산이 미루어지는 문제를 초래합니다.

약간의 인플레이션이 경제에 도움을 준다고 했지만 실물경제 상황에 비해 물가가 너무 빠르게 오르면, 즉 초인플레이션hyperinflation의 경우는 큰 문제가 됩니다. 초인플레이션이 발생하면 보유하고 있는 화폐의 가치가 급락하거든요. 예를 들어 1만 원으로 빵 5개를 살 수 있었는데 1개밖에 살 수 없게 되거든요. 20세기 이후 주요국도 인플레이션을 겪고 살았으며 일부 국가는 초인플레이션을 경험했습니다. 1920년 제1차 세계대전 이후 독일을 비롯한 유럽 여러 나라는 초인플레이션을 겪었는데 겨울철 난방을 위한 땔감이나 벽지로 지폐를 사용할 정도로 화폐 가치가 하락했다고 합니다. 2011년 아프리카 짐바브웨에서는 100조 짐바브웨 달러가 0.28센트 미 달러화로 교환될 정도로 인플레이션이 심했는데 해당 화폐로는 달걀 하나도 살 수 없었습니다. 이처럼 큰 폭의 인플레이션은 돈의 가치를 크게 떨어뜨립니다."

주식영은 '마지막으로 덧붙인다더니 교수님의 설명이 점점 길어진다.'라고 생각했다.

"이러한 큰 폭의 인플레이션은 경제생활에 많은 영향을 끼치기 때문에 꼭 막아야 합니다. 그러나 물가가 얼마나 상승해야 위험한지는 상황에 따라 조금 다릅니다. 이 때문에 어떻게 하면 물가를 안정시킬 것인지가 정책당국의 최대 관심사일 수밖에 없습니다. 그래서 우리나라를 비롯한 많은 중앙은행이 일정 수준의 인플레이션 목표를 설정하고 이 수준에 접근하기 위해 다양한 정책을 강구합니다."

디플레이션의 폐해

"이어서 디플레이션에 대해 알아보겠습니다. 디플레이션은 인플레이션과 반대로 물가가 하락하는 현상입니다. 디플레이션을 무조건 피해야 한다는 생각은 우리나라뿐 아니라 다른 나라에서도 하고 있습니다. 디플레이션Deflation의 앞자리 스펠링을 따서 'D의 공포'라고도 부릅니다. 일반적으로 디플레이션 공포는 인플레이션의 폐해에 비교하여 더 강조되는데, 이는 디플레이션이 인플레이션보다 자주 찾아오지 않기 때문이기도 합니다.

일반적으로 알려진 디플레이션의 문제점을 정리하겠습니다. 첫째, 소비자들이 가격이 더 내려갈 때까지 지출하지 않아 불황에 빠집니다. 둘째, 물가가 하락하면 실질금리가 상승하여 기업 경영이 어려워지고 실업이 증가합니다. 셋째, 디플레이션이 확산되면 중앙은행은 기준금리를 낮추게 되는데, 명목금리를 낮추어도 물가가 더 큰 폭으로 하락하면 실질금리가 높아져서 정책 효과를 보기 어렵습니다. 넷째, 디플레이션 상황에서 부채의 실질 가치가 증가하여 채무자에게서 채권자에게로 소득이 옮겨 갑니다.

하지만 문제 많은 디플레이션도 폐해만 있는 것은 아닙니다. 정도가 심하지 않으면 그냥 놓아두어도 괜찮다는 주장도 있습니다. 첫째, 디플레이션은 그동안 높던 인플레이션의 반작용이기 때문에 우려할 필요가 없다는 의견입니다. 둘째, 물가 수준이 높은 경우에는 오히려 디플레이션을 통해 물가 수준이 낮춰져야 한다는 의견입니다. 셋째, 디플레이션이 있을 경우에는 실질 기준으로 환산할 때 소득이 늘어나 구매력이 증대됩니다. 넷째, 디플레이션으로 국내 물가가 하락하는 가운데 수출상품 가격도 하락하면 수출상품의 가격경쟁력이 강화되어 수출이 증가할 수 있습니다. 마지막으로 생산비 하락 또는 생산성 향상에 의해 발생하는 디플레이션은 긍정적 의미를 지닙니다. 그렇지만 전체적으로 디플레이션에 대해서는 부정적인 여론이 우세한 편입니다."

주식영은 '왜 하나의 경제 현상에 이렇게 양면성이 있을까?'라는 생각이 들었다.

휴식시간이 되자 수강생들은 일제히 음료수를 마시러 옆방으로 갔다. 채권희는 누군가와 통화를 하고 은성실과 한영리도 열심히 휴대전화를 보고 있다. 주식영은 화장실을 다녀와서 지난 강의를 복습했다.

과제-03

국민소득 중 국내총생산GDP와 국민총생산GNP의 개념을 비교하라.

(151쪽 참조)

04 ▶ 대한민국을 넘어서

"어제 '원숭이와 조삼모사'를 설명하면서 '금리는 돈의 값이 아니라 돈을 교환하는 대가'라고 했는데 기억하고 있나요? 그럼 환율은 돈의 대외적인 값일까요? 주식영 씨!"

"예, 돈의 대외적인 값이 환율이라고 생각합니다."

"그렇습니다. 환율은 우리나라 돈과 외국 돈의 교환비율로서 외국 돈과 비교한 우리나라 돈의 값어치를 나타냅니다. 그런데 환율을 표시하는 방법이 사람을 헷갈리게 합니다. 원화의 대미 달러 환율이 1달러당 1,000원에서 1,300원으로 변동하였다면 우리는 흔히 환율이 올랐다고 말하는데, 이것은 미 달러화에 대한 우리나라 돈의 가치가 하락하였다는 뜻이며 다른 표현으로는 '원화가 절하되었다.'라고 합니다."•

대외적인 돈의 값: 환율

"이러한 환율은 기본적으로 외환시장에서 외국 돈의 수요와 공급에 의해 결정됩니다. 더 자세히 설명하면 이뿐 아니라 외환거래자들의 예상, 중앙은행의 외환시장 개입, 국제수지 상황, 국내외 물가상승률 차이, 국내외 금리 차이 등에 의해 영향을 받습니다. 그러나 전쟁, 천재지변, 정치적 불안정 등과 같은 비경제적인 요인에 의해서도 영향을 받습니다."

'아이구, 골치야. 금리든 환율이든 왜 이렇게 영향을 받는 게 많아…….' 한영리는 머릿속이 복잡해졌다.

"여기서 간단히 두 가지만 살펴볼까요?"

복 교수가 모처럼 웃으며 말했다.

•　　이때 원화의 절하율은 원화 1원의 가치가 1/1,000달러에서 1/1,300달러로 변동하였으므로 2.3%=[{(1/1,300)÷(1/1,000)-1}×100]가 된다.

물가 차이는 환율에 반영된다

"상품을 살 수 있는 힘을 돈이라고 했습니다. 환율도 마찬가지입니다. 환율은 물건을 살 수 있는 힘의 대외 비교에 의해 결정됩니다. 우리나라 1만 원으로 빵 10개를 살 수 있고 미국 10달러로 빵 10개를 살 수 있다면, 빵 10개를 살 수 있는 1만 원과 10달러는 같습니다. 즉 1달러는 1,000원인 셈입니다. 환율은 '1달러=1,000원' 또는 '1,000원/달러'로 표시합니다. 그러면 우리나라 물가가 올라서 1만 원으로 빵을 5개 살 수 있다면 빵 10개를 사기 위해선 2만 원이 필요하게 됩니다. 미국은 빵 10개에 10달러 그대로라면 1달러는 2,000원이 되는 것입니다.

이렇게 환율은 물건값의 비교로 결정됩니다. 단기적인 관점이 아니라 장기적인 관점에서 말입니다. 이때의 물건이란 같은 제품을 전제로 합니다. 품질이 다른 제품을 비교할 수는 없으니까요. 조금 더 자세히 설명하면 여기에는 물건 외에 서비스도 당연히 포함되어야 할 듯합니다. 그런데 서비스는 물론이고 물건도 국경을 넘어서 이동할 수 없는 것들은 환율 변동에 영향을 미치지 않기 때문에 여기에 포함되지 않습니다. 아울러 나라마다 생활 여건의 차이로 생기는 문제 역시 고려해야 합니다. 예를 들어 미장원에서 머리를 손질하는 비용은 한국과 미국의 가격 차이가 있어도 환율에 영향을 미친다고 볼 수 없습니다. 미용사가 비행기를 타고 두 나라를 왕래하며 사업을 하기란 현실적으로 어려우니까요.

결국 환율이 양국의 물가 수준 비율을 중심으로 움직인다는 말은 장기적으로 적정하지만 단기적으로는 적정하지 않다는 말이기도 합니다."

금리 차이는 환율에 반영된다

> 오늘 원/달러 환율은 1,000원이고 우리나라 금리는 연 5%, 미국 금리는 연 4%이다. 1년 후 원/달러 환율은 얼마나 될까?

"자 이제, 제시한 질문을 살펴볼까요? 참, 그 전에 선물환율forward exchange rate에 대해 조금 설명해야겠군요. 선물환율이라고 하니 어렵게 들리지만, '지금 예상하는 미래의 환율'이라고 생각하면 좋습니다.

이제 질문을 보면서 생각해 볼까요? 먼저 우리나라 원화로 저금한 사람과 미 달러화로 저금한 사람이 얻는 이익이 같아야 한다고 생각해야 합니다. 그렇지 않으면 돈이 국경을 넘나들면서 그 차익을 차지하게 되거든요. 우리나라 원화로 저금한 사람의 1년 후 원리금 합계는 얼마일까요? 1,050원[=1,000원×(1+5%)]이고, 미 달러화로 저금한 사람의 경우 원리금 합계는 1.04달러[=1달러×(1+4%)]가 됩니다. 그런데 두 가지 예금이 동일한 성과를 내려면 1년 후에는 1,050원과 1.04달러가 같아져야 합니다. 그럼 이 경우 환율은 얼마일까요? 1,050원을 1.04달러로 나누면 1,010원입니다. 알겠습니까? 지금 순간의 선물환율은 이론적으로 얼마일까요? 그렇지요. 1,010원

72

입니다. 사례에서 선물환율이 1,010원으로 거래되고 있다면 두 나라 간 금리 차이가 있더라도 자금이 이동할 이유가 없어집니다. 우리나라에 투자한다면 미국에 투자하는 것에 비해 1%의 이익을 취할 수 있지만 환율에서 그만큼 손실을 보기 때문에 결국 마찬가지라는 겁니다. 이러한 원리를 좀 어려운 말로 금리 평가 이론covered interest rate parity이라고 합니다. 물론 수수료와 같은 거래비용은 생각하지 않았습니다."

환율 변동이 경제에 미치는 영향

"그럼 환율이 변동하면 우리 경제에 어떤 영향을 미칠까요? 주식 영 씨, 대답해 볼까요?"

"예, 일반적으로 환율이 하락(원화 절상)하면 수출이 줄고 수입이 늘어나 경상수지가 나빠지고 우리나라와 같이 대외의존도가 높은 나라에서는 경제 성장률도 낮아지게 됩니다. 또 수입물가가 떨어져 국내 물가가 하락하고 기업의 외채 상환 부담이 줄어드는 좋은 측면도 있습니다. 반면 환율이 상승(원화 절하)하면 수출이 늘어나고 수

환율 변동의 효과

	환율 하락(원화 절상)	환율 상승(원화 절하)
수출	수출상품가격 상승(수출 감소)	수출상품가격 하락(수출 증가)
수입	수입상품가격 하락(수입 증가)	수입상품가격 상승(수입 감소)
국내 물가	수입원자재가격 하락(물가 안정)	수입원자재가격 상승(물가 상승)
외자도입기업	원화환산외채 감소(원금상환 경감)	원화환산외채 증가(원금상환 증가)

입이 줄어드는 요인으로 작용하여 경상수지가 개선되고 성장에 도움이 됩니다. 그러나 수입물가가 올라 국내 물가 또한 상승하게 되는 부작용을 초래할 수 있습니다."

"이 정도면 완벽한 대답이군요. 혹시 예습했나요? 허허허."

주식영은 뿌듯한 느낌이 들었다.

대외거래를 정리한 가계부: 국제수지

"국제수지표는 한마디로 대외거래를 정리한 우리나라의 가계부라고 할 수 있습니다. 즉 일정 기간 우리나라 거주자와 비거주자 사이에 발생한 모든 경제적 거래를 한국은행이 체계적으로 기록한 표입니다. 그런데 우리나라와 외국 사이의 경제적 거래는 크게 두 가지로 나눌 수 있습니다. 거칠게 말하면 물건을 사고파는 거래와 돈을 빌리고 빌려주는 거래라고 할 수 있습니다. 조금 자세히 말하면 대외거래는 상품·서비스·소득·이전 거래 등을 포함하는 경상거래와 돈을 빌리거나 빌려주고 투자자금이 거래되는 자본거래로 나눌 수 있습니다. 그리고 여기에는 여러 가지 거래 항목이 있습니다.

여기서 잊지 말아야 할 사실은 거주자와 비거주자의 구분은 경제주체의 법률상 국적보다 경제활동에서 이익의 중심center of economic interest이 어디에 있느냐 하는 것을 기준으로 한다는 점입니다. 통상적으로 경제주체가 어떤 나라에서 1년 이상 경제활동을 수행하거나 그러한 의도가 있을 경우 이익 중심이 그 나라에 있다고 봅니다."

경상수지는 벌어 오는 돈과 쓰는 돈

"이와 같이 외국과의 거래가 모두 기록되는 국제수지를 기본적인 부분만을 정리해 보면 다음에 제시된 표와 같습니다. 이때 중요하게 관찰해야 하는 거래는 경상거래입니다. 일반적으로 국제수지라고 할 때 경상수지만을 말하기도 합니다. 물론 이러한 정의는 정확한 표현이 아닙니다. 국제수지와 경상수지라는 용어는 포괄 범위가 다르니 엄격히 구별해야 하지요. 어쨌든 이처럼 경상수지가 중요한 까닭은 경상거래가 산업생산, 고용, 국민소득 등 국민경제 각 분야에 큰 영향을 끼치기 때문입니다.

경상거래에서 수출액이 수입액보다 많아 경상수지 흑자가 되면 국민의 소득이 증대되어 고용이 확대될 뿐만 아니라 벌어들인 돈으로 그동안 외국에 진 빚을 갚을 수 있게 됩니다. 반대로 경상수지 적자가 되면 흑자에 비해 상대적으로 국민의 소득이 감소되고 그 결과 소비 생활이 위축될 뿐만 아니라 수입대금을 지급하기 위해 외국

국제수지표의 구성

국제수지표											
경상수지					금융계정						
상품수지	서비스수지	본원소득수지	이전소득수지	자본수지	직접투자	증권투자	파생금융상품	기타투자	준비자산	오차및누락

자료: 《알기 쉬운 경제지표해설》(한국은행 경제통계국, 2019년 1월)

에서 돈을 빌리게 되므로 외채가 증가하게 되지요. 우리나라와 같이 수출과 수입이 경제에서 큰 비중을 차지하는 나라는 국민소득 증가와 고용 안정 등을 위해서 경상수지가 적정 수준의 흑자를 유지하는 편이 바람직합니다."

자본거래는 돈을 빌려 오거나 투자하는 돈

"수출거래와 수입거래, 즉 무역거래를 마치고 다음으로 넘어가겠습니다. 자본거래는 외국인이 우리나라에 돈을 빌려주거나 투자하는 거래, 우리나라가 외국에 돈을 빌려주거나 투자하는 거래의 합계를 말합니다. 물론 빌려줬다가 돌려받는다든지, 투자했다가 환수하는 거래도 포함됩니다. 자본거래는 주로 주식과 채권을 통해 일어납니다. 물론 외국은행에서 빌려 온 차입금도 포함됩니다. 이를 일상생활에서는 쉽게 자본거래라고 하지만 국제수지표에는 금융계정의 증가와 감소로 나타납니다. 자본거래는 경상거래에 비해서 상대적으로 엄청난 규모로 상당히 빠른 속도로 국경을 넘어서 드나듭니다.

여기서 생각해 보겠습니다. 경상수지를 아버지가 밖에서 힘들게 벌어 온 돈이라고 할 때 자본거래는 밖에서 빌려 온 돈이라고 할 수 있습니다. 즉 힘써 벌어 온 우리 소유의 돈이 아니라는 것입니다. 그러므로 집에 돈이 많이 생겨도 남에게서 빌려 온 돈이면 조심해야 합니다. 외국인이 우리나라에 투자했던 주식 또는 채권을 팔고 나가면 우리나라의 달러는 크게 줄어듭니다. 우리가 원하지 않았는데 들어왔으며 우리가 원하지 않는데도 빠져나가는 돈을 우리는 막을 수 없습니다. 이 같은 자본거래는 규모가 크고 속도가 빠르기 때문에 환율에 미치는 영향도 큽니다. 외국인이 투자했던 달러는 서서히 들어왔다가 갑자기 빠져나가면서 종종 금융시장을 불안하게 만듭니다."

흑자는 항상 좋은가?

"교수님! 지난 번 어떤 방송에서 '국제수지 흑자가 항상 좋은 것만은 아니다.'라는 내용을 들었는데, 그럼 교수님 말씀과 어긋나는 것인가요?"

은성실이 손 들며 빠르게 질문했다.

"좋은 질문입니다. 그렇지 않아도 거기에 대해 잠깐 설명하려고 했습니다."

채권희는 복 교수가 '좋은 질문'이란 말을 자주 쓴다고 생각하며 속으로 웃었다.

"질문처럼 국제수지 흑자가 반드시 좋다고만 할 수는 없습니다. 국제수지 흑자가 국내 통화량을 증가시켜 통화관리를 어렵게 하니까요. 또한 경상수지 흑자는 통상 측면에서 우리가 흑자를 내고 있는 교역 상대국을 자극하여 우리나라 수출품에 대한 수입 규제를 유발하여 무역마찰을 초래할 가능성도 있습니다. 그렇지만 우리나라와 같이 해외 의존도가 높은 경우에는 국민소득을 증대하고 국내 고용을 늘리기 위해 적정한 수준의 경상수지 흑자를 유지하는 것이 필요합니다.

휴~, 벌써 강의를 마칠 시간이군요. 오늘의 과제는 우리나라의 주요 수출품과 수입품을 조사하는 일입니다. 그런데 왜 이런 사항을 조사하라고 할까요? 우리나라는 무역거래로 살아가는 나라이니까요. 한국은행이나 통계청 홈페이지에 접속하면 어렵지 않게 찾을 수 있습니다. 오늘 강의 끝!"

채권희는 '강의 끝' 소리에 맞추어 이전처럼 자리에서 일어나 뛰어나갔다. 은성실은 천천히 몸을 일으켰다. 한영리는 주식영을 보더니 씩 웃고는 가방을 정리했다. 주식영에게는 오늘도 피곤한 하루였다.

과제-04

최근 우리나라의 10대 수출품과 10대 수입품을 조사하시오. (151쪽 참조)

보이지 않는 손과 운동장

05 ▶ 금융시장이란 무엇인가?

"벌써 수요일이군요. 오늘은 금융시장과 금융기관들의 움직임에 대해 알아보겠습니다. 금융시장financial market도 다른 시장들과 마찬가지로 보이지 않는 손인 수요와 공급에 의해 움직입니다. 반면 다른 시장과의 차이점은 보이지 않는 손의 움직임이 엄청 빠르다는 것입니다. 금융시장이란 기업, 가계, 정부, 금융기관 등 경제주체들이 금융상품을 거래하여 필요한 자금을 조달하고 여유 자금을 운용하는 조직화된 장소를 말합니다. 그러면 금융시장은 어디에 있을까요?

남대문시장, 동대문시장처럼 딱히 물리적으로 통합된 장소가 정해진 곳은 아닙니다. 금융시장이 증권거래소가 위치한 여의도에 있는 것도 아니고 은행 본점들이 모인 서울 도심에 있는 것도 아닙니다. 금융시장은 인터넷, PC 프로그램, 전화, 통신단말기 사이에 있다고 볼 수 있습니다.

일반적으로 금융시장은 자금의 효율적 배분과 경제의 후생에 기여한다고 하는데, 금융상품이 물고기라면 금융시장은 바다라고 할 수 있겠습니다. 그리고 바다에 나름의 질서가 있듯이 금융시장에도 시장 규율market discipline이 있습니다."

금융시장의 구조

"자 그럼, 금융시장을 여러 기준으로 구분해 볼까요? 우선 금융상품과 금융거래가 먼저 있었으며 그 후에 이를 분류하여 금융시장의 구조를 생각했다는 사실을 강조하고 싶습니다. 지구에 동물들이 먼저 살았고 나중에 이를 분류하여 포유류, 파충류, 조류 등으로 구분했습니다. 즉 포유류라는 집단의 속성에 맞추어 동물들이 생겨난 것은 아닙니다. 먼저 금융시장은 장단기 금융상품이 거래되는 전통적 의미의 금융시장과 달러, 유로, 엔 등을 사고파는 외환시장으로 나누어 볼 수 있습니다. 여기서는 외환시장을 제외하고 시장을 구분해 보겠습니다.

우선, 직접금융시장과 간접금융시장으로 나누어 볼 수 있습니다. 직접금융시장은 투자자가 투자 대상이 누군인지 알고 그 투자 대상의 주식 또는 채권을 직접 매입하는 시장이고, 간접금융시장은 투자자가 최종적으로 누구에게 투자되는지 모르고 은행과 같은 중개기관을 통해 투자하는 시장입니다. 사람들이 은행에 예금할 때 은행이라는 이름을 믿고 맡길 뿐 은행에 맡긴 돈이 최종적으로 누구에게 투자될지 모릅니다. 은행이 알아서 대상을 골라 운용하는 것이지요.

다음으로 직접금융시장은 단기금융시장money market과 자본시장capital market으로 나눌 수 있습니다. 이는 각 시장에서 이루어지는 금융거래의 기간에 따른 분류로 통상 1년을 기준으로 단기금융시장(또는 자금시장)과 장기금융시장(자본시장)으로 구분합니다.

그런데 자본시장은 또 채권시장debt market과 주식시장equity market 등으로 나눌 수 있는데, 채권시장은 이자를 주고받으며 자금 조달과 운용에 만기가 있는 시장이고 주식시장은 투자 수익을 얻으며 자금 조달과 운용에 만기가 없는 시장입니다. 이런 채권시장과 주식시장을 다시 발행시장primary market과 유통시장secondary market이라는 기준으로 분류할 수 있습니다. 발행시장은 채권과 주식 등 금융상품이 신규로 발행되어 발행자와 투자자 간 최초의 자금 조달이나 운용이 이루어지는 시장이며, 유통시장은 이미 발행된 주식과 채권 등 금융상품들이 투자자 간 거래로 손 바뀜이 이루어지는 시장입니다.

이러한 시장들을 다른 기준인 장내시장과 장외시장으로 구분할 수 있습니다. 장내시장은 표준화된 방식과 조건으로 금융거래가 집중되는 조직화된 거래소시장인 반면, 장외시장은 거래자들이 개별적인 방식과 조건으로 거래 상대방을 찾는 시장입니다. 장내시장은 시장참가자의 특정 금융상품에 대한 매수매도 주문이 거래소에 집중되도록 한 다음 이를 표준화된 거래 규칙에 따라 처리하고, 장외시장은 거래소 이외의 장소에서 주로 전화로 거래가 이루어집니다."

수강생들은 '분류 기준이 왜 이렇게 많지?' 하고 생각했다.

"이렇게 구분되는 금융시장을 여러 방식으로 표현할 수 있지만, 하나의 그림으로 나타내면 다음과 같습니다. 구조를 이해하면 전체를 알기 쉽습니다. 다만 하나의 그림에 발행시장과 유통시장, 장내시

우리나라 금융시장의 구조

자료: 《한국의 금융시장》(한국은행, 2021년 12월)

장과 장외시장을 전부 표현하거는 불가능하지요. 기준이 여러 개면 3차원, 4차원의 그림을 그려야 하니까요."

금융시장은 어떻게 움직이는가?

금융을 축구에 비유한다면 금융기관은 축구선수, 금융 원리는 오프사이드, 핸들링, 승부차기 등 경기 규칙, 금융상품은 축구공이라고 볼 수 있다. 그렇다면 금융시장은 운동장이다. 머니게임money game이 이루어지는 운동장!

단기금융시장은 어떻게 운용되나

"이제 개별 시장으로 들어가서 특징을 살펴보겠습니다. 우선 단기 금융시장은 금융기관, 기업, 가계, 정부 등 경제주체들이 일시적으로 부족한 자금을 조달하거나 일시적으로 남는 자금을 운용하기 위해 형성된 시장이라고 정의할 수 있습니다. 콜시장은 단기금융시장의 대표선수라고 할 수 있으며 만기 1년 이내 환매조건부채권매매(RP 또는 Repo; repurchase agreement), 양도성예금증서CD, 기업어음CP, 통화안정증권 등 각종 단기금융상품이 거래되는 시장을 포함합니다.

이 중 먼저 콜시장에 대해 살펴보면 금융기관 간 일시적인 자금과 부족 조절을 위하여 초단기로 자금을 빌리거나 대여하는 시장이며 무담보로 1일간 중개 방식을 통해 이루어지는 거래가 대부분을 차지합니다. 콜금리는 일반 사람들에게 알려져 있지 않지만, 한국은행이 통화정책을 수행할 때 주요한 기준이 되며 모든 금융시장, 특히 채권시장에서 형성되는 채권금리 움직임의 준거가 되는 중요한 금리입니다. 이러니 콜시장을 단기금융시장의 국가대표선수라고 할 만하지 않을까요? 내일 목요일 통화정책 시간에 콜금리에 대해 설명할 예정입니다.

다음으로 환매조건부채권매매RP시장에 대해 살펴보겠습니다. 여러 금융거래 중에서 이 RP거래만큼 법적 성격이 모호한 거래도 없습니다. 채권을 사고파는 거래인지 혹은 채권을 담보로 돈을 빌리고 빌려주는 거래인지 거래의 성격에 대한 견해가 다르거든요. 그런데 말입니다. 이러한 점이 금융의 특징을 잘 나타낸다고 생각합니다. 돈이란 이익이 발생하는 곳으로 흘러가는 법입니다. 반면에 법과 규정은 사후적으로 금융거래를 설명하고 규제하려고 애를 쓴다고 할 수 있어요. 이와는 조금 다른 이야기지만, 지금까지 새로 나온 신新금융상품이라는 것도 알고 보면 선진국에서 금융기관들이 법적 규제를 피해 높은 수익을 내기 위해 만든 상품이 상당 부분입니다. 즉 어떤 규정이 먼저 있던 것이 아니라는 겁니다. 다시 본론으로 돌아가서, 아 어디까지 이야기했지요? 음…… . RP 이야기를 하다가 샛길로 빠졌군요. 요즈음은 정신이 깜박깜박하네요. 허허허.

그러니까 RP거래가 무엇이냐 하면, 일정 기간이 경과한 후 정해진 가격으로 동일한 채권을 당초의 거래 방향과 반대로 매매하기로 하는 조건으로 채권을 매매하는 거래를 말합니다. 좀 어려운가요? 쉽게 말하면 채권을 다시 팔기로 하고 사거나 또는 다시 사기로 하고 파는 거래입니다. 그럼 왜 그런 거래를 할까요? 사실은 RP거래가 채권 매매라는 형식을 취하지만, 알고 보면 실제 거래는 돈을 빌려 오거나 빌려주기 위해 채권을 일정 기간 담보로 사용한다는 말입니다. 이러한 거래 형식은 우리나라 금융시장에서 첫째, 금융기관과 고객 간의 거래(대고객 RP), 둘째, 금융기관 간 거래(금융기관 RP), 셋째, 한국은행과 금융기관 간 거래(한국은행 RP) 등 3가지 형태로 나타납니다. 이 중 첫 번째는 단기금융상품 소개 시간에, 세 번째는 통화정책 시간에 설명하기로 하고 이번 시간에는 두 번째 형태인 금융기관 간에 단기 여유 자금을 운용하거나 일시 부족 자금을 조달하는 RP거래에 대해 설명하겠습니다. 거래에서 한쪽이 자금 운용이면 상대편은 당연히 자금 조달입니다. 사실 우리나라에서는 그동안 RP거래가 활발하지 않았지만 최근 거래가 늘면서 시장이 점차 활발해지고 있습니다.

그런데 왜 이 RP거래에 대해 장황하게 설명할까요? RP거래는 '단기자금'을 '채권'을 활용하여 빌리거나 대여하는 거래로 단기자금시장과 채권시장을 연결하는 중요한 역할을 하기 때문입니다. 개별 금융시장을 연결하는 거래가 이루어져야만 각 시장이 분리되지 않고 올바른 가격을 형성해 낸다는 말입니다. 각 시장이 분할되어 있으면 가격 형성 메커니즘이 바르게 작동하지 않는다는 의미도 되거든요. 즉 각 시장에서 형성된 가격이 전체 시장의 관점에서는 적정하게 일치하지 않게 된다는 뜻이죠.

이 밖에 양도성예금증서CD시장 같은 여타 단기금융시장에 대해서는 다음 주 단기금융상품을 설명할 때 다루겠습니다. 단기금융시장은 시장 구조에 대한 설명보다 상품에 대한 설명이 중심이 되기 때문입니다. 오늘은 시장 그 자체에 대해 집중하겠습니다."

채권시장은 어떻게 운영되나?

"개인이 채권유통시장에 본격으로 참여하는 것은 불가능합니다. 금융시장을 하나의 상차림으로 본다면 채권시장은 매일 먹는 밥과 국이라고 할 수 있습니다. 주식시장과 파생금융시장은 맛있는 반찬 또는 단품 요리에 해당합니다. 채권시장은 금융시장에서 중심 역할을 합니다. 그러니까 가장 기본인 밥에 해당합니다.

이렇게 기본이 되는 채권시장은 발행시장과 유통시장으로 나누어 볼 수 있습니다. 물론 주식시장과 다른 증권시장들도 발행시장과 유통시장으로 나누어집니다만……. 발행시장은 채권과 주식 등이 태어나는 장소, 유통시장은 채권과 주식 등이 돌아다니는 장소입니다. 그런데 여러분은 금융기관이 아니라서 발행시장에서 채권을 직접 살 수 없지만, 유통시장에서 거래되는 채권을 사는 것은 가능합니다. 일반적으로 금융기관 간에 형성되는 채권 유통시장은 기본 거래 단위가 100억 원이기 때문에 여러분은 증권회사나 자산운용사 등이 도매유통시장에서 매입한 채권을 분할하여 개인투자가에게 판매하는 부분을 살 수밖에 없습니다. 그러나 채권을 직접 사지 않더라도 채권을 대상으로 하는 채권형 펀드와 같은 간접투자상품이 많이 판매되기 때문에 여기서 살 수 있습니다. 채권시장에서 형성되는 금리가 모든 금리의 준거가 되므로 여러분도 채권의 속성에 대해 잘 알아야 합니다."

이때 한영리가 손을 들었다.

"교수님, 조금 전 장내시장과 장외시장에 대해 설명하셨지만, 신문을 보니까 채권은 장외시장에서 주식은 장내시장에서 거래된다고 하던데 왜 그런지요?"

"음, 좋은 질문입니다. 현재 주식은 대부분 장내시장인 증권선물거래소에서 거래되지만, 채권은 지표채권과 같은 일부를 제외하고 대부분 장외시장에서 거래됩니다. 채권은 주식에 비해 발행 종목이 다양하고 거래 조건이 표준화되어 있지 않아 장내시장을 통해서는 원활하게 거래되기 어렵습니다. 채권과 주식을 비교하면 채권의 종류가 훨씬 많거든요. 사실 채권은 발행일마다 만기와 표면이자율이 다를 경우 서로 다른 채권으로 간주되지만, 주식은 만기도 없고 표면이자율도 없어 하나의 기업에서 발행하는 주식은 거의 하나로 취급됩니다. 발행 후 배당기산일만 넘어가면 금년에 새로 발행된 신주와 기존에 발행한 구주는 동일한 주식이 되고 우선주와 일반주 구분만 남게 됩니다. 그리고 정부나 공공기관들의 경우 여러 가지 채권을 발행하지만 주식을 발행하지는 않으니, 채권의 종류가 더 많을 수밖에 없지 않겠어요? 정부에서 발행하는 정부 국채는 알겠지만 정부 주식이라는 말은 들어 본 적이 없지요? 증권거래가 활발해지려면 여러 조건이 동일하여 표준화된 상품이 많아야 합니다. 그래야 거래가 활발해져서 그 증권의 가격을 즉시 발견하기 쉽거든요. 거래가 자주 있다는 말은 거래 빈도가 높다는 뜻이며 증권거래소라는 장내시장에서 증권이 거래될 수 있도록 합니다.

우리가 양복을 살 때 규격화된 옷을 파는 백화점에 가기도 하고 양복점에 가서 옷을 맞추기도 합니다. 백화점에서는 사이즈가 정해져 있어 빠른 거래를 할 수 있지만 양복점에서는 자기 체형에 맞는 옷을 맞출 수 있습니다. 다만 옷을 만드는 시간이 필요하기 때문에 양복점에서는 빠르게 거래를 할 수 없습니다. 장내시장은 백화점에서 정해진 사이즈의 옷을 거래하는 것과 같고 장외시장은 양복점에서 옷을 맞추는 것과 같다고 할 수 있습니다.

어쨌든 채권유통시장의 문제로 다시 들어가면, 우리나라 채권유통시장은 장외시장 위주로 운영되지만 장내시장도 규제에 의해 병행 운영되고 있습니다. 한편 선진국의 경우 채권딜러기관이 자기 보유 채권을 팔고 사면서 거래를 중개하지만, 우리나라 증권회사는 자금 여력이 부족하고 가격변동위험을 부담하기 어렵기 때문에 단순히 브로커로서 채권을 팔 기관과 살 기관을 연결하는 거래만을 하는 상황입니다.● 그런데 현재 국채발행시장에서 국채를 독점적으로 인수할 수 있는 권리를 가진 국채전문딜러(채권전문인수기관, PD Primary Dealer)의 경우 지표채권에 한하여 증권거래소에서 표준화된 거래 방식에 의해 거래하도록 규제하고 있어요. 그러나 나는 이러한

● 딜러는 자기 계산으로 손익 발생의 위험을 부담하며 증권을 거래하는 반면 브로커는 자신이 손익 발생의 위험을 부담하지 않고 수수료만 받고 증권을 거래한다.

방식이 바람직하다고는 생각하지 않습니다. 아, 설명이 복잡해지고 길어지네요. 이 이야기는 이쯤에서 마무리하겠습니다."

채권시장의 구성

- 발행시장primary market
  - 국채시장: 국채전문딜러PD를 대상으로 경쟁 입찰
  - 회사채시장: ① 공모발행public offering: 인수기관인 증권회사가 총액인수
    ② 사모발행private placement: 발행기업이 최종 매수자와 발행 조건을 직접 협의하여 결정

- 유통시장secondary market
  - 장외시장: 증권회사가 단순 중개 방식brokerage으로 거래
  - 장내시장: 증권거래소에서 표준화된 거래 방식에 따라 거래
  - 첨가매출 소액(5,000만 원 이하) 국공채와 전환사채가 거래되는 일반채권시장과 국채전문인수기관 같은 시장 조성 활동을 담당하는 일부 금융기관이 참가하는 국채전문유통시장으로 구분

주식시장은 어떻게 운용되나?

"다음으로 주식시장에 대해 알아보겠습니다. 주식시장도 기업공개, 유상증자 등을 통해 주식이 새로이 공급되는 발행시장과 이미 발행된 주식이 투자자 간에 매매되는 유통시장으로 구분합니다. 주식시장 역시 여러분의 입장에서는 유통시장에 대한 이해가 더 중요합니다. 우리나라 주식시장은 유가증권시장, 코스닥시장, 프리보드 등으로 구성되는데 다음 자료에 그 내용이 요약되어 있습니다. 그리

고 주식 관련 파생금융상품시장도 개설되어 있는데 이러한 파생상품에 대해서는 다음에 설명하겠습니다.

주식시장의 구성

- **발행시장**
  - 기업공개IPO, Initial Public Offering: 주식회사가 신규 발행 주식을 다수의 투자자를 대상으로 모집하거나, 이미 발행되어 개인이나 소수 주주 등이 소유하고 있는 주식을 내다 팔아 주식을 분산하는 방법
  - 유상증자: 기업 재무구조 개선을 위해 회사가 신주를 발행하여 회사의 자본금을 증가시키는 방법
  - 무상증자: 주식에 대하여 출자하는 돈 없이 이사회의 결의로 준비금이나 자산 재평가 적립금을 자본에 전입하고 전입액만큼 발생한 신주를 기존 주주에게 소유 주식 수에 비례하여 무상으로 교부하는 방법
  - 주식배당: 현금 대신 주식으로 배당을 실시하여 이익을 자본으로 전입하는 방법

- **유통시장**
  - 유가증권시장(종전 거래소시장): 우리나라의 대표적인 주식 매매시장
    * 신규 상장 요건: 자기 자본이 100억 원 이상, 상장주식 수가 100만 주 이상, 의결권 있는 주식을 소유하고 있는 소액주주의 수가 1,000명 등
  - 코스닥KOSDAQ, Korea Securities Dealers Automated Quotations시장: 유가증권시장 상장 요건에 미달하는 유망 중소기업, 벤처기업 등에 자본시장을 통한 자금 조달 기회를 제공하는 한편 투자자에게는 고위험·고수익 투자수단을 제공하는 시장
    * 신규 상장 요건: 유가증권시장보다 다소 완화된 기준이 적용된다. 자기 자본이 30억 원 이상, 의결권 있는 주식을 소유하고 있는 소액주주의 수가 500인 이상 등

- 프리보드Free Board(종전 제3시장): 유가증권시장과 코스닥시장에서 거래되지 않은 주식을 대상으로 하는 장외주식호가중개시장. 2000년 3월에 개설된 제3시장을 모태로 하여 2005년 7월에 개장
- 인터넷 게시판을 통한 순수 장외주식거래: 극히 일부를 차지

자료: 《한국의 금융시장》(한국은행 금융시장국, 2021년 12월)

아~ 참, 주식의 경우는 채권과 달리 발행시장도 여러분에게 중요할 수 있겠군요. 왜냐하면 기업공개에 따른 공모주 청약 절차, 유·무상 증자 등은 여러분이 주식투자를 하는 데 긴요한 사항이니까요. 하지만 시간이 모자라 생략하겠습니다. 관심 있는 사람은 현재의 공모주 청약제도를 찾아보기 바랍니다.

그리고 주식시장에서는 유통시장별로 거래 시간, 가격 제한 폭, 매매방식 등 매매제도가 조금씩 다릅니다. 앞의 자료를 참고하기 바랍니다. 여기에 한 가지 덧붙이자면, 주식시장에서 가격이 급변동하는 경우 투자자를 보호하기 위한 제도를 잘 알아 두어야 합니다. 이에 대해서만 간단히 설명해 보면 먼저 '가격제한폭제도'가 있습니다. 이는 개별 종목 주가의 급등락으로 인하여 일반투자자가 과도한 손실을 입지 않도록 하루 중에 변동할 수 있는 개별 종목 주가의 폭을 일정 한도로 제한하는 제도입니다. 현재 이러한 한도는 전일 종가의 상하 30%로 되어 있습니다. 또한 코스피지수가 하루 중에 일정 수준을 넘어 급락하는 경우 매매거래를 일시적으로 중단하여 시장의 안정을 도모하는 '매매거래중단제도circuit breaker'도 있습니다. 이

는 코스피지수가 전일 대비 10% 이상 하락하여 1분 이상 지속될 때 발동됩니다. 발동 시점부터 20분간 모든 종목의 호가 접수와 매매가 중단되며 20분 경과 후에는 10분간 동시호가가 접수되며 그 후 단일 가격에 의한 매매계약이 체결되면서 거래가 재개됩니다.

이러한 시장 구조에 대한 공부를 자칫 지루해하기 쉬운데 그래도 시장 제도와 거래 방식을 알아야 시장의 움직임을 파악할 수 있으니 조금 복잡하더라도 이해하도록 노력했으면 합니다."

파생금융상품시장이란 무엇인가?

"파생상품이란 말 그대로 어떤 기초자산에서 갈려 나와 생긴 상품이라는 뜻입니다. 그러니까 파생금융상품financial derivatives을 채권, 주식, 외환 즉 금리, 주가, 환율 등을 기초로 만들어진 금융상품들이라고 간단하게 정의할 수 있습니다. 그 종류로는 선도계약forwards, 선물futures, 옵션options, 스왑swap 등이 있습니다. 그런데 금리 관련 파생상품만 하더라도 국고채 3년물·5년물·10년물, CD 금리선물, 선물에 대한 옵션, 금리스왑도 있으니 이 얼마나 다양합니까? 또 주가의 경우에도 주가지수(KOSPI200)를 대상으로 선물시장과 옵션시장이 개설되었으며, 이후 KOSDAQ50선물, KOSDAQ50옵션, 개별주식옵션이 도입되었으니 그 종류도 엄청나게 많습니다. 거기에 환율 관련 파생상품도 외환스왑FX Swap, 통화스왑CRS, 외환선도거래 등이 있으니 그 거래 규모조차 정확히 파악할 수 없습니다."

'휴, 알아야 할 금융거래가 저렇게나 많은데, 공부해 봐야 수박 겉

훑기가 되는 것은 아닐까?' 주식영은 생각보다 많은 파생금융상품을 보며 걱정이 앞섰다. 그런데 복 교수가 한마디를 덧붙였다.

"여러분은 기본 원리만 알면 되니 걱정하지 않아도 됩니다. 다음 주에 이러한 파생금융상품 중 꼭 알아야 할 대표선수들에 대해 배울 것입니다. 이 중 국고채선물, 주가지수선물이나 옵션거래처럼 개인이 직접 거래할 수 있는 상품도 있지만, 금융기관끼리만 거래하는 상품도 많습니다. 스왑거래 역시 개인투자자와 그렇게 밀접하지 않기 때문에 이번 과정에서 다루지 않을 생각입니다. 그런데 여러분이 선물, 옵션 등 파생금융상품을 알아 두어야 하는 이유는 이런 거래를 여러분이 직접 하지 않더라도 파생금융상품을 이용한 간접투자상품이 많기 때문입니다. 이러한 간접투자상품을 사려면 파생금융상품의 손익구조를 이해해야 합니다."

어떤 금융기관과 거래할까?

> 코뿔소금융지주 산하에는 코뿔소은행, 코뿔소증권, 코뿔소자산운용, 코뿔소보험, 코뿔소상호저축은행 등이 있다. 코뿔소들은 모여 사는가? 또는 흩어져 사는가?

"우리나라에는 많은 종류의 금융기관이 있어 이를 모두 설명하기 어려울 정도입니다. 여러분은 어떤 금융기관과 거래하고 있습니까? 다음에 나오는 자료에 금융기관을 성격에 따라 분류해 놓았습니다.

즉 은행, 상호저축은행 등 비은행예금취급기관, 보험회사, 증권회사, 자산운용회사 등 증권 관련 기관, 카드회사와 같은 기타 금융기관으로 나눌 수 있습니다. 이를 크게 분류하여 그냥 은행, 증권, 보험으로 구분한다고 생각하면 됩니다.

금융기관의 구성

- 은행: 중앙은행, 일반은행, 특수은행
- 비은행예금취급기관: 종합금융기관, 상호저축은행, 신용협동기구, 우체국예금
- 보험회사: 생명보험회사, 손실보험회사, 우체국보험, 공제기관, 한국수출보험공사
- 증권 관련 기관: 증권회사, 자산운용회사, 증권금융기관, 선물회사, 투자자문회사
- 기타 금융기관: 여신전문금융기관(신용카드·리스·할부금융 등), 벤처캐피탈회사, 신탁회사

자료: 《한국의 금융제도》(한국은행, 2018년 12월)

이런 기관 간 경계도 점점 허물어지고 있습니다. 한 금융기관이 여러 업무를 하는 방식을 겸업주의universal banking라고 하고, 금융기관별로 업무를 명확히 구분하는 방식을 전업주의specialized banking, 專業主義라고 합니다. 주의할 점은 여기서 '전업'이란 전체를 말하는 것이 아니라 전문적이란 뜻입니다. 겸업주의는 주로 유럽에서, 전업주의는 주로 미국에서 유지하고 있었습니다. 그런데 세월이 흐를수록

미국, 일본, 우리나라 등은 완전 겸업주의는 아니지만 하나의 지주회사 밑에서 각각의 금융기관이 전문적인 업무를 취급하는 상황으로 바뀌었습니다. 그러다가 글로벌 금융위기 이후에 금융기관의 위험에 대한 인식이 확산되면서 경계를 분명히 하는 전업주의로 회귀하려는 경향을 보이고 있습니다.

요즈음 은행에 가면 자산운용사에서 운용하는 수익증권을 사라고 권유하는 은행 직원을 쉽게 만날 수 있습니다. 은행은 왜 자기 상품을 팔지 않고 남의 상품을 팔고 있을까요? 은성실 씨?"

"간단히 말씀드리면 더 이익이 되기 때문이 아닌가요?"

"당연한 말씀. 구체적으로 말한다면 예금을 유치하여 대출로 운용함으로써 생기는 예대預貸마진(대출금리-예금금리-관련 비용)도 결국 위험을 부담한 결과이므로 위험을 부담하기보다는 수익증권 판매 수수료를 얻는 편이 낫다는 판단 때문입니다."

은행은 특별하다?

"우선 많은 금융기관 중에서 은행에 대해 이야기해 볼까요? 은행이야 여러분이 잘 안다고 볼 수도 있지요. 하지만 금융 관련 공부를 하는 사람들은 은행을 다른 금융기관과 달리 조금 특별하게 취급합니다. 우선 은행은 대출을 일으켜 통화를 창출합니다. 또 모든 금융기관 간, 개인 간, 금융기관과 개인 간 거래를 위한 최종적인 지급결제를 담당합니다. 모든 금융기관의 자금결제는 결국 은행으로 집중되거든요. 그리고 은행은 각종 서비스를 제공하면서 중앙은행에 지급준비금을 쌓고 있습니다. 이를 다른 말로 하면 은행은 법규에 의해 이자를 주지 않는 지급준비금에 강제로 돈을 적립하기 때문에 국가에 별도의 세금을 납부하고 있는 셈입니다. 그 대신에 유동성 부족 시 중앙은행의 자금 지원, 금융결제망 이용 같은 혜택도 받고 있습니다.

그런데 자주 접촉할 수 있는 금융기관 중 자산운용사, 투자회사 등은 조금 헷갈립니다. 이에 대해서는 설명을 생략하니 각자 찾아보기 바랍니다. 그럼 이번 시간에 배운 것과 관련해 질문이 있으면 받고, 질문이 없으면 10분간 휴식하겠습니다."

과제-05

투자신탁, 투자회사, 투자자문회사가 하는 일을 조사하라. (153쪽 참조)

06 ▶ 움직이는 선수들과 선수들이 움직이는 이유

성공 확률이 50%인 동전 던지기에서 10번의 시도 중 앞면, 뒷면을 모두 맞출 수 있는 사람이 평균적으로 1,000명 중에 1명은 나타나기 마련이다.* 우연히 주식투자에 성공한 사람들도 자신이 경제에 해박하다고 자랑한다.

● 　앞 또는 뒤가 나올 확률이 1/2인 동전 던지기를 10번 할 경우 1,000명 중 1명은 10번 모두 앞이 나올 가능성이 있다. 1,000명×$(1/2)^{10}$≒1명

"금융시장에서 사람들은 왜 거래를 할까요? 이런 질문이 너무 단순한가요?"

주식영은 '당연히 이익을 얻으려고 거래를 하지요.'라고 대답하려다가 그만두었다. 무엇인가 다른 이유가 있을 듯하였다. 복 교수는 이를 알아챘는지 말을 이었다.

"당연히 이익을 얻으려고 거래합니다. 그러나 그 외 다른 목적도 있습니다. 개인보다 금융기관들의 거래가 더 복잡하고 움직이는 이유도 다양합니다. 우리가 시장에서의 금융거래를 이해하려면 선수들이 '어떻게' 움직이는지, '왜' 움직이는지 알아야 합니다. 이제 하나하나 그 이유를 알아보겠습니다. 설명에 들어가기 전에 강조할 점은 시장을 움직이는 것도, 돈을 움직이는 것도 결국은 사람이라는 사실입니다. 그러므로 사람들이 왜 그렇게 행동하는지 알아야 합니다."

선수들이 움직이는 이유

"투자는 결국 전망이라고 말할 수 있습니다. 금리 또는 주가가 오를지 떨어질지에 대해 전망할 수 있으면 떼돈을 벌 수 있지만, 전망하는 일이 어디 쉬운가요? 그래도 투자자들은 항상 나름대로 전망을 합니다. 그런데 사람들은 자신의 판단을 과신하는 경향이 있어요. 투자자들은 현재의 시장이 기업 가치를 적정하게 반영하지 않았다는 믿음에 기초하여 거래합니다. 움직이는 주식시장이 본래의 기업 가치를 잘 반영한다면, 지금 주가가 적정 가치이므로 누구든 주식을 사서 이익을 얻기 어렵습니다. 현재 주가가 본래 가치를 밑돌기 때문에 앞으로 오를 것이라고 예상하면서도 혹시 주가가 떨어질지 모른다는 실패를 각오하며 주식을 사는 것이지요. 그런데 자신을 믿는다는 신념에는 위험이 존재하기 마련입니다.

그런데 시간이 흐르면 '나는 주가가 어떻게 변할지 알고 있었다.'라는 사람들이 나타납니다. 알고 있었지만 행하지 않은 사람들의 말을 그리 신뢰할 수는 없습니다. 아는 것과 행하는 것은 엄청난 차이니까요.

결국 금융자산에 투자하여 이익을 얻는 방법은 간단합니다. 싸게 산 주식, 채권, 외환의 가격이 올랐을 때 팔면 됩니다. 이건 당연하고도 무책임한 말입니다. 그렇다면 자산가격이 떨어질 때 이득을 볼 수는 없을까요?"

주식영은 "아니, 가격이 올라야 돈을 벌지, 가격이 떨어지는데 어떻게 돈을 벌지?"라고 혼잣말을 하며 주위를 둘러보니 다른 수강생들도 모두 의아해하는 표정이었다.

나를 믿는다!: 떨어지는 가격에 투자한다?

"앞으로 자산가격이 떨어질 것이라고 확신한다면, 가지고 있지 않은 자산을 빌려서 파는 숏short을 잡을 수 있습니다. 이때 숏short이란 자산을 가지고 있다는 롱long과 대비하여 마이너스 자산을 가지고 있다는 뜻입니다. 이때 마이너스 자산이란 도대체 무엇일까요? 자신이 가지고 있는 자산은 당연히 없을 뿐 아니라 남에게 자산을 갚아야 할 의무를 지고 있다는 말입니다. 즉 자산을 빌려서 팔면 갚아야 할 의무만 남게 되지요. 물론 이제 공부를 시작하는 여러분이 이와 같은 거래를 하기에는 위험하지만, 직접 거래하지 않더라도 이러한 개념은 여러 금융상품에서 활용되고 있습니다.

간단한 예를 들어 볼까요? 주가가 10만 원일 때 가격 하락을 예상하고 주식을 빌려서 팔았다면 10만 원이 생깁니다. 그 후 예상 대로 주가가 6만 원으로 하락한다면 가지고 있는 현금 10만 원 중 6만 원으로 그 주식을 사서 빌린 곳에 갚으면 4만 원이 남는다는 말입니다. 어때요? 간단하지요? 물론 주식을 빌릴 때 약간의 수수료를 내야 하지만…….

그런데 말입니다. 세상은 그렇게 예상대로 흘러가지 않거든요. 가격 하락을 예상한 주식 가격이 예를 들어 15만 원으로 상승하면, 당초 10만 원에 판 주식을 15만 원을 주고 사서 돌려줘야 하기 때문에 5만 원의 손실을 보게 됩니다. 여기에 수수료도 주어야 하고요. 그러므로 숏short은 아주 위험한 거래라고 볼 수 있습니다.

숏short거래는 앞의 예에서 살펴본 공매도short selling와 다음 주 강의하게 될 파생금융상품의 일종인 선물futures 등을 통하여 활발하게 일어나지만, 가격 하락이 예상될 때 숏short을 잡는 일은 평소 자산 투자보다 결정하기 어렵습니다. 만일 자산을 가지고 있다면, 즉 롱long을 잡고 있다면, 주식의 경우 배당 수입, 채권의 경우 표면이자 수입을 얻게 되지만, 숏short을 잡고 있다면 이러한 수익이 발생할 수 없습니다. 이런 점을 고려하고서도 빌려서 팔려고short selling 결심한다면 가격이 크게 떨어지리라는 자기 전망에 대해 변하지 않는 확신이 섰기 때문입니다. 반대로 확신 없이 숏short을 잡으면 굉장히 위험합니다."

틈새를 노린다

"품질이 동일한 모든 제품의 가격은 같아야 할까요? 어떻게 생각하나요? 한영리 씨?"

"지난번 등산 갔을 때, 수퍼마켓에서 1,000원인 생수를 산에서는 2,000원에 판다는 이야기를 들었습니다만⋯⋯."

"편의점에서 파는 생수와 산에서 파는 생수의 가치를 같다고 볼 수 없습니다. 최소한 꼭대기까지 운반하는 수고 비용을 생각해야 하니까요. 이제 일물일가의 법칙에 대해 이야기해 보겠습니다. 동일한 두 가지 상품이 있다면 그 가격은 같아야 한다는 말입니다. 여러 시장에서 동일한 상품이 다른 가격으로 거래될 경우에 싼 상품을 사고 비싼 상품을 팔면 차익을 얻을 수 있습니다. 즉 차익거래를 쉽게 이해하기 위해서는 동일한 상품이면 어디에 투자하든 '이익이 같아져야 한다'는 말을 기억하자고요. 여기서 중요한 점은 동일한 두 가지 상품의 가격 차이를 재빨리 알아차리는 능력입니다. 더욱이 일반 물건은 운반에 시간과 노력 비용이 들지만, 금융상품은 마우스 클릭한 번으로 움직일 수 있으니까 속도도 빠릅니다. 금융기관들은 온종일 이러한 차이를 발견하려고 애쓰지만, 생업에 몰두하는 개인 투자가가 이러한 거래를 따라 하기란 거의 불가능하지요."

채권희는 '개인투자자가 따라 하기 거의 불가능한 내용을 왜 설명하지?' 하고 생각했다.

"이런 쓸데없는 것을 왜 설명하느냐고 생각하는 수강생도 있을 겁니다. 흐흐흐. 그러나 이것은 금융기관들이 움직이는 주요한 요인이 되거든요. 기관투자자의 움직임을 읽지 않고서 금융시장의 흐름을 이해한다고 말할 수는 없습니다."

채권희는 속으로 뜨끔했다.

위험을 회피한다

"사람들은 위험을 회피하고 싶어 하지요. 이때 '위험'이란 기대하는 값에서 얼마나 벗어난 값을 얻느냐는 편차를 말합니다. 그런데 위험을 회피할 수 있을까요? 금융기관들은 이익을 위해 행동하지만, 잘 살펴보면 적극적으로 이익을 획득하기보다 위험을 회피하려는 움직임을 발견할 수 있습니다. 특히 은행의 예를 들어 보면 자산과 부채의 서로 다른 성격 차이에서 발생하는 위험을 상쇄하기 위한 목적으로 자금을 운용할 때가 많습니다. 금융기관들은 고객의 요구에 수동적으로 대응하는 과정에서 보유한 자산과 부채 간의 조건과 규모 차이를 가지게 되거든요. 즉 팔라고 하는 요구를 수용하다 보면 해당 자산이 의도하지 않게 줄어들고, 사 달라고 하는 요구를 수용하다 보면 의도하지 않게 자산이 늘어나게 되어 해당 자산과 부채 사이의 차이가 확대됩니다. 또 원하지 않게 부채가 늘어나기도 하고 줄어들기도 하지요. 여기서 조건의 차이란 만기가 긴 대출자산과 만기가 짧은 예금의 규모 차이, 달러 자산과 달러 부채의 규모 차이, 위험이 큰 자산과 위험이 작은 부채의 차이 등을 말합니다. 은행들은 이러한 차이의 가격 변동에 따라 이득을 취할 수 있습니다. 하지만 그 차이가 너무 크게 벌어지면 영업이익의 변동 폭이 커지면서 극단적인 경우에 조직 존립의 문제까지 생기기 때문에 이러한 위험을 일정 규모 이하로 줄이려는 거래를 하게 되지요."

비상금은 준비되어야 한다

"다음으로 금융기관들은 일정 수준의 유동성을 가지고 있어야 합니다. 여기서 '유동성이란' 쉽게 말해 현금인데 언제든지 현금으로 바꿀 수 있는 예금을 포함합니다. 그런데 이익이 많이 나더라도 현금이 없을 때가 있습니다. 흑자 도산이라는 말을 들어 보았을 것입니다. 쉬운 예로 외상으로 물건을 팔면 수익으로 계산되지만, 외상 매출금을 받을 때까지 현금이 들어오지 않아 필요한 경비를 지급하지 못할 때가 생깁니다. 유동성을 가지고 있어야 하는 이유는 언제 필요할지 모르는 자금을 미리 확보해 놓아야 하기 때문입니다. 이때 유동성이란 어떤 자산을 자본 손실capital loss 없이 즉시 현금으로 전환하기 용이한 정도를 말하는데, 비상금이라고도 말할 수 있습니다. 금융기관뿐 아니라 어느 기업이든 최소한 확보해야 할 유동성 수준을 미리 정해 놓기 마련입니다.

그렇다면 유동성 자산은 많이 확보할수록 좋을까요? 채권희 씨?"

"아무래도 무슨 일이 발생할지 모르니까 가급적 많이 보유하면 좋지 않을까요?"

"글쎄요. 무조건 많다고 좋을 것은 없습니다. 일반적으로 유동성이 높은 자산은 수익률이 낮습니다. 유동성이 좋은 자산을 많이 가지고 있으면 수익 규모가 작아지지요. 반면 유동성이 떨어지는 자산일수록 유동성 프리미엄liquidity premium이라는 명목으로 할인 거래되어 수익률이 높습니다. 금융시장에서 유동성이 떨어지는 자산을 팔려면 웃돈을 얹어 주어야 하는 반면, 그러한 자산을 사려면 그만큼 싸게 살 수 있습니다. 국채와 대형 우량주식의 유동성은 회사채와 소형주식보다 더 좋기 마련입니다. 여러분이 수익이 많이 날 것 같은 좋은 주식에 투자할 때도 언제든 꺼내 쓸 수 있는 요구불예금에 어느 정도 자금을 가지고 있는 것이 필요합니다."

친구 따라 강남 간다

"옛부터 전해 내려오는 '친구 따라 강남 간다.'라는 말을 교과서에서는 군집행동herd behavior이라고 합니다. 진화론에서 이러한 행동은 몇백만 년 전부터 시작된 인간의 본능에서 비롯되었다고 하더라고요. 태풍이 불거나 벼락이 칠 때, 인간의 조상은 초원에서 극심한 공포를 느끼면서 무리를 지어 행동했습니다. 또한 먹이를 사냥할 때도 몰려다니는 행위가 유리했으며, 무리에서 벗어나면 생존에 위협을 받았습니다. 몰려다니는 본능이 형성되지 않았다면 인류는 진화의 생존 경쟁에서 살아남지 못했을 것입니다. 그러므로 호모 사피엔스 Homo Sapiens의 군집행동은 자연스러운 현상이라고 볼 수 있습니다.

진화생물학은 산업사회를 거치면서 더는 필요하지 않지만 오랜 시간의 흔적으로 남은 인류의 본능을 지적합니다. 우리에게는 군집행동을 취하여 불안감을 떨쳐 버리며 남들에게 묻어가고자 하는 투자 본능이 남아 있습니다.

한편 금융시장에서 일어나는 군집행동을 정보의 차이로 설명하기도 합니다. '많이 아는 사람을 따라가면 본전 이상은 하더라'라는 말이 있습니다. 사람은 누구나 자신을 과신하기도 하지만 자신의 정보가 부족하면 정보가 많아 보이는 사람들을 따라가려고 하거든요. 뒤에 투자전략을 이야기할 기회가 있겠지만, 남들에게 묻어가면서 '시장 평균 정도만 하자'라는 생각도 나쁜 전략은 아닙니다."

움직이는 선수들

> 브로커, 딜러 그리고 펀드매니저 중에서 투자금을 운용하여 얻은 이익을 고객에게 돌려주지 않는 사람은 누구인가?

딜러, 브로커, 펀드매니저

"교수님, 뉴스를 보면 가끔 금융시장에서 딜러dealer와 브로커broker란 말이 자주 나오는데 무엇인가요?"

채권희가 질문하자, 복 교수가 흔쾌히 답했다.

"좋은 질문입니다. 어떤 자산운용사가 보유하고 있는 채권 100억 원어치를 팔려면 누가 채권을 사려고 하는지, 또 얼마나 어떤 조건으로 사려는지 하는 정보를 찾기 어렵습니다. 그래서 사려는 사람과 팔려는 사람을 중간에서 연결하는 중개기관이 필요합니다. 이를 브로커라 합니다. 브로커는 일정 수수료를 받고 사고파는 사람들의 탐색비용을 줄여 주는 역할을 합니다. 마치 아파트를 사거나 팔 때 중간에 공인중개사가 개입하는 것과 비슷하지요.

그럼 딜러란 누구이냐? 딜러는 매매에 따른 손익을 부담하면서 거래를 하는 사람입니다. 즉 거래를 통해 이익이 나거나 손실을 보게 되면 자신이 속한 회사로 계산이 귀속된다는 뜻입니다. 단순히 중개만 하면서 수수료를 챙기는 브로커와 딜러의 역할이 다르다는 말이지요. 회사 입장에서는 딜러의 거래 결과에 더 신경을 쓰기 마련입니다. 반면 브로커는 손익의 위험 부담 없이 거래에 따른 수수료를 받기 때문에 거래를 많이 하면 많이 할수록 좋습니다. 그런데 펀드매니저fund manager가 어떤 일을 하는지 알고 있나요?"

이번에는 복 교수가 질문했지만, 채권희는 펀드매니저는 펀드를 관리하는 사람이라는 대답밖에 할 수 없었다.

"맞아요. 펀드매니저는 당연히 펀드를 관리하는 사람이지요. 잘 대답했어요. 주식펀드매니저는 주식형 펀드를 관리하고 채권펀드매니저는 채권형 펀드를 관리하는 일을 합니다. 그런데 이러한 펀드를 운용한 결과로 나타나는 손익은 누구에게 귀속될까요? 펀드는 펀드매니저가 운용하지만 그 실적이 많으면 많은 대로 적으면 적은 대로 투자 금액에 따라 고객에게 나누어 주거든요. 펀드매니저는 단지 운용의 노력에 대한 수수료만 떼어 갈 뿐입니다. 브로커에게 자기 손익이라는 것 자체가 없으며 딜러가 오롯이 자신이 손익을 부담하는 것과 비교되지요. 펀드에 대해 다시 다루겠지만 은행은 예금과 대출로 인한 손익의 차이를 자신이 부담하는 반면, 자산운용사는 펀드의 운용에 따른 손익을 고객에게 모두 나누어 준다는 사실을 잊지 않아야 합니다."

이코노미스트, 애널리스트

"그럼, 이코노미스트economist, 애널리스트analyst는 누구일까요? 증권 관련 방송에 출연하는 사람이 많지만 정확하게 이해되지 않아서요."

이번에는 한영리가 질문했다.

"음, 간단한 질문이군요. 애널리스트는 어떤 산업 또는 업종에 대해 분석하는 사람입니다. 주로 증권회사에서 각 산업을 담당하기 때문에 특정 산업과 주요 기업에 대해 훤히 알고 있지요. 물론 다른 산업에 대해서는 그렇지 않겠지만……. 어떤 기업을 분석하려고 할 때는 우선 그 업종에 대해 잘 알아야겠지요? 여러분도 애널리스트의 산업 분석을 바탕으로 특정 개별 기업에 대한 분석에 들어가면 좋습니다. 반면 이코노미스트는 거시경제 전반에 관심을 두면서 경제 전망 업무를 담당합니다. 주로 금리, 통화량, 인플레이션, 국제수지 등 거시경제 변수를 분석하지요. 큰 그림에 관심을 두기 때문에 산업 하나하나에 대해서는 관심을 기울이기 어렵습니다. 애널리스크의 산업분석도 이코노미스트의 거시경제분석을 바탕으로 이루어지지요."

자습하는 대신 맥주

"자, 이상 강의 끝. 잠깐! 젊은 시절 공부할 때 이야기를 하나 하겠습니다. 지금까지 받은 강의 중 가장 감명 깊은 강의를 소개합니다.

여름방학이 끝나고 2학기 시작 무렵, 경제수학 첫 시간에 노 교수가 들어오시더니 수업을 시작하자마자 '방학 동안 불란서(프랑스)에 가서 좋은 교수법을 배워왔다. 자습해!' 하고 말씀하시더군요. 그날은 강의 없이 자습만 했어요. 하하하. 자, 오늘은 조금 일찍 마쳤으니 집에 돌아가서 지금까지 배운 내용을 복습했으면 좋겠습니다. 자습이야말로 가장 좋은 공부 방법이니까요."

수강생 모두 엘리베이터를 타자 한영리가 말을 꺼냈다.

"오늘 일찍 마쳤는데 맥주 한잔 하시죠?"

그리하여 집에 일찍 들어가야 한다는 은성실을 간신히 붙잡아 간단하게 맥주를 마시기로 했다. 무엇인가 이야기를 하고 싶은 주식영은 사람들에게 썰렁한 농담만 던졌고, 한영리는 언제 어디서나 항상 즐거운 모습이었다.

과제-06

투자 전망에 따른 이익과 차익거래에 따른 이익을 평가하시오. (153쪽 참조)

보이는 손과 호루라기

07 ▶ 시장과 정책의 대화

"어제는 금융시장과 금융기관의 움직임에 대해 살펴보았으니 오늘은 중앙은행central bank과 통화정책market oriented monetary policy에 대해 알아보겠습니다. 이 주제를 설명할 때마다 이런 이야기를 합니다.

학교 운동장에서 어린이들이 뛰어놀고 있습니다. 금융시장에서 금리와 주가가 움직이고 이를 바라보는 선생님이 있습니다. 어떤 어린이는 미끄럼틀 옆에서, 어떤 어린이는 구석에서 놀고 있습니다. 담을 넘으려는 어린이도 있습니다. 갑자기 주가가 급등하거나 금리가 튀어 오를 때가 있습니다. 선생님은 학교 밖으로 나가지 말라고 호루라기를 붑니다. 담을 넘으려는 아이는 선생님이 분 호루라기 소리를 듣고 담에서 내려옵니다. 금융시장이 안정을 되찾습니다. 장기 시장금리가 마음대로 뛰어놀도록 내버려두는 것, 이것이 바로 시장 중심주의입니다. 어린이들은 위험한 곳에서 놀면 안 됩니다. 학교 운동장과 금융시장의 한 가지 차이는 운동장은 위치와 크기가 일정 하지만, 금융시장은 경제 여건에 따라 변한다는 점입니다."

무엇을 위한 통화정책인가?

"통화정책의 목표는 무엇일까요? 우선 물가안정입니다. 이를 효 과적으로 이루기 위해 한국은행은 '물가안정목표제inflation targeting'를 채택하고 있습니다. 이는 명시적인 중간 목표 없이 운용 목표를 조 정하여 사전에 설정된 물가 목표를 달성하고자 하는 체계입니다. 즉 통화량, 금리, 환율, 자산가격 등 다양한 정보변수를 활용하여 물가 상승률을 예측한 후 물가상승률 예측치가 목표치에 수렴하도록 기 준금리 목표를 조정하는 작업입니다. 말이 어렵지요? 허허허. 쉽게 '물가를 관리하기 위해 금리를 조절한다.' 정도로 이해하면 됩니다.

2019년 이후 우리나라의 물가안정목표제는 소비자물가상승률 CPI(전년동기대비) 기준 2%로 정부와 협의하여 설정한 후 2년마다 점검하고 결과를 국민에게 공개해 설명하고 있습니다. 그런데 인 플레이션 타깃팅제도를 운용하려면 국민이 이 목표를 준거nominal anchor로 각종 경제 행위를 하도록 유도하는 의사소통과 피드백 관계 communicaion and feedback●가 잘 이루어져야 합니다. 그런데 이 제도가

● 어떤 행위의 결과가 최초의 목적에 부합하는지를 확인하여 행위의 원천에 그 정보를 되돌려 보냄으로써 상대방의 행위가 적정하도록 유도하는 작용을 말한다.

성공하려면 통화정책이나 중앙은행에 대한 국민의 신뢰성_{credibility} 확보가 가장 중요합니다. 국민이 중앙은행을 신뢰하지 않고 중앙은행이 제시하는 물가 목표를 믿지 않으면 인플레이션 타깃팅제도는 실패할 가능성이 있습니다."

시장의 실패와 정책의 실패

"오늘 주제는 시장과 정책의 대화인데 이렇게 시장과 정책을 대비해 놓으니 시장의 실패가 가장 먼저 생각나는군요. 시장의 실패란 수요와 공급의 메커니즘이 원활히 작동하지 않을 때 생겨납니다. 많은 사람이 시장의 실패 원인으로 독과점기업의 시장지배, 담합, 경제활동 과정에서 발생하는 외부 효과, 공공재 등을 지적하지만 나는 금융시장의 실패는 한마디로 시장참여자의 탐욕과 공포에서 나온다고 믿고 있습니다.

시장의 실패를 견제하기 위해 정부나 통화당국이 개입하지만 여기에도 나름의 정책 실패가 일어납니다. 어떤 사람들은 공공조직이 경쟁체제가 아니어서 유인제도_{incentive system}가 부족하고 정치적인 고려도 많이 작용하기 때문에 정책이 실패한다고 합니다. 하지만 나는 다른 점을 중시합니다. 너무 신중하기 때문에 발생하는 기회의 상실이나 결과에 대한 책임을 회피하려는 성향이 주요 요인이라고 생각합니다.

그러고 보니 금융시장과 금융정책의 관계를 설명하기 전에 실패에 대해 이야기했군요. 이제 통화정책의 여러 부문을 설명할 텐데,

좀 이상하지요? 허허허. 시장과 정책에도 이러한 한계가 있다는 사실을 염두에 두고 생각하자는 뜻입니다."

볼링게임과 통화정책 운용체계

"앞의 설명이 길었습니다. 통화정책이 무엇인지 결론부터 말하고 시작하겠습니다. 통화정책이란 기준금리를 조정하여 다른 금리를 움직여서 성장과 물가 등에 영향을 주기 위한 정책을 말합니다. 그럼, 통화정책의 운용체계monetary policy framework에 대해 알아볼까요? 이는 통화정책의 최종 목표(final objectives 또는 ultimate goals)인 물가안정을 이루기 위해 중앙은행이 실제로 정책을 어떻게 운용할지 정하는 틀입니다. 중간 목표를 통해 최종 목표에 이르는 과정을 볼링게임에 비유할 수 있습니다.

일반적으로 통화를 타깃팅하는 중간목표제는 볼링게임에서 스트

통화정책의 운용체계

정책수단	⇒	운용 목표	⇒	명목 기준지표		⇒	최종 목표
				중간 목표	물가 상승률		
- 공개시장운영 - 여수신제도 - 지급준비금제도 등		- 단기시장금리 - 지급준비금 등		- 통화량 - 환율 등			- 물가안정 - 금융안정 등
제도(의사결정 및 집행기구, 독립성, 책임성, 투명성 등)							

자료: 《한국의 통화정책》(한국은행, 2017년 12월)

라이크를 치기 위해 멀리 있는 핀을 직접 공략하기보다 레인에 표시된 가이드 스폿(▲)을 겨냥하여 볼링공을 던지는 이치라고 할 수 있습니다. 사실 통화 타깃팅은 통화량을 겨냥하는 작업인데 그동안 통화량과 실물경제 간의 안정성이 떨어졌습니다. 이는 볼링게임에서 레인의 일부가 울퉁불퉁해서 레인의 가이드 스폿을 정확히 겨냥해도 핀을 반 정도밖에 쓰러트리지 못한다는 뜻이며 새로운 가이드 스폿을 찾기도 불가능하게 되었다는 의미입니다.

반면에 현재 사용하고 있는 방식인 인플레이션 타깃팅은 멀리 떨어진 핀을 직접 겨냥하는 것과 같습니다. 이 방법이 성공하기 위해서는 레인의 굴곡과 밀도, 공의 무게, 힘의 세기나 방향 등을 종합적으로 판단해야 합니다. 즉 통화정책에서도 정책 파급 경로가 제대로 작동할 수 있도록 정교한 금융시장 하부구조와 경제 예측 능력을 확보하는 것이 중요합니다.

세월이 흐를수록 통화량의 변동이 거시경제 변수에 미치는 영향이 밀접해지지 않게 된 반면, 금리가 거시경제 변수에 미치는 영향이 더 유효해지면서 통화량 중심에서 금리 중심으로 통화정책이 변화했다고 할 수 있습니다. 가끔 경제 뉴스를 보다 보면 '시중에 넘치는 통화량을 조절한다'라고 하는데, 이는 올바른 설명이 아닙니다. 이제 돈의 양을 조절하지 않기 때문이지요. 정확히 말하면 금리를 조절하여 금리에 의해 영향을 받는 대출과 예금의 규모에 따라 통화량이 결과적으로 조절되게 한다는 뜻입니다."

기준금리 목표는 어떻게 결정되나?

"지금까지 통화정책의 최종 목표, 운용 목표, 공개시장조작 등을 이야기하면서 콜시장에서 형성되는 콜금리를 목표 수준에 맞추려고 노력한다는 말만 했습니다. 그럼 이러한 기준금리의 목표 수준은 어떻게 결정될까요? 예를 들어 경기가 좋아져서 과열될 조짐이 보이면 기준금리를 올려 경제의 거품을 빼는 구실을 하고, 경기가 나빠질 것 같으면 기준금리를 내려 경제주체의 부담을 줄여 주는 역할을 합니다. 그러므로 경기가 좋다고 사람들이 흥청망청 파티를 한다면, '이제는 그만할 때'라고 외쳐야 합니다. 그러니 좋아할 사람들이 별로 없겠지요? 이런 의미에서 중앙은행 사람들을 Party Pooper(파티를 망치는 사람)이라고 부르기도 합니다.

자 그럼, 금융통화위원회는 기준금리 수준을 결정하기 위해 무엇을 할까요? 국내외 여건 변화가 장래의 인플레이션과 경기 등에 미치는 영향을 종합적으로 판단합니다. 그리고 경제 성장, 금융시장안정, 국제수지 등 여타 정책 목표와의 조화를 함께 고려하지요. 여기서 핵심은 기준금리는 시장의 수요공급 원리에 따라 결정되지 않고 정책적 판단에 따라 결정된다는 것입니다.

물론 중앙은행의 기본 목적은 물가안정에 있지만 통화정책이 실물과 금융경제 전반에 걸쳐 막대한 영향을 미친다는 점에서 다른 정책 목표를 도외시하면 곤란합니다. 실제로 인플레이션 타깃팅 방식을 사용하는 대부분의 국가는 통화정책 방향을 결정할 때 물가만 고려하는 엄격한 방식보다 물가와 경기 상황을 함께 고려하는 신축적인 방식을 채택합니다. 그런데 물가 상승과 경기 호황이 같은 방향으로 움직일 경우 정책 선택에 어려움이 적지만, 반대 방향으로 움직일 경우 선택의 딜레마에 직면하게 되지요. 이와 같은 다수의 정책 목표가 충돌한다면 목표 간 우선 순위를 정하여 대처하는 수밖에 없습니다. 이를 '절충적 접근방식'이라 합니다."

기준금리 목표 조정 방식

"그런데 우리가 기준금리 목표를 관리하는 상황에서 환율도 관리할 수 있을까요? 우리나라처럼 자본자유화가 이루어진 가운데 금리 목표를 관리하면서 환율을 동시에 관리하기는 어렵습니다. 이렇게 자본자유화, 통화정책의 독자성, 환율의 안전성이라는 세 마리 토끼를 동시에 잡을 수는 없다는 이론을 '삼위일체 불가능성impossible trinity'이라고 합니다. 한 나라의 경제는 자본자유화, 통화정책의 독립성, 환율의 안정성이라는 세 가지 중 두 가지만 취할 수 있을 뿐 세 가지를 모두 취하기 어렵다는 이론입니다. 자세히 설명하자면 깊게 들어가야 하므로 생략하겠습니다. 대신 관심 있는 분은 《돈은 어떻게 움직이는가?》를 참조하기 바랍니다.

그건 그렇고, 이러한 기준금리 목표는 어떤 방식으로 조정될까요? 그동안 일반적으로 0.25%포인트(25bp)씩 점진적으로 조정하는 방식을 사용했는데, 이는 기준금리를 소폭 조정한 다음 그 파급 효과를 점검하면서 조심스럽게 금리를 미세조정해 나가는 방식으로 그린스펀 미 연준 의장의 이름을 따서 '그린스펀의 아기 걸음마

Greenspan's baby step'라 불렸습니다.

그러나 2022년 코로나19 팬데믹 이후 물가가 상승하면서 베이비 스텝으로 시장의 인플레이션 기대를 따라가기에 미흡하여 빅 스텝 big step(0.5%p) 또는 자이언트 스텝giant step(0.75%p) 등 보다 큰 폭으로 기준금리를 인상하는 방법을 사용했습니다. 그린스펀 의장 이후 대체로 베이비 스텝을 지속하던 미 연준이 왜 큰 폭의 인상을 단행했을까요? 그만큼 인플레이션에 대한 대응이 다급했다고 볼 수 있습니다. 다른 말로 하면 이러한 상황이 오기까지 경기에 신경을 쓰느라 인플레이션에 대해 그만큼 방심했다는 뜻이기도 합니다. 우리나라도 이에 대응하여 2022년 7월 한국은행 최초로 0.50%p 인상하는 빅 스텝big step을 단행하였으며 이후 연속적으로 큰 폭의 기준금리를 인상한 바 있습니다."

과제-07

최근 한국은행 금융통화위원회의 통화정책 방향을 찾아 읽으시오.

(154쪽 참조)

어떠한 길을 따라 파급되는가?

"그러면 이러한 중앙은행의 통화정책은 어떤 경로를 통해 경제에 영향을 미칠까요? 사실 통화정책은 길고 다양한 경로를 거쳐 실물경제에 영향을 미치게 됩니다. 이들 경로는 블랙박스로 불릴 만큼 복

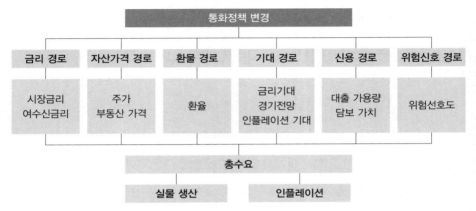

통화정책의 파급 경로

통화정책 변경					
금리 경로	자산가격 경로	환율 경로	기대 경로	신용 경로	위험신호 경로
시장금리 여수신금리	주가 부동산 가격	환율	금리기대 경기전망 인플레이션 기대	대출 가용량 담보 가치	위험선호도

총수요	
실물 생산	인플레이션

자료: 《한국의 통화정책》(한국은행, 2017년 12월)

잡하지요. 또한 이는 개별 국가의 금융구조, 거시환경, 경제발전 단계 등에 따라 너무 다르기 때문에 이를 정확히 파악하는 일은 중앙은행도 어렵습니다. 그 경로와 관련한 자료는 앞의 그림을 참고하겠습니다. 주요 경로로는 금리 경로, 자산가격 경로, 환율 경로, 신용 경로, 위험신호 경로 등이 있으며 이들이 모두 기대에 의해 움직이기 때문에 기대 경로를 따로 구분하기도 합니다."

멀리 날아가는 새를 맞추다

"지난 시간에 금리 변동이 경제에 어떤 영향을 미치는지 간략히 살펴봤습니다. 모두 알고 있겠지요?."

대체로 그렇듯 수강생들은 아무 말이 없었다.

"그런데 이러한 통화정책의 파급 효과가 경제 성장이나 물가와 같은 실물변수에 도달하려면 어느 정도 시간이 필요합니다. 최근 연구 결과에 따르면 짧게는 6개월에서 길게는 1년 이상이라고 하더군요. 멀리 날아가는 새를 화살로 맞추는 셈이라고나 할까요?

이렇게 파급 시차가 있다는 것은 정책 목표를 달성하기 위해서 경제 예측에 기초하여 통화정책이 선제적preemptive으로 이루어져야 한다는 교훈을 줍니다. 그러나 현실적으로 침체나 불황은 예고 없이 오기 때문에 정확하게 경제를 전망하는 일은 매우 어렵습니다. 이로 인해 통화정책 수행의 어려움이 가중됩니다."

08 ▶ 몇 가지 중요한 무기

"그럼 다음으로 중앙은행이 구사할 수 있는 통화정책수단에 대해 알아볼까요? 여기서 강조하고 싶은 점은 이들은 모두 돈을 조절하는 방법을 사용한다는 것입니다. 현재 통화정책의 중심이 금리를 조절에 있다는 사실을 고려한다면 돈의 양을 조절하는 수단을 사용한다는 말은 도대체 무슨 뜻일까요? 쉽게 말하면 통화정책이 목표로 하는 단기금리를 조절하려면 이 금리가 형성되는 지준시장에서 돈이 어느 정도 적정한 양을 유지해야 한다는 말입니다. 여기서 지준시장이란 은행이 지급준비금을 맞추기 위해 주로 은행들 간에 단기자금을 거래하는 도매 금융시장을 말합니다."

전통적인 무기들: 시장금리에 간접적인 영향을 미치다

"이러한 정책수단들은 전통적 수단과 새로운 수단으로 나뉩니다. 여러 기준으로 구분할 수 있지만, 우선 직접 조절수단과 간접 조절수단으로 구분해 보겠습니다.

직접 조절수단은 주로 정책당국에 부여된 규제 권한regulatory power 을 통해 수행되며 은행 여수신금리 직접 규제나 은행대출 규모 통제 등입니다. 그런데 이러한 직접 조절수단은 금융기관의 자율경영과 금융시장의 발전을 저해할 수 있기 때문에 최근에는 좀처럼 사용하지 않고 간접 조절수단을 활용하는 편입니다.

간접 조절수단은 시중 은행이 수신한 예금의 일정 비율에 해당하는 돈을 한국은행에 지급준비금으로 강제로 예치해야 하는 지급준비제도, 한국은행이 시중 은행에 돈을 빌려주거나 예치를 받는 여수신제도, 채권 매매를 통해 돈의 양을 조절하는 공개시장조작제도 등입니다. 지급준비제도와 여수신제도는 다음 자료 내용으로 간략하게 설명하겠습니다. 현재 이들 수단 중 상대적으로 시장친화적인 정책수단인 '공개시장조작'이 제일 중요하니 이에 대해서는 별도로 자세히 설명하겠습니다."

- 지급준비제도
  - 은행이 고객의 예금 인출 요구에 대비하여 예금액의 일정 비율(지급준비율)을 중앙은행에 예치토록 하는 제도이다.
  - 당초 예금자 보호 목적에서 통화조절 수단으로 발전하였으나 최근 통화조절 수단 기능이 약화되었다. 이는 지급준비율을 소폭 조정할 경우에도 전체적인 유동성 수준과 대상 금융기관 수지에 크게 영향을 미쳐 일상적인 유동성 조절 수단으로 사용하기 어렵기 때문이다.
  - 지급준비금 대상 금융기관의 무수익자산을 법규에 의해 중앙은행에 강제 예치함으로써 금융거래비용이 상승한다.

- 여수신제도
  - 한국은행 대출제도는 중소기업에 낮은 금리로 자금을 지원하는 총액한도대출, 유동성조절대출, 일시부족자금대출, 일중당좌대출 등이 있다.
  - 경제사정 및 금융시장이 불안하여 긴급한 자금 지원이 필요할 경우 최종대출자의 소임을 수행하기 위한 특별 대출이 있다.
  - 자금조정대출 및 예금제도는 주요국 중앙은행들의 대기성 여수신제도 standing facilities를 국내 사정에 맞게 도입한 것으로 금융기관이 자금의 수급 조정을 위하여 한국은행으로부터 자금을 차입하거나 여유 자금을 자유롭게 한국은행에 예치할 수 있도록 한 제도이다.

채권을 사고파는 공개시장조작

"공개시장조작은 은행들의 지급준비금을 마련하기 위한 지준시장에서 돈이 남거나 모자랄 때 채권을 사고팔아서 기동성 있게 돈을 조절하는 정책입니다. 즉 시장에 돈이 많으면 채권을 팔아서 돈을 거두어 들이고 시장에 돈이 모자라면 채권을 사서 돈을 공급하는 정책이죠. '기동성 있다'는 뜻은 다른 정책을 시행하려면 복잡한 내부 결재 과정을 거쳐야 하지만 공개시장조작은 실무 팀장과 국장 선에서 재량권을 가진다는 의미입니다. 경쟁 입찰을 통해 시장금리를 기준으로 시행하기 때문에 시시각각 변하는 금리 상황에서 복잡한 결재 절차를 기다릴 수 없습니다. 공개시장조작의 '공개'란 누구나 접근할 수 있는 공개된 금융시장에서 공개된 경쟁 입찰을 통해 채권 매매가 이루어진다는 말입니다.

그런데 지금 시장의 자금이 남거나 모자라지 않고 적정 수준인지 어떻게 알 수 있을까요? 이는 은행이 가져가야 할 기본적인 지급준비금 수준과 관련됩니다. 즉 지준시장에서 돈이 정해진 지급준비금을 초과하면 돈이 남는 것이고 미달하면 돈이 모자라는 것입니다. 이를 계산하려면 해외에서 수출·수입과 자본거래를 통해 들어오는 돈의 양, 정부가 거두어들이는 세금과 예산 집행에 따라 나가는 돈의 양 등도 잘 전망해야 합니다. 세상엔 힘든 일이 많지만, 이를 차질 없이 전망하고 계산하는 것도 보통 어려운 일이 아닙니다.

이와 같이 공개시장조작이 핵심적인 통화정책수단으로 자리 잡은 배경은 다음과 같은 장점 때문입니다. 공개시장조작은 대출과 지급준비정책과 달리 예금은행, 비은행 금융기관 등 다양한 경제주체가 참여하는 금융시장에서 시장 메커니즘에 따라 이루어지고 있어 시장경제에 가장 부합하는 효율적인 정책수단입니다. 따라서 그 효과가 금융시장을 통해 광범위하고 무차별적으로 파급됩니다. 또한 실시 시기, 조작 규모와 조건 등을 필요에 따라 수시로 조정할 수 있어 통화정책을 신축적으로 운용할 수 있는 정책수단이기도 합니다."

공개시장을 조작한다?

"잠깐, 말을 돌려서 이런 점을 생각해 보면 '공개시장조작'에 조작 이란 말이 들어가니 왠지 불순한 느낌이 들지 않나요? 조작을 한자 로 어떻게 쓰는지 아나요? 한영리 씨, 어떻게 생각하나요?"

한영리가 엉거주춤한 자세를 취하자 복 교수는 말을 이어 갔다.

"자, 조작이란 단어를 한자로 쓰면, 造作(조작)이나 操作(조작)입니 다. 그럼 두 단어의 차이점은? 영어로는 무엇이라고 할까요?"

"……."

"造作(조작)은 단순하게 제작, 만들다 등의 의미로는 'manufacturing', 무엇을 날조한다는 뜻으로는 'fabrication, make up'입니다. 操作(조 작)은 다루어 움직인다는 뜻으로 'operation' 또는 'handling'의 개념 입니다. 자 그럼, 공개시장조작이라 할 때의 조작은 물론 操作(조작) 입니다. 그런데 그냥 조작이라고 써 놓으면 造作(조작)으로 해석될 수 있어서 요즈음 '공개시장운영'이라고도 합니다. 좌우지간 알아두 어야 할 핵심은 공개시장조작이 금융시장에서 중앙은행이 금융기 관을 상대로 국채, 공채 등을 매매하여 금융기관의 자금 사정을 변 화시켜 시중 유동성과 시장금리를 조절하는 정책수단이라는 뜻입 니다."

새로 나온 무기: 시장금리에 직접적인 영향을 미치다

"글로벌 금융위기 이후 새로운 통화정책수단이 관심을 받게 되었습니다. 새로운 무기들은 왜 나왔을까요? 사실 이러한 무기들은 과거에도 가끔 사용하던 수단들이기도 했습니다. 새로운 무기는 새로운 금융경제 환경이 조성되었기 때문에 이전보다 훨씬 많이 사용하게 되었죠. 넓은 대지에서 싸울 때와 정글에서 싸울 때는 성능이 다른 무기가 필요합니다. 글로벌 금융위기로 기준금리를 계속 낮춘 결과, 기준금리가 제로(0) 금리 수준까지 도달하자 명목금리를 제로 퍼센트 이하인 마이너스로 낮출 수 없는 상태가 되었죠. 이때 경기 부양을 위해 전통적 통화정책수단으로 할 수 있는 일은 거의 없어졌습니다. 유동성 함정liquidity trap에 빠진 것이죠. 마이너스 명목 이자율에 돈을 빌려주느니 차라리 현금을 보유하려고 할 것이기 때문입니다. 또한 추가적인 유동성은 금리를 떨어뜨리지 못하기 때문에 통화정책은 아무 효과도 없게 된 셈입니다.

그래서 비전통적 통화정책수단이라는 이름을 달고 새로운 정책이 등장했습니다. 비전통적 통화정책이란 한마디로 시장금리에 직접 영향을 미치는 정책을 말합니다. 그동안 통화정책은 시장금리 형성에 직접 개입하지 않으려고 조심했습니다. 원칙적으로 중앙은행이 기준금리를 움직이면 이를 반영하여 시장에서 단기금리 변동을 통해 장기금리가 형성되어야 한다고 알려져 왔지만, 위기 상황이 닥치자 장기금리에 직접 영향을 미쳐서 경제에 바로 영향을 끼칠 수 있는 정책수단이 필요하게 된 셈이죠. 직접이냐, 간접이냐를 따지는 일도 사치스럽게 되었습니다. 새로운 수단을 살펴보면 우선 돈을 마음껏 푸는 '양적완화QE. Quantitative Easing'라는 대표선수, 장단기금리를 비트는 '오퍼레이션 트위스트operation twist', 향후 금리 방향을 제시하는 '선제적 안내forward guidance' 등이 있었습니다."

돈을 무제한으로 푸는 양적완화

"최근 경제 뉴스에서 여러분이 가장 많이 듣는 통화정책수단은 아마 전통적수단들보다 오히려 양적완화라는 수단일 겁니다. 양적완화란 쉽게 말하면 돈을 무제한으로 풀겠다는 말이거든요. 물론 커다란 한도를 정하기도 하지만 말입니다. 그런데 여기서 '아니 금리 위주의 통화정책으로 바뀌었다고 해 놓고 돈의 양을 조절하다니!'라고 이상하게 생각하는 사람들도 있을 것입니다. 돌이켜 보면 2008년 9월 리먼브라더스 사태 이후 세계 경기가 급격히 위축되었기 때문에 각국의 중앙은행은 기준금리를 큰 폭으로 인하하여 경기 부양에 나설 수밖에 없었습니다. 하지만 이러한 조치에도 불구하고 경제 상황은 악화되었고 글로벌 금융시장이 불안해지는 상황을 막을 수 없었습니다. 주요 선진국 중앙은행들은 정책금리를 제로 수준까지 내린 이후에는 쓸 수 있는 무기가 남아 있지 않았기 때문에 돈을 엄청나게 풀기 시작했어요. 간단히 말하면 '이렇게 낮은 금리로 돈을 무제한 공급해도 가만히 있을 테냐? 새로운 투자 또는 소비를 하지 않을래?'라고 유혹한 셈이지요. 뒤통수를 때려서 앞으로 나아가게 했어요."

이때 한영리가 질문했다.

"교수님, 양적완화가 처음부터 사용하기에는 바람직하지 않더라도 경제를 살리기 위해서는 불가피했다는 말씀이신가요? 그럼, 우리나라도 양적완화를 실시했나요?"

"좋은 질문입니다. 미국, 일본 등 주요국 중앙은행은 양적완화를 하는데 한국은행은 왜 양적완화를 하지 않느냐는 질문을 가끔 받습니다. 여기서 학생들이 간과하는 사실은 기준금리가 제로 또는 제로에 수렴하는 아주 낮은 수준으로 이미 인하되어 있지 않으면 돈을 대규모로 공급할 수 없다는 점입니다. 왜냐하면 기준금리 목표를 제로보다 상당히 높은 수준으로 결정해 놓고 돈을 대규모로 공급하게 되면 콜금리와 같은 단기시장금리가 거의 제로 수준으로 떨어져 상대적으로 높은 수준인 기준금리 목표를 지키지 못하기 때문이지요. 양적완화를 시행하는 선진국들을 살펴보면 모두 기준금리를 제로 수준으로 낮추어 놓은 나라들이라는 점을 명심해야 합니다. 반면에 우리나라도 기준금리를 지속적으로 인하하기는 하였으나 제로 수준까지 낮추지는 않았습니다. 여러 경제 여건을 감안할 때 그 정도까지 기준금리를 인하할 필요가 없었기 때문이지요. 그러니 우리나라는 양적완화정책을 취할 수도 없었고, 취할 필요도 없었던 것입니다."

장단기금리를 비트는 오퍼레이션 트위스트

"오퍼레이션 트위스트는 말 그대로 금리를 비트는 정책입니다. 장단기금리 구간별로 장기는 내리고 단기는 올리는, 장기는 올리고 단기는 내리는 정책입니다. 양적완화정책이 널리 알려진 반면, 이 정책은 상대적으로 덜 알려졌기 때문에 여러분이 쉽게 들어 보지 못했을 것입니다. 그러나 장단기금리 간 격차의 정도에 직접 영향을 미치는 오퍼레이션 트위스트도 비전통적 통화정책 중에서 중요한 수단이지요. 중앙은행은 금리 조절 수단을 그다지 많이 가지고 있지 않습니다.

이미 설명한 바와 같이, 전통적 통화정책은 기준금리 변경을 통해 초단기 시장금리를 조정하여 장기시장금리에 영향을 미치고자 하지만, 시장금리는 기준금리의 변동 방향과 달리 움직이기도 합니다. 그동안 중앙은행은 직접 장기금리에 영향을 주는 조치를 취하지는 않았으며 시장참가자들의 판단을 존중해 왔지만, 금융위기 이후에는 달랐습니다. 그만큼 다급했다고 할 수 있습니다. 즉 금융위기 초기에는 금융기관의 비용 절감이 필요하다고 판단하여 금융기관과 밀접한 관련이 있는 단기시장금리 하락에 초점을 두었지만, 이후에는 주택담보대출 이자에 부담을 느낀 가계의 문제를 반영하여 장기시장금리를 낮추는 데 주력하였습니다. 장기금리를 낮추고 싶으면 장기채권을 사서 돈을 풀고 단기금리를 낮추고 싶으면 단기채권을 사는 방식으로 조절하였다는 말입니다. 시장의 자율적인 금리 변동을 기다리지 않았습니다.

오퍼레이션 트위스트는 단기채권을 팔고 장기채권을 사는 방식으로 금리를 조절하기 때문에 유동성이 무한히 공급되는 양적완화와 구분됩니다. 쉽게 말해 장기채권을 사면서 풀리는 유동성을 단기 채권을 팔면서 거두어들이기 때문에 유동성 총량이 크게 변동하지 않아 양적인 측면에서 부담으로 작용하지 않습니다."

미래를 약속하는 선제적 안내

"선제적 안내는 '구두개입'이라고도 합니다. '말로만의 정책'이라고 부를 수도 있습니다. 안내guidance란 '금리나 돈'으로 말하지 않고 '언어'로 말한다는 뜻입니다. 예를 들어 2008년 12월 미 연준은 FOMC 회의 직후 '경제 상황의 취약성으로 인하여 예외적으로 낮은 수준의 정책금리 목표를 한동안 유지하게 될 것 같다.'라는 표현을 넣어 선제적 안내를 시장에 내보냈습니다. 돌이켜 보면 금융위기 이전에도 세계 각국의 중앙은행이 향후 정책 방향을 사전에 제시하였습니다. 그러나 정책금리가 제로로 수렴하여 움직이지 못하게 되자 더 확실한 메시지를 전하는 방식을 들고나왔다고 볼 수 있습니다.

그런데 왜 선제적 안내를 했을까요? 지금은 그렇다고 하는데 이러한 정책이 얼마나 오래 갈지 사람들이 믿지 못했기 때문입니다. 가까운 시일 내에 변경될 수 있으니까요. 그러면 지금의 정책에 맞춘 금융시장참가자의 자금 포지션이 가까운 미래에 문제가 되겠죠? 그래서 정책당국들은 그러한 우려를 감안하여 상당 기간 현재의 정책을 유지할 테니 우리를 믿고 따라오라는 신호를 보낸 것입니다.

그러나 모든 정책이 그러하듯 선제적 안내도 문제점이 있습니다. 생각해 보면 돈을 뿌리는 정책보다 말로만 하는 정책이 더 복잡하고 위험할 수 있어요. 중앙은행이 선제적으로 안내하고 상황이 변하여 정책금리를 조기에 인상하여 내뱉은 말에 책임을 지지 못할 경우 정책이 신뢰를 잃게 됩니다. 반면 상황이 변화하였어도 내뱉은 말을 그대로 지키려고 하는 경우 정책 운용의 탄력을 잃을 수 있습니다. 말은 곧 신뢰입니다. 그러니 '양치기 소년' 우화와 같이 문제를 해결하기 위한 약속이 리스크로 작용할 수 있다는 점을 생각해야 합니다."

두 얼굴의 영향

"다시 정리하면, 비전통적 통화정책수단은 기본적으로 시장 원리에 따르지 않고 시장금리의 움직임에 직접 개입하는 조치입니다. 글로벌 금융위기나 코로나19 팬데믹 같은 위기에 직면하면 금융시장을 안정시키고 투자와 소비 심리를 회복하기 위한 정책의 불가피성을 부인할 수는 없습니다. 하지만 금융을 과도하게 규제하는 정책이라고 할 수 있습니다. 예를 들어 금융완화정책이 원자재 가격과 부동산 가격 등을 상승시켜 여러 문제를 일으킬 수 있다는 말입니다. 그리고 이러한 우려는 코로나19 팬데믹 이후 현실로 나타났습니다.

이러한 비전통적 통화정책은 시행할 때보다 그것을 마무리하고 반대 방향으로 정책을 시행할 때 오히려 더 주의가 필요합니다. 양적완화가 양적긴축으로 선회하면서 돈의 양을 죄게 되면 금리가 상승하면서 돈을 빌린 사람들이 어려워지거나 부동산 가격이 하락하는 문제가 나타납니다. 그런데 그러한 예상에도 불구하고 양적완화정책을 사용한 배경에는 자본시장이란 근본적으로 불안정하고 버블이 생성될 수밖에 없으며 이렇게 생성된 버블은 다른 버블로 치유할 수밖에 없다는 인식이 있기 때문입니다."

과제-08

　미국은 정부가 발행하는 국채 위주로 공개시장조작을 하고 우리나라는 한국은행이 발행하는 통화안정증권 위주로 공개시장조작을 하는 이유는 무엇인가? (156쪽 참조)

선택의 기로에 서서

09 ▶ 어떻게 할 것인가, 그것이 문제로다

> 홍길동과 그의 동생 홍길서는 각각 월 300만 원, 연 3,600만 원을 벌 수 있다. 지금은 연초이다. 그런데 홍길서는 9월에 1,000만 원을 소비하고 싶고, 홍길동은 2월에 2,000만 원을 소비하고 싶다. 홍길동은 2월에 원하는 소비를 할 수 있는가?

기회의 탐색: 금융거래의 발생

"벌써 이번 주의 마지막 날이군요. 그동안 공부한 내용에 대한 퀴즈를 풀어 보는 날이라서 오늘 주제는 한 가지만 선택했습니다. 이제 선택의 문제에 대해 생각해 보겠습니다. 모든 문제가 그렇지만 금융거래에서도 선택의 결단이 필요할 때가 종종 있습니다. 언제 어디에 투자할 것인지의 문제도 중요하지만, 그보다 먼저 자신의 돈으로 투자할 것인지 또는 남의 돈을 빌려서 투자할 것인지 결정해야 하면 갈등을 겪지 않을 수 없습니다. 또 어떤 조건으로 빌릴 것인지도 중요한 선택의 문제가 아닐까요?

자 그럼, 소비와 투자에 대해 생각해 보겠습니다. '현재 100만 원을 소비하겠는가?', '1년 후에 105만 원을 소비하겠는가?', '현재 사고 싶은 욕망을 포기하는 대가로 1년 후에 5만 원을 더 받는다면 그 대신 여러분이 포기하는 것은 무엇일까?' 여러분이 여기서 한 가지 더 고려해야 할 점은 만일 1년 후 105만 원을 받기 위해 지금 예금에 가입한다면 조금 후 눈앞에 110만 원을 벌 기회가 나타나더라도 이를 놓칠 수 있다는 점입니다.

다른 경우를 생각해 보면, 여러분이 앞에 100만 원을 투자하여 1년 후 110만 원을 벌 기회가 있다면 그리고 그 방법을 은성실 씨만 안다면 수중에 돈이 한 푼도 없더라도 은행을 통해 100만 원을 빌려 투자해야 하겠지요? 그러면 수익 10만 원 중 이자비용 5만 원을 제하더라도 5만 원을 벌겠지요. 당연히 이 경우에는 은행에 예금하는 대다수 사람이 은성실 씨와 달리 10만 원을 벌 기회를 몰라야 하겠지요. 좀 더 정확히 말하자면, 다른 사람들은 이런 기회가 반드시 있을 것이라는 확신을 하지 않아야 합니다.

그럼, 여기서 알아 두어야 할 사항은 무엇일까요? 결국 금융거래는 현재의 소비와 미래의 저축 또는 현재의 저축과 미래의 소비를 연결하는 과정이라는 점입니다. 즉 홍길동은 현재의 소비를 위해 미래의 저축을 당겨 올 수 있다는 말입니다. 당겨 온다는 말은 대출을 받는다는 뜻이죠. 그런데 소비에 따른 만족과 저축에 따른 이익의 정도를 균형을 이루게 하는 추는 무엇일까요? 아는 사람?"

"예, 이자율입니다."

채권희가 재빨리 손을 들고 대답했다.

"그렇습니다. 이자율이 금융거래를 결정합니다. 이러한 이자율은 많은 사람의 저축과 차입에 의해 시장에서 결정됩니다. 홍길동과 홍길서가 어느 시점에 얼마를 벌어야 하는지는 어느 시점에서 얼마를 소비해야 하는지와 무관하게 결정됩니다. 이를 조금 유식한 말로 '피셔의 분리 정리Fisher separation theorem'라고 합니다. 그리고 이 경우 빌리겠다는 사람과 빌려주겠다는 사람의 수요와 공급을 일치시키는 상태를 시장 균형market equilibrium이라 하고 이때의 시장이자율을 균형이자율equilibrium interest rate이라고 합니다. 우리가 굳이 이런 용어를 사용해야 하는 것은 아니지만 남들이 전문 용어를 쓰면서 이야기할 때 알아듣지 못하면 창피하지 않겠어요?"

돈 모으기의 실천

"커다란 눈사람을 만들려고 할 때 맨 처음 해야 할 일이 무엇일까요? 채권희 씨?"

"글쎄요. 처음에는 작은 눈 뭉치를 만들어야 하지 않을까요?"

"그렇습니다. 나는 여러분에게 금융거래와 금융투자를 효율적으로 하기 위한 기본 원리를 설명하고자 하는 것이지, 돈을 모으는 방법 나아가서 부자가 되는 방법을 가르치려는 것이 아닙니다. 서점에서 '부자가 되는 방법'에 대한 책들을 보고 따라해서 부자가 된 사람은 거의 없습니다. 이런 책들은 기본 자산을 바탕으로 한 투자기법을 주로 설명합니다. 눈사람을 만들기 위해서는 우선 눈 뭉치를 만들 듯이 기본 자산을 모아야 합니다. 그런데 돈 모으는 방법이야 일단 돈을 아껴서 저축하는 방법밖에 더 있을까요? 재산 형성을 위해 돈을 모아야 하지만 살면서 당장 필요한 소비를 하지 않을 수 없습니다. 필요한 소비를 했다면 거기서 이미 상당한 만족을 얻지 않겠어요? 인생의 행복을 위해 어느 정도 소비하지 않고 살 수는 없습니다. 다만 소비의 기회비용을 생각해야겠지만……. 다음 자료를 보고 자신만의 재산 늘리기 실천 계획을 세워 보기 바랍니다."

재산 늘리기 실천 계획

- 자신의 현재 자산과 부채를 파악하라!
수익을 낼 수 있는 자산과 할부금처럼 갚아야 할 빚을 기록한다(텔레비전, 자동차 등은 수익을 낼 수 없으므로 자산이 아니다).
- 재산 늘리기 목표를 정하라!
단기 목표와 장기 목표의 구체적 일정과 목적을 정한다. 노후에 필요한 생활자금의 현재가치를 산정한다.
- 월별 지출과 저축 계획을 세워라!
목표를 정했으면 지출과 저축계획을 세우고 이를 기록하여 실천하는지 스스로 점검한다. 지출을 줄이거나 수익을 늘리는 방법을 모색하라.

- 돈을 현명하게 빌려라!
'현명하게'처럼 어려운 말도 없지만, 필요한 경우 이자비용을 저렴하게 부담하는 방안으로 돈을 빌려라.
- 세금을 줄일 수 있는지 생각하라!
절세상품, 연말소득정산 등을 꼼꼼히 따져라.
- 금융상품 현황표를 작성하라!
금융상품은 안정성, 수익성, 환금성 이 세 가지를 고려하여 적절히 분산하여 가입하되 가입 전에 명확한 목적을 생각해야 한다. 그리고 예금, 투자금액 수익률을 언제든지 손쉽게 살펴볼 수 있도록 체계적으로 정리하라.
- 실천계획을 수정하고 실천하라!
상황 변화에 따라 실천 계획을 수시로 수정·보완하고 무엇보다 계획대로 실천하려는 굳은 의지로 생활하라.

자료: 《알기 쉬운 경제 이야기》(한국은행, 2020년 11월) 참고

리스크의 선택: 빌려주기와 투자하기

세상은 위험을 선택하는 과정의 연속이다. 돈을 빌려 투자할 때는 지급해야 할 이자를 초과하는 수익을 기대할 수 있는지 생각하자. 자기 돈으로 투자할 때는 그 돈을 예금했을 때 받을 이자를 초과하는 수익을 기대할 수 있는지 생각하자.

빌리기와 빌려주기

"돈을 빌리는 일과 돈을 빌려주는 일의 가장 큰 차이는 무엇일까요? 뭐, 투자도 돈을 빌려주는 일이지만……."

수강생들은 서로 얼굴만 쳐다볼 뿐 적당한 답을 찾지 못했다.

"돈을 빌릴 때는 반드시 갚아야 하는 반면, 돈을 빌려줄 때에는 다시 받지 못할 가능성을 생각해야 합니다. 당초 서양에서 상업은행들이 설립되기 시작할 때, 은행 주인들이 밤새 도망갈지 모른다는 우려가 있었습니다. 그래서 은행들은 고객을 안심시키기 위해 큰 건물을 소유하고 거기에 창구를 개설했습니다. 지금도 은행 본점 건물이 큰 것은 도망가지 않겠다는 표시라고 할 수 있지요. 허허허.

더욱이 우리가 간과하기 쉬운 점은 금융자산을 보유하고 있을 경우에는 유동성을 확보하고 있다는 점입니다. 한편에서 부채 1억 원을 지고 있지만 다른 한편으로 자산 1억 원을 가지고 있다면, 순자산은 제로(0)지만 이러한 상황은 우리에게 유동성을 제공해 줍니다. 마이너스 통장을 가지는 경우도 같다고 생각할 수 있습니다. 물론 먼저 보유 자산의 운용 수익과 조달 부채의 금리비용을 비교하여 손익을 계산해야겠지만 말입니다. 이와는 별도로 자산 운용에 따른 부가 혜택(주택청약 기회 같은)도 감안하면서 자금 운용을 경험할 수 있는 점도 고려해야 합니다. 무얼 하나 하려고 해도 생각해야 할 사항이 너무 많네요."

빌려주기와 투자하기

"돈을 빌려주면 확정된 수익을 기대할 수 있습니다. 반면 투자를 하면 기대할 수 있는 수익을 초과하는 돈을 벌 수도 있지만 자칫하면 원금 자체를 손해 볼 수도 있습니다. 예상되는 수익의 편차, 이를 변동성이라고 하는데, 어쨌든 수익이 확정적이지 않다는 말입니다.

수익이 확정적이지 않을 때는 확정적인 수익을 내는 금융상품보다 더 큰 대가를 주어야 하고 또 실제로 시장에서 대가를 줍니다. 몇 번 강조했듯이 더 많은 수익을 얻기 위해 변동성을 감내할 수 있을지 고민하여 선택해야 합니다."

무모함과 과감함

"'쇠뿔도 단김에 빼라!'와 '돌다리도 두들겨 보고 건너라!'는 모두 지당하신 말씀이지만 이렇게 상반된 가르침 앞에서 우리는 어떻게 해야 할까요? '안다는 것과 느낀다는 것, 이해한다는 것, 깨닫는다는 것, 실행한다는 것'은 엄청나게 다릅니다. 그동안 머뭇거리다가 놓친 기회를 생각해 보세요. 비단 돈과 관련된 문제만 아니라 살다 보면 마주치게 되는 많은 기회가 있지 않았나요? 무모한 베팅은 삼가야 하지만 결단이 필요하다고 했을 때 무모함과 과감함의 차이를 어떻게 한마디로 정리할 수 있을까요? 평소에 금융거래의 위험과 수익에 대한 많은 정보를 가지고 있어야만 짧은 시간 안에 결정할 수 있지 않겠어요? 기본 원리를 익힌 다음에는 정보를 많이 수집하여 현상에 대해 잘 아는 것이 무엇보다 중요합니다. 판단은 정보에서 나옵니다. 충분한 정보가 없으면 판단하기 어려워요. 이를 위해 직접 발품을 파는 수고를 부지런하게 해야 합니다."

빌린 돈의 힘: 레버리지 효과

"레버리지 효과leverage effect라고 들어 보았습니까? '나에게 지렛대를 달라. 지구를 들어 올리겠다.'라고 큰 소리쳤던 고대 그리스의 아르키메데스를 알고 있나요? 레버리지 효과란 빌린 돈을 지렛대로 삼아 투자한 금액의 이익률을 높이는 것을 말하는데, '지렛대 효과'라고도 합니다.

> 일지매는 50억 원의 자기 자금을 투자하여 5억 원의 순익을 올리는 사업을 시작했다. 이때 이익률은 물론 10%가 된다. 만일 일지매가 자기 자금 50억 원에 더하여 너희은행에서 연 6%로 50억 원을 차입하여 총 100억 원의 자금으로 10억 원의 이익을 획득한다면 자기 자금의 이익률은 얼마인가? 투자할 때 돈을 빌리는 방법이 유리할 때는 어떤 경우인가?

앞의 사례처럼 일지매가 100억 원의 자기 자금으로 10억 원의 수익을 올리면 이익률은 10%가 되지만, 자기 자금 50억 원에 연 6%의 금리로 50억 원을 빌려 10억 원의 수익을 획득한 후 빌린 돈의 이자 3억 원(=50억 원×6%)을 지급하여 순이익 7억 원을 올리면 자기 자본 수익률은 14%가 됩니다. •

세상에 이렇게 수익을 올리는 좋은 방법이 어디 있을까요? 그러

•   (10억 원-3억 원) / 50억 원=14%. 여기에서는 자기 자금의 기회비용은 계산하지 않고 투자수익률을 계산한다.

나 레버리지 효과는 '양날의 칼'입니다. 차입금리보다 높은 수익률이 기대되는 경우에는 적극적으로 돈을 빌리는 것이 유리하지만, 과도하게 돈을 빌린 후 수익이 나지 않거나 차입금리가 올라갈 경우에는 손실을 볼 위험도 높습니다. 앞의 사례에서 자기 돈 5억 원과 은행에서 빌돈 5억 원을 합한 총 10억 원을 투자했는데, 수익이 4억 원으로 줄어들었다고 가정하고 순이익을 계산해 보겠습니다. 자기자본 수익률이 겨우 2%로 계산되는군요.* 또 수익이 2억 원으로 줄었다면 어떻게 되겠습니까? 수익이 났는데도 자기 자본 수익률은 마이너스를 나타내게 됩니다.**"

자기 자금의 비용

"교수님! 질문 있습니다."

주식영이 손을 들었다.

"이 사례에서 일지매가 사용하는 자기 자금의 기회비용을 계산에 포함해야 하지 않나요? 예를 들어 자기 자금을 은행에 예금하여 연 5%의 이자를 받을 수 있다면 투자수익률에서 그만큼 차감되어야 하는 것이 아닌지요?"

"좋은 질문이네요. 여러분이 여기까지 생각하여 질문하리라고는 미처 생각하지 못했네요. 한번 생각해 볼까요? 자기 자금 수익률이

---

*   (4억 원-3억 원) / 50억 원=2%
**   (2억 원-3억 원) / 50억 원=-2%

란 말 그대로 자기 자금을 다른 데 투자하지 않고 이 사업에 투자했을 때의 수익률입니다. 한편 기회비용은 자기 자금을 다른 데 투자했을 때의 수익률 아닌가요? 그러므로 자기 자금 투자수익률을 계산한 후 예금금리보다 낮으면 투자하지 않고 예금에 가입하면 되겠죠. 여기서 말하는 자본투자수익률은 투자하지 않았을 때의 기회비용인 예금금리를 포함한 개념입니다. 여러분이 지난 시간에 배운 기회비용을 여기서 생각할 줄은 몰랐네요. 어쨌든 기회비용을 생각한 것은 훌륭했습니다."

주식영은 복 교수의 말에 조금 으쓱해졌다.

레버리지와 관련하여 추가되는 생각

"레버리지는 투자수익률을 높일 수 있는 좋은 지렛대가 되지만 상황에 따라 위험하기도 합니다. 결국 부채의 문제이니까요. 우선 부채를 과도하게 늘린 상태에서 금리가 급등하면 손실이 조금 커지는 데서 그치지 않고 파산할 위험이 증가하게 된다는 사실을 잊지 말아야 합니다. 또 조금 전 살펴본 바와 같이 투자수익률이 낮아지면 이자 내고 남는 것이 없기 때문에 위험에 빠지기 쉽습니다. 물론 이 사례에서 자기 자금을 다른 사업에 투자하려 한다면 투자수익률이 지금 사업의 차입금리(연 6%) 이상은 되어야 합니다. 그렇지 않다면, 일지매가 이 사업을 위해 은행에서 연 6%의 자금을 빌리겠습니까? 그러한 점에서 조금 전 주식영 씨가 말한 자기 자금의 기회비용은 좋은 질문이었습니다."

주식영은 '레버리지 효과'에 대해 이제 확실히 이해할 수 있었다.

대가의 선택: 실적배당 vs 확정금리

홍길동은 3,000만 원의 여유 자금을 가지고 있다. 정기예금을 하면 연 3%의 금리로 이자를 받을 수 있다. 그래 봐야 1년에 90만 원이 아닌가? 그러나 일지매의 말에 따르면 주식 펀드에 가입하면 더 많은 수익을 얻을 수 있다고 한다. 물론 일지매는 펀드 운용 실적이 나쁘면 정기예금 때보다 낮은 수익을 얻을 수도 있다고 했다. 홍길동은 어떻게 해야 할까?

"자, 이제 조금 실제적인 이야기를 해보겠습니다. 졸고 있는 사람은 정신을 바짝 차리세요. 예를 들어 은행이 100억 원의 예금을 받아 투자한 후 소요 경비를 제하고 정기예금 저축자에게 약정된 원리금을 돌려줄 때 은행은 이익이나 손실을 볼 수 있습니다. 은행이 100억 원을 대출한 후 90억 원만 회수한다면 손실입니다. 그러나 어떤 금융기관이 얻은 투자 성과 중에서 일정 비율을 수수료로 떼고 나머지를 투자자에게 돌려준다면 결과야 어떻든 금융기관은 안정적으로 수수료만큼 돈을 벌 수 있지 않을까요? 물론 이 경우 투자자는 수수료를 내는 대신 많은 이익을 얻을 수 있지만, 금융기관의 투자 실적이 좋지 못하다면 수수료에 더하여 투자 손실을 볼 수 있습니다.

결국 이 문제는 자금 운용에 따른 기대수익이 높은지, 낮은지에 따라 달라집니다. 또 기대수익률의 변동인 위험을 금융기관, 투자자

중 누가 부담할 것인가 하는 문제로 귀결됩니다. 그렇지 않은가요?"

지급이 정해진 돈과 여윳돈

"위험 부담을 누가 지느냐의 결정을 위해 우선 여러분은 실적배당과 확정금리 중 자신이 무엇을 원하는지를 명확히 해야 합니다. 1년 후 반드시 얼마 이상 돌려받기를 원한다면, 예를 들어 일정 기한까지 약속한 돈을 갚아야 하거나 지급 의무 등이 있을 경우에는 정확한 액수를 받을 수 있는 금융상품에 가입해야 합니다. 그러나 그렇지 않은 여윳돈이라면 실적에 따라 받는 조건으로 많은 수익을 올릴수도 있으니 괜찮겠지요. 평균적으로 실적배당이 확정 수익보다 수익률이 높습니다. 왜냐하면 금융기관 대신 투자자들이 위험을 부담하기 때문입니다. 결국 여기서도 원칙은 하나입니다. '수익률이 높으면 위험이 크고, 위험이 작으면 수익률이 낮다.'라는 것입니다. 다시 말하면 위험이란 기대하는 수익률이 평균수익률에서 실제로 얼마나 벗어날 것인가의 정도를 말합니다."

"그럼, 기대 이상으로 더 높은 수익률을 얻게 될 가능성도 위험인가요?"

한영리가 손을 들고 질문했다. 주식영은 '아니, 무슨 말도 안 되는 소리. 투자수익률이 기대보다 낮아야 위험이지, 높은데 무슨 위험이야'라고 생각했다.

그러나 복 교수는 한영리를 칭찬했다.

"그래요, 위험이라는 단어의 의미를 확실하게 알고 있네요. 수익률의 편차라는 것은 기댓값보다 플러스(+)일 수도 있고 마이너스 (−)일 수도 있습니다. 핵심은 결과가 기대에서 얼마나 멀어지느냐에 달려 있지요. 위험은 수익률의 편차 문제이지 수익률의 수준 문제가 아닙니다. 이제 모두 확실히 알았으리라고 믿겠습니다."

실적배당상품과 확정금리상품

"그럼, 실적배당 조건과 확정금리 조건으로는 어떤 금융상품이 있는지 채권희 씨가 말해 보겠습니까?"

채권희가 잠시 생각에 잠긴 모습을 조는 것으로 착각한 복 교수가 질문을 던졌다.

"예, 실적배당상품의 대표선수로는 펀드가 있고 확정금리상품의 대표선수로는 은행 정기예금이 있습니다. 그리고 개별 주식이나 채권 등 증권도 실적배당상품입니다."

채권희가 자신있게 대답했다.

"잘했어요."

복 교수는 특유의 미간을 찡그리는 웃음을 지었다.

"그러나 채권은 실적배당상품으로 볼 수는 없어요. 정해진 날에 정해진 이자를 받으니까 확정금리상품이라고 할 수 있습니다. 물론 채권도 만기까지 가져가지 않고 중도에 매각한다면 이익 또는 손실을 보면서 수익률이 변하기는 하지만 말입니다. 채권에 대해서는 다음 주 화요일에 다루게 됩니다. 그리고 실적배당상품의 대표선수로 펀드를 이야기했는데, 펀드도 물론 실적배당상품이지만 대표선수를 하나 꼽으라면 주식이라고 봐야겠네요. 배당 수입이야 말로 장기적으로 기업의 실적에 따라 정해지는 것 아니겠습니까?"

조건의 대결: 고정금리 vs 변동금리

홍길서가 '너희은행'에서 돈을 빌리려 하는데 창구 직원이 고정금리와 변동금리 중 어떤 것을 선택하겠느냐고 물어본다. 창구직원은 "앞으로 금리가 오를 것으로 예상하면 지금 고정금리로 돈을 빌리는 것이 유리하고, 금리가 내리거나 또는 오르더라도 조금만 오를 것으로 예상하면 변동금리로 돈을 빌리는 것이 유리하다"고 안내했다. 홍길서는 고민하기 시작했다. 길동이 형에게 물어봐야 하나?

"우리가 고정금리니 변동금리니 하는 문제에 부닥치게 될 때는 주로 은행에서 돈을 빌리는 상황일 때입니다. 앞의 홍길서 사례에서 '너희은행' 창구 직원이 '앞으로 금리가 오를 것으로 예상하면 지금 고정금리로 돈을 빌리는 것이 유리하고, 금리가 내리거나 오르더라도 조금만 오를 것으로 예상하면 변동금리로 돈을 빌리는 것이 유리하다'라고 했습니다. 이 말이 옳다고 생각하나요? 한영리 씨?"

"예."

"대답 한번 간단해서 좋군요. 당연히 맞는 말입니다. 시장금리가 올라가면 변동금리부 대출금리는 따라서 올라가지만, 고정금리부 대출금리는 변동하지 않으니까요. 그런데 일반적으로 고정금리는 변동금리보다 높게 책정되거든요. 왜 그럴까요? 은행 입장에서 변동금리로 대출할 경우 향후 시장금리가 오르거나 내릴 때 조달금리도 같이 오르거나 낮아지기 때문에 손익에 큰 변화가 없습니다. 대출금리 변동과 조달금리 변동이 대체로 일치한다는 뜻이지요. 그러나 고정금리부 대출의 경우에는 한번 빌려준 고정금리는 변하지 않는 반면, 은행이 조달하는 금리는 향후 시장금리의 추세에 따라 오르고 내리게 되기 때문에 은행이 이익을 볼 수도 있고 손실을 볼 수도 있게 됩니다. 결국 은행이 위험을 부담한다는 뜻입니다. 조금 전에 설명했듯이 은행도 위험 부담을 떠안기 싫기 때문에 고정금리대출에는 현 시점의 변동금리 수준에 마진margin을 조붙여서 대출금리를 높게 책정하는 것입니다.

그런데 이러한 설명은 은행이 어느 시점에서 왜 고정금리 수준을 변동금리 수준보다 높게 설정하는지의 문제이고, 대출을 받는 사람의 고민은 아니죠."

향후 금리는 상승할 것인가, 하락할 것인가?

복 교수가 설명을 마치자마자 주식영이 질문했다.

"그래서 말입니다. 조금 전 사례에서 창구 직원이 '앞으로 금리가 오를 것으로 예상하면 지금 고정금리로 돈을 빌리는 것이 유리하고, 금리가 내리거나 오르더라도 조금만 오를 것으로 예상하면 변동금리로 돈을 빌리는 것이 유리하다'라고 말했는데, 문제는 금리가 오를지, 내릴지 어떻게 알 수 있느냐에 있는 것 같습니다. 이에 대해 설명해 주시기 바랍니다."

"음……, 그 설명은 다음 주 화요일 채권 강의에서 하는 편이 좋겠습니다. 채권금리가 모든 시장금리를 대표하고 있거든요. 오늘은 경기가 회복되면서 고용 사정이 좋고 물가가 오르면 금리가 상승하는 반면, 경기가 침체되면서 실업이 늘고 물가가 내려가거나 크게 오르지 않으면 금리가 하락한다고 정리하는 정도로 넘어가겠습니다.

그러면 다음 질문이 이어질 수 있습니다. 앞으로의 경기, 고용 사정, 물가의 변동을 어떻게 전망할 수 있느냐는 것이지요. 무엇이든 예상은 어렵습니다. 지난 화요일에 설명한 여러 경제지표의 의미를 숙지한 후, 각종 뉴스와 연구소·금융기관의 경제전망 보고서 등을 열심히 읽으면서 감을 익혀 나가는 수밖에 없어요. 어쨌든 다음 주 화요일에 이야기하겠습니다."

주식영은 '무엇이든 예상은 어렵다'라는 말에 동감했다.

"자, 지금까지 배운 내용에 대해 궁금한 점이 있는 사람은 질문해 주세요."

"……."

"그러면 오늘 강의는 이것으로 마치겠습니다. 이제 주말이니까 지금까지 배운 것들을 열심히 복습하기 바랍니다. 주말에도 과제가 있다는 사실 잊지 마시고요. 다음 주에 공부할 내용에 대해 정리한 시간표를 나누어 줄 테니 관련된 내용을 미리 공부해도 좋겠습니다. 예습하는 사람은 거의 없겠지만요. 허허허.

과제-09

변동금리대출 시 금리를 산정할 때 무엇을 기준으로 사용하는가? (156쪽 참조)

2주 차 강의시간표

MON 자신을 얼마나 믿을 것인가?

정보의 반영 / 효율적 시장가설 / 소극적 전략 / 분산투자 / 시장포
트폴리오 / 적극적 전략 / 기본적분석 / 기술적분석

TUE 투자상품의 기본인 주식과 채권

주식투자의 이익과 위험 / 주가에 영향을 미치는 요인 / 채권투자
의 이익과 위험 / 채권 가격에 영향을 미치는 요인

WED 채권의 변신과 짧은 돈의 관리

CB / BW / EB / MBS / ABS / MMF / CD / CP / 대고객 RP

THU 집합과 파생 그리고 결합

채권형 펀드 / 주식형 펀드 / 혼합형 펀드 / 거치식 펀드 / 적립식
펀드 / ETF / ETN / 선물 / 옵션 / 구조화상품 // QUIZ

FRI 세상으로 뛰어들다

재무설계 / 생애주기

　자 그럼, 일주일 동안 배운 것에 대해 간단한 퀴즈를 내겠습니다. 테스트라기보다는 점검 정도로 생각하면 편하겠지요. 그리고 다음 주 시간표를 강의실 뒤에 가져다 놓았으니 퀴즈를 푼 사람은 답안지를 제출할 때 하나씩 챙겨가세요. 그럼 시작하겠습니다."

QUIZ

이름	

1. 홍길동은 MBA 과정(2년)에 진학하기 위해 다니던 A회사를 그 만두면서 연봉 4,000만 원을 포기하였다. 만약 MBA 과정에 진 학하지 않았다면 연봉 5,000만 원의 B회사로 확실히 옮길 수 있었다. 다만 공부를 하는 과정에서 연 수입 1,500만 원의 아르 바트를 할 계획이다. 홍길동이 2년간 MBA 과정에 진학하는 기 회비용은 얼마인가?

   ① 1억 원　　　　② 8,000만 원　　　③ 7,000만 원
   ④ 6,000만 원　　　⑤ 5,000만 원

2. 홍길동은 내년에 12,000원 준다면 현재 가지고 있는 현금 10,000원을 저축하겠다고 하는 반면 일지매는 현재의 현금 10,000원은 내년의 현금 13,000원과 같다고 주장한다. 누가 더 현재가치를 선호하는가?

   ① 홍길동　　　　　　　② 일지매
   ③ 위의 정보만으로는 판단할 수 없다.

3. 금리에 대한 다음 설명 중 적정한 것을 고르시오.

   ① 물가의 역수　　　　　② 화폐의 가치
   ③ 전체 상품 가격의 평균수준　④ 통화 간 교환비율
   ⑤ 자금 대차의 대가

4. 홍길동은 빵 1개를 5,000원에 생산하여 마트에 100개 납품하였다. 이 과정에서 빵 1개당 재료비, 인건비 등을 합쳐 3,000원이 소요되었다. 일지매는 홍길동으로부터 구입한 빵을 별도의 제조 과정 없이 마트에서 1개 7,000원씩 전량 판매하였다. 이 과정에서 운송비, 인건비 등을 합쳐 빵 1개당 1,500원이 소요되었다. 홍길동과 일지매가 생산한 부가가치는 빵 1개당 모두 얼마인가?

① 7,000원 　　　② 5,500원 　　　③ 3,000원
④ 2,500원 　　　⑤ 2,000원

5. 홍길동은 25세부터 매년 500만 원씩 저축한 반면, 초등학교 동창인 일지매는 50세가 되어서야 홍길동과 동일한 금융상품에 매년 홍길동의 2배인 1,000만 원씩 저축하기 시작했다. 이들이 75세 되었을 때 누가 더 많은 은퇴자금을 가지고 있을까?

① 홍길동 　　　② 일지매 　　　③ 같다.

6. 글로벌 금융위기 이후 주목받기 시작한 비전통적 통화정책수단이 아닌 것은 무엇인가?

① 양적완화 　　　　　② 지급준비율 조절
③ 오퍼레이션 트위스트 　　④ 선제적 안내

7. 환율이 상승하였다. 즉 작년에는 1달러당 1,150원이었으나 금년에는 1,300원이 되었다. 다른 요인의 변동이 없다면 어떠한 현상이 일어나겠는가?

① 수출이 감소할 것이다.

② 수입이 증가할 것이다.

③ 무역수지가 적자로 돌아설 가능성이 크다.

④ 유학 간 아들에게 달러를 송금할 계획이던 부모가 기뻐할 것이다.

⑤ 외국인 관광객이 증가할 것이다.

8. 우리나라 금융시장에 대한 다음 설명 중 틀린 것은 무엇인가?

① 금융시장은 저축과 투자를 연결하는 기능을 한다.

② 금융시장에서 시장금리가 형성된다.

③ 주식의 종류가 채권의 종류보다 많다.

④ 주식과 채권 모두 관련된 간접투자상품이 있다.

⑤ 우리나라에도 금리파생상품이 있다.

9. 다음 통화정책과 관련된 설명 중 맞는 것은 무엇인가?

① 우리나라는 통화량 중심의 통화정책을 시행한다.

② 예금은행의 대출 태도는 돈의 양(통화량)을 늘리는 데 중요한 역할을 한다.

③ 장기금리를 조절하여 단기금리에 영향을 미치려고 한다.

④ 통화정책 중 지급준비정책이 가장 빈번하게 사용된다.

⑤ 통화정책의 최종 목표는 금융시장의 움직임을 원활하게 조절하는 데 있다.

10. 금리의 변동이 경제에 미치는 영향 중 틀린 설명은 무엇인가?

① 우리나라 금리가 오르면 외국 자본이 유입될 가능성이 크다.

② 금리가 하락하면 투자를 증가시키는 요인으로 작용한다.

③ 금리가 상승하면 인플레이션 기대가 증가한다.

④ 금리가 하락하면 소비가 증가한다.

⑤ 금리가 오르면 주가가 하락하여 기대소득이 감소하는 요인
이 된다.

정답 및 해설 158쪽

"자, 시간이 지났습니다. 답안지를 제출해 주세요. 주말 잘 쉬고 다음 주 월요일에 만납시다."

한영리와 은성실은 시험을 잘 본 듯 밝은 표정이었지만 주식영과 채권희의 표정에는 아쉬움이 묻어났다.

과제 풀이

과제 01 기회비용, 매몰원가, 탐색비용에 대한 설명하고 예를 들면?

① 기회비용: 무엇을 선택하기 위해 포기한 차선책이 가져다주었을 효용이다.

(예) 홍길동은 대학을 졸업한 후 취업을 하는 대신 대학원 석사 과정(2년)에 진학하기로 하였다. 대학원 등록금과 책값뿐 아니라 취업했으면 벌었을 2년간의 연봉도 기회비용에 포함된다. 그러나 석사 과정 중의 음식값과 옷값은 기회비용에 포함되지 않는다. 취업하였더라도 어차피 지불했을 비용이다.

② 매몰원가: 다시 되돌릴 수 없는 비용으로 의사결정에서 제외되어야 하는 원가이다.

(예) 식당을 영업할 때 내건 간판 비용은 되돌릴 수 없다. 그 간판을 다시 팔 수 없기 때문이다. 다른 예로 회사가 문을 닫을 경우 건물 임차비용 일부를 돌려받을 수 있다면, 임차비용이 전부 매몰원가는 아니다.

③ 탐색비용: 적절한 의사결정 대안을 찾는 일에 드는 비용이다.

(예) 가성비가 좋은 노트북을 찾기 위해 전자제품 판매점을 찾아다니다가 인터넷 사이트를 검색한다. 간접금융방식은 직접금융방식보다 탐색비용이 적다. 또한 광고와 인터넷 발달로 소비자의 탐색비용이 줄어들었다.

과제 02 현재의 1년 만기 금리가 연 6.0%, 1년 후 시점에서 1년 만기 금리 예측치가 연 7.0%일 경우, 현재 시점에서 2년 만기 금리는?

$(1+0.06)(1+0.07)=(1+x)^2$

$\therefore x=0.065$ 따라서 2년 만기 금리는 연 6.5%이다.

과제 03 국민소득 중 GDP와 GNP를 비교하면?

GDP는 어느 나라 국민이 생산했는지 관계없이 국내에 있는 모든 생산요소를 결합하여 만든 최종 생산물인 반면 GNP는 국내든 해외든 지역에 상관없이 그 나라 국민이 만들어 낸 최종 생산물이다. 경제활동의 국제화가 급격히 진행되면서 노동과 자본이 국경을 넘어 이동함에 따라 GNP보다는 GDP가 국내 경기나 고용 사정 등을 반영하는 데 적합하게 되었다. 우리나라는 1995년부터 경제 성장의 지표를 GNP에서 GDP로 변경하여 발표하고 있다.

과제 04 최근 우리나라의 10대 수출품과 10대 수입품은?

① 10대 수출품

(백만 달러)

2020		2021		2022	
품목명	금액	품목명	금액	품목명	금액
반도체	99,177	반도체	127,980	반도체	129,229
자동차	37,399	자동차	46,465	석유제품	62,875
석유제품	24,168	석유제품	38,121	자동차	54,067
선박해양구조물 및 부품	19,749	합성수지	29,144	합성수지	28,078
합성수지	19,202	선박해양구조물 및 부품	22,988	자동차부품	23,316

2020		2021		2022	
품목명	금액	품목명	금액	품목명	금액
자동차부품	18,640	자동차부품	22,776	철강판	22,401
평판디스플레이 및 센서	18,151	철강판	22,494	평판시스플레이 및 센서	21,299
철강판	15,997	평판디스플레이 및 센서	21,573	정밀화학원료	18,799
컴퓨터	13,426	컴퓨터	16,816	선박해양구조물 및 부품	18,178
무선통신기기	13,184	무선통신기기	16,194	무선통신기기	17,231

자료: e-나라지표, 수출통관 기준

② 10대 수입품

(백만 달러)

2020		2021		2022	
품목명	금액	품목명	금액	품목명	금액
반도체	50,283	원유	67,013	원유	105,964
원유	44,456	반도체	61,391	반도체	74,786
반도체 제조용장비	17,039	반도체 제조용장비	25,737	천연가스	50,022
천연가스	15,716	천연가스	25,453	석탄	28,332
컴퓨터	13,210	석유제품	24,085	석유제품	26,711
자동차	13,074	컴퓨터	16,551	정밀화학원료	25,132
무선통신기기	12,954	정밀화학원료	15,588	반도체 제조용장비	23,170
석유제품	12,952	석탄	14,699	컴퓨터	16,354
정밀화학원료	10,642	무선통신기기	14,575	자동차	15,372
의류	9,599	자동차	14,250	무선통신기기	14,083

자료: e-나라지표, 수입통관 기준

과제 05 투자신탁, 투자회사, 투자자문회사가 하는 일은?

① 투자신탁: 계약형contractual type 증권투자신탁. 위탁자(자산운용사)가 수탁회사와의 신탁계약에 의거 발행하는 수익증권을 수익자(투자자)가 취득하는 형태의 신탁제도로서 일본과 유럽 국가들이 주로 채택하고 있다. 투자자는 자금이 필요할 경우 판매회사에 수익증권의 환매를 신청한다.

② 투자회사: 회사형corporate type 증권투자신탁. 유가증권 투자전문가가 투자전문주식회사를 설립하고 이 회사의 주식을 투자자가 매입하는 형태로 미국(뮤추얼 펀드)에서 발전한 제도이다. 투자자는 자금이 필요한 경우 주식을 다른 사람에게 매도한다.

③ 투자자문회사: 유가증권의 가치나 유가증권 투자에 대해 고객에게 조언(투자자문 업무)하거나 투자 판단을 일임받아 투자(투자일임 업무)를 행하는 회사이며 금융감독위원회의 승인을 얻어 간접투자자산운용업법에 의한 자산운용업을 겸영한다.

과제 06 투자 전망에 따른 이익과 차익거래에 따른 이익 평가는?

경제 전망을 잘하여 투자 성과를 거둔 직원이라도 다음에 실패할 수 있다. 경제의 움직임을 전망하기란 그만큼 쉽지 않다. 위험을 부담하면서 수익을 거둔 경우에는 다음에 아무리 노력하여도 틀릴 수 있기 마련이다. 그러나 차익거래 기회를 재빨리 포착하여 성과를 거둔 직원은 위험을 부담하지 않고 수익을 거두었기 때문에 차익거래 기회를 발견하는 능력을 갖추고 있다. 따라서 다음 기회에도 비슷한 성과를 낼 가능성이 크다.

최근 한국은행 금융통화위원회의 통화정책 방향은?

한국은행 홈페이지에서 찾은 2024년 1월 통화정책 방향은 다음과 같다.

금융통화위원회는 다음 통화정책 방향을 결정할 때까지 한국은행 기준금리를 현 수준(3.50%)에서 유지하여 통화정책을 운용하기로 하였다. 물가상승률이 기조적인 둔화 흐름을 지속하고 있지만 여전히 높은 수준이고 전망의 불확실성도 큰 상황인 만큼 현재의 긴축 기조를 유지하면서 대내외 정책 여건을 점검해 나가는 것이 적절하다고 보았다.

세계 경제는 주요국의 통화긴축 기조가 지속되는 영향으로 성장과 인플레이션의 둔화 흐름이 이어졌다. 다만 주요국의 인플레이션이 여전히 높은 수준이며 목표 수준으로 안정되기까지 상당한 기간이 소요될 것으로 예상된다. 국제금융시장에서는 미 연준의 통화정책 기조 전환에 대한 기대로 국채금리가 하락하고 미 달러화는 소폭 약세를 나타내었다. 앞으로 세계경제와 국제금융시장은 국제유가 및 글로벌 인플레이션의 흐름, 주요국의 통화정책 운용 및 파급 효과, 지정학적 리스크의 전개 양상 등에 영향받을 것으로 보인다.

국내 경제는 수출을 중심으로 완만한 개선 흐름을 이어 갔다. 고용은 실업률이 일시적 요인에 영향을 받아 높아졌지만 견조한 취업자수 증가세가 이어져 전반적으로 양호한 상황이다. 앞으로 국내 경제는 소비와 건설 투자의 회복세가 더디겠지만 수출 증가세가 지속되면서 개선 흐름을 이어갈 것으로 전망된다. 금년 성장률은 지난 11월 전망치(2.1%)에 대체로 부합할 것으로 예상된다. 향후 성장 경로는 국내외 통화긴축 기조 지속의 파급 영향, IT 경기의 개선 정도 등에 영향을 받을 것으로 보인다.

소비자물가 상승률은 석유류 가격의 하락 지속으로 12월 중 3.2%로 낮아졌다. 근원인플레이션율(식료품 및 에너지 제외 지수)과 단기 기대인플레이션율도 각각 2.8%와 3.2%로 둔화되었다. 앞으로 국내 물가는 둔화 흐름을 지속하겠지만 누적된 비용 압력의 파급 영향으로 둔화 속도는 완만할 것으로 예상된다. 소비자물가 상승률은 당분간 3% 내외에서 등락하다가 점차 낮아질 것으로 보이며, 연간 상승률은 지난 11월 전망치(2.6%)에 대체로 부합할 것으로 예상된다. 근원물가 상승률도 지난 11월의 전망 경로에 부합하는 완만한 둔화 흐름을 이어갈 것으로 예상된다. 향후 물가 경로에는 국제유가 및 농산물가격 움직임, 국내외 경기 흐름 등과 관련한 불확실성이 높은 상황이다.

금융·외환시장에서는 국내외 통화정책 기조 전환 기대로 장기 국고채 금리가 하락하였으며, 원/달러 환율은 비교적 좁은 범위에서 등락하였다. 가계대출은 주택관련대출의 증가세가 이어졌으나 기타 대출이 감소하면서 증가 규모가 큰 폭으로 축소되었다. 주택가격은 수도권과 지방 모두에서 하락 전환하였으며 부동산 프로젝트 파이낸싱PF과 관련한 리스크는 증대되었다.

금융통화위원회는 앞으로 성장세를 점검하면서 중기적 시계에서 물가상승률이 목표 수준에서 안정될 수 있도록 하는 한편 금융안정에 유의하여 통화정책을 운용해 나갈 것이다. 국내 경제는 성장세가 개선 흐름을 이어가는 가운데 물가상승률이 여전히 높은 수준이고 전망의 불확실성도 큰 상황인 만큼 물가상승률이 목표 수준으로 수렴할 것이라는 확신이 들 때까지 통화긴축 기조를 장기간 지속할 것이다. 이 과정에서 인플레이션 둔화 흐름, 금융안정과 성장 측면의 리스크, 가계부채 증가 추이, 주요국의 통화정책 운용 및 지정학적 리스크의 전개 양상을 면밀히 점검해 나갈 것이다.

과제 08 미국은 정부가 발행하는 국채 위주로 공개시장조작을 하는 반면, 우리나라는 한국은행이 발행하는 통화안정증권 위주로 공개시장조작을 하고 있는 이유는?

기본적으로 미국은 경상수지 적자국이기 때문에 통화량을 공급해야 하는 반면, 우리나라는 경상수지 흑자국이기 때문에 통화량을 환수하는 나라이다. 미 연준이 공개시장조작을 위해 국채를 매입하면 통화량이 공급되어 미국의 통화정책 기조에 부합한다. 반면 한국은행도 국채를 매입하면 통화량이 공급되는데, 이는 통화량을 환수하려는 우리나라의 통화정책 기조와 어긋난다. 그러므로 한국은행은 자신이 발행하는 통화안정증권을 매각하여 통화량을 환수한다.

과제 09 변동금리대출 시 금리를 산정 기준은?

대출금리는 기본적으로 '대출기준금리'와 '가산 금리'를 합하여 결정된다. 금융기관이 조달자금의 원가에 예상 손실비용을 가산하여 산정한다. 대출기준금리로는 은행의 자금 조달 비용과 관련성이 높은 COFIX, CD금리 등 공표되는 금리를 사용한다. 다만 우수 고객의 경우에는 우대 금리를 적용하여 어느 정도 금리를 감면받을 수 있다. 가산 금리는 소비자의 신용도, 담보 여부, 대출 기간 등 개인 요소와 금융기관의 영업비용, 위험비용 등을 반영하며 우대 금리는 금융기관과의 거래실적에 의해 결정된다. 예를 들어 기준금리인 잔액기준 COFIX 또는 CD금리에 가산 금리인 연 2%를 덧붙인 후 우대하여 0.5%를 차감하여 계산한다.

이 중 코픽스COFIX, Cost of Funds Index를 살펴보면, 은행자금조달 상품의 가중 평균 금리인 자금조달비용지수로서 주로 중장기 대출의 준거금리로 사용되고 있다. 은행연합회는 국내 8개 은행이 제공한 자금 조달 관련 정보(자금 조달 총액 및 가중 평균 금리)를 바탕으로 잔액 및 신규 취급액 기준 COFIX를 산출하여 매월 15일 공시하고 있다. COFIX는 전체 조달자금의 평균 비용으로 평균 만기가 9~10개월 수준이며, 월 1회 공시된다. 한편 은행들은 만기 1~2년 내의 짧은 변동금리부 단기대출에 대한 준거금리로 COFIX보다 CD금리를 선호한다.

QUIZ 정답 및 해설

답안

1. ③ 2. ② 3. ⑤ 4. ④ 5. ① 6. ② 7. ⑤ 8. ③ 9. ② 10. ③

해설

1. (5,000만 원−1,500만 원)/연×2년=7,000만 원

2. 홍길동은 내년에 12,000원만 주면 현재 시점에서 10,000원을 포기할 수 있으나 일지매는 내년에 13,000원을 주어야 현재 시점에서 10,000원을 포기할 정도로 현재가치를 선호한다.

4. 7,000원−3,000원−1,500원=2,500원

5. 저축한 금액은 동일하지만 일찍부터 저축하면 복리로 이자가 붙어서 75세에 찾을 금액이 커진다.

7. 외국인 관광객이 우리나라에서 1달러를 사용할 경우 종전에는 1,150원만큼 소비할 수 있었으나 환율 상승 후에는 1,300원을 소비할 수 있으므로 관광객은 증가한다.

8. 채권의 종류가 주식의 종류보다 많다. 정부, 지방자치단체, 금융기기관, 기업 등은 모두 채권을 발행하지만 주식은 기업만이 발행한다. 또한 채권은 발행기관이 동일하더라도 발행일, 만기, 표면이율이 상이할 경우 모두 다른 채권이지만 주식은 배당일

기준에 따라 잠시 주가가 달리 형성될 뿐 발행 1년이 지나면 모두 동일한 주식이 된다.

9. 예금은행이 대출을 확대할 경우 차입자의 예금이 증가하고, 예금을 인출하여 소비 또는 투자할 경우 다른 예금자의 예금이 증가하면서 통화량은 증가한다.

10. 금리가 상승하면 투자와 소비가 감소하면서 물가 상승세가 둔화된다.

투자전략과 금융상품

자신을 얼마나 믿을 것인가?

10 ▶ 시장을 이길 수 있는가?

"주말 잘 보냈어요? 여러분이 제출한 퀴즈 답안을 채점했더니 예상과 달리 모두 잘했어요. 하하하. 이번 주에는 '투자를 어떻게 해야 하는지'와 '투자 대상이 되는 다양한 금융상품'에 대해 공부하겠습니다. 무엇을 나열하기보다 핵심을 중점으로 설명하겠습니다. 오늘 그 첫 시간으로 투자전략에 대해 알아보겠습니다."

다시 월요일이 되자 또 한 주를 버텨야 한다는 생각에 주식영은 하품하면서 '이건 심호흡이야'라고 생각했다.

효율적 시장과 초과수익률

"어떻게 투자할지에 대한 전략은 다양하지만 장기적으로 시장 평균수익률보다 더 높은 수익을 거둘 수 '있느냐' 또는 '없느냐'로 크게 구분할 수 있습니다. 단기적으로 시장을 이길 수 있지만, 장기적으로도 시장을 이길 수 있느냐는 다른 질문입니다. 다시 강조하지만 투자자가 시장의 평균수익률보다 더 높은 수익률을 얻을 수 있을지 여부, 즉 시장을 이길 수 있을지, 없을지 여부에 대해 어떻게 생각하느냐가 투자전략 방향을 결정하는 기본이라는 것입니다. 이는 시장이 투자와 관련된 정보를 얼마나 충분하게 또 신속하게 반영하느냐로 결정됩니다. 우리는 이를 '시장의 효율성'이라고 부릅니다."

'시장의 효율성?' 한영리가 골치 아프다는 듯 머리를 흔들었다.

"효율적 시장에 대한 논쟁은 지금도 계속되고 있습니다. 효율적 시장가설은 금융시장이 효율적으로 움직인다면 우리는 시장 전체의 평균수익률을 초과한 이익을 얻을 수 없다는 말입니다. 시장이 효율적이라면 중요한 정보가 충분하고 신속하게 주가에 반영되어 이를 이용하여 초과이익을 얻는 투자가 불가능하기 때문입니다. 이미 정보가 주가에 반영되어 현 주가가 적정한 수준인데 어떤 주식을 사고 팔 수 있다는 말입니까? 그러나 '과연 시장이 효율적이냐?' 하는 논쟁은 결론을 맺지 못하고 여전히 계속되고 있습니다. 여기서 주의할 점은 금융시장이 효율적이면 이익을 얻지 못한다는 말이 아니라 '초과이익'을 얻지 못한다는 말입니다. 아무리 효율적으로 움직이는 시장에서도 일정 평균수익률 정도는 얻을 수 있습니다. 물론 평균수익률 달성이 쉬운 일은 아니지만 말이지요. 이제 이러한 문제들에 대해 알아보겠습니다. 여러분이 어떠한 투자전략을 취할 것인가를 결정하기 위해 기본 생각을 정리할 때입니다.

오늘은 이번 주의 첫날이니 지난주 설명을 이어갈 예정입니다. 투자원리의 기본인 '수익률이 높으면 위험이 크고, 위험이 적으면 수익률도 낮다.'라는 말을 잊지 않았겠지요? 그러나 상당수의 투자자가 이러한 원칙을 믿지 않으면서 적은 위험을 감수하면서 높은 이익을 얻기 원합니다. 이러한 시도는 성공할까요?"

채권희는 '복 교수가 문제만 제기하고 답변을 자꾸 미룬다.'라고 생각했다. 채권희의 생각을 읽었는지 복 교수가 바로 말을 이었다.

"질문에 대한 대답을 아직 하지 않았으니 이에 대해 천천히 이야기하겠습니다."

성공과 실패의 기준: 시장 평균수익률과 목표수익률

"여러분은 투자에서 '성공했다'와 '실패했다'의 기준을 무엇이라고 생각하나요? 은성실 씨?"

"예, 일정 수익률보다 잘하면 성공이고 원금이 늘어나지 않고 오히려 줄어들면 실패라고 생각합니다."

"음, 수익률과 수익의 개념을 섞어서 설명했네요. 생각해 봅시다. 성공과 실패 여부는 미리 정하고 투자수익률 수준을 달성하는지로 판단할 수 있지만, 그보다 시장의 평균수익률을 넘어서는지 여부로 판단하는 경우가 많습니다. 이번 '퀴즈'에서 은성실 씨가 80점을 받았다고 가정했을 때, 그 사실만으로 높은 점수인지 아닌지 알 수 없지 않나요? 비교 기준을 적용하여 반 평균이 70점이면 80점이 잘한 것이지만 반 평균이 90점이면 못한 것이라고 볼 수 있습니다. 예를 들어 시장 평균수익률이 3%라면 4%의 투자수익률은 성공한 투자지만 시장 평균수익률이 5%라면 4%의 투자수익률은 성공하지 못한 투자입니다. 극단적으로 말하면 시장 평균수익률이 마이너스 3%라면 마이너스 1%의 투자도 성공한 투자가 될 수 있지요. 일반적으로 평균을 넘어서느냐, 평균에 미달하느냐는 투자 평가에서 중요한 기준이 됩니다.

반면에 일정 수준을 목표로 한다면 이야기는 달라집니다. 3% 투자수익률을 목표로 했을 때 은성실 씨가 4%의 수익률을 달성했다면 그때의 시장 평균수익률이 5%라도 성공한 투자지만, 3% 투자 수익률을 목표로 했을 때 2%의 수익률을 달성했다면 그때의 시장 평균수익률이 마이너스 5%라도 성공하지 못한 투자입니다. 그럼, 무엇이 기준이 되어야 할까요?"

'시장의 평균수익률이냐?, 목표로 삼은 절대수익률이냐?' 주식영은 회사의 인사고과에서 해당 직급의 평균 점수를 넘어야 승진이 되는지, 일정 고과점수를 넘어야 승진이 되는지 생각했다.

"투자 수익의 평가는 일반적으로 '시장 평균수익률을 넘어서느냐'를 기준으로 합니다. 그러나 높은 수익률을 제시하는 헤지 펀드들은 주로 절대수익률을 기준으로 합니다. 헤지 펀드들은 특정 투자수익률 이상을 제시하면서 시장 평균수익률과 관계없이 고수익을 달성하겠다고 공언하지요. 그런데 이러한 수익률이 때로 무리한 목표가 되기도 합니다. 다시 말하지만 '무엇을 기준'으로 판단하는가가 중요합니다."

모든 정보는 가격에 즉시 반영되는가?

"앞서 이야기한 것처럼 투자자가 시장을 이길 수 있느냐의 문제는 효율적 시장가설이 성립하느냐의 질문과 같습니다. 반복하자면 효율적 시장가설에 따르면 금융시장의 모든 정보는 아주 빨리 넓게 퍼지며 시장 가격은 이들 정보를 즉시 반영하면서 움직입니다. 즉 내가 아는 정보를 다른 사람들도 모두 알고 있다는 가설이지요. 모두가 알고 있는 정보는 주가에 반영되기 마련이기 때문에 더는 주가를 움직일 힘이 없습니다. 투자자들은 성공하기 위해 여러 정보를 얻으려고 애쓰지만, 어렵게 구한 정보가 이미 주가에 반영되었다면 무슨 소용이 있겠습니까? 정보가 주가에 반영되었다는 말은 모든 사람에게 정보가 아주 빨리 전파되었다는 뜻입니다. 그러니 효율적 시장가설이 성립한다면 어떠한 정보로도 시장 평균수익률을 넘어서는 초과이익을 얻지 못한다는 말이 됩니다."

반복되는 가설 검증의 결과

"효율적 시장가설이 성립하는지 여부를 말로만 논할 수는 없습니다. 그동안 금융시장의 많은 데이터를 이용해 검증했지만 상반된 증거들이 제시되었습니다. 그래서 아직 '이론'이 아닌 '가설'이라는 꼬리표를 달고 있는 것입니다. 효율적 시장가설의 성립 여부에 대한 검증은 오랜 기간 주가가 움직인 시계열 데이터를 토대로 성립 여부를 통계적 확률로 분석하여 이루어집니다. 즉 가설이 기각될 확률을 시장의 증거들이 제시할 수 있느냐의 문제인데, 중간 단계를 생략하고 결론만 말하면 이렇게 볼 수 있습니다.

여러 가지 상반되는 증거를 놓고 보면 증권시장은 엄격한 의미에서는 효율적이라고 할 수 없지만, 그래도 상당히 효율적이라고 결론지을 수 있습니다. 이러한 사실은 증권시장에서 비정상적인 초과이익을 획득하는 일이 불가능하지 않지만, 쉽지 않다는 뜻이기도 합니다. 같은 말을 반대 측면에서 바라보자면, 남보다 뛰어난 민첩성이나 창의성을 발휘한다면 초과이익을 거둘 수 있다는 말이기도 하지요. 그러나 '남보다 뛰어난 민첩성이나 창의성'을 누구나 발휘하기는 어렵지 않겠습니까?"

효율적 시장가설과 투자전략

"이에 대한 이야기를 길게 하는 이유는 투자전략과 맞닿아 있기 때문입니다. 투자전략은 시장을 따라가서 시장 전체의 평균수익률 수준을 얻자는 소극적 전략과 열심히 노력하여 시장 평균수익률을 초과하는 수익률을 얻자는 적극적 전략으로 크게 나눌 수 있습니다. 효율적 시장가설을 믿는 사람들은 소극적 투자의 입장인 반면, 믿지 않는 사람들은 적극적 투자를 지지합니다. 이 상반된 주장에 대해 설명을 듣기보다 여러분이 자료를 읽고 토론하는 편이 좋겠습니다."

투자전략을 둘러싼 토론

"이제 자료를 나눠 드리겠습니다. 시장의 효율성을 믿는 '소극팀'

과 믿지 않은 '적극팀'으로 나눠서 주장과 반론을 펼치겠습니다. 각 팀원은 자신의 투자전략에 대한 의견과 관계없이 추첨으로 결정하겠습니다."

그렇게 하여 주식영과 채권희는 소극팀으로, 은성실과 한영리는 적극팀으로 결정되었다. 시간 절약을 위해 수강생들은 서로 맡을 부분을 나누었다.

"어느 팀에 속했더라도 자기 팀 의견뿐 아니라 상대 팀 주장도 균형 있게 검토해야 합니다. 반론을 제기해야 하니까요."

복자금 교수는 중요 부분에 강조 표시를 달아 도움 자료를 수강생들에게 나누어 주었다. 수강생들이 책에서 관련 부분을 발췌하고 관련 논문을 어느 정도 읽었을 때, 토론을 시작할 시간이 되었다.

주식영은 '흠, 각 팀에 학생이 한 명씩 배치되어 있으니 결국 회사원과 가정주부의 대결'이라고 생각하다가 '아, 은성실 씨도 출산휴가 중이라 회사원이지'라는 생각에 빙그레 웃었다.

수강생들은 모두 '충분히 준비한 것일까?' 하고 생각했다.

"자 그럼, '소극팀'부터 자기 주장을 펼쳐볼까요?"

효율적 시장가설에 대한 상반된 주장
: 소극팀과 적극팀의 논쟁

소극팀: 술 취한 사람이 걸어간 길
먼저 소극팀의 채권희가 이야기를 시작했다.

"주식 가격은 모든 정보를 즉각 반영하여 결정됩니다. 주가는 언제나 주식 본래의 가치를 가장 잘 드러내지요. 주가는 예측할 수 있는 패턴을 보이지 않고 무작위적 변화random walk를 보이거든요. 예측할 수 없다는 말은 모든 정보가 시장에 이미 반영되었기 때문에 효율적 시장이란 뜻이지요. 술 취한 사람이 첫눈이 내린 벌판에서 이리저리 걸어간 발자국과도 같다는 말입니다. 이 사람의 다음 걸음이 앞으로 갈지, 뒤로 갈지, 왼쪽으로 갈지, 오른쪽으로 갈지 아무도 예상할 수 없지만, 오랜 시간이 지나면 돌고 돌아서 제자리에 있을 확률이 높습니다. 과거와 현재 시점의 가격 변화는 아무런 관련이 없습니다. 새로운 정보가 있다면 천천히 알려지지 않고 정확하고 빠르게 현재 가격에 반영된다고 볼 수 있습니다."

적극팀: 증권 분석의 성과

적극팀은 테이블 건너 소극팀 반대 쪽에 앉아 있었다. 한영리가 소극팀의 주장에 대응했다.

"주가는 이론적으로 본래 가치인 내재가치를 반영하여 결정되어야 하는데 현실에서는 그렇지 않습니다. 이는 주가가 모든 정보를 반영하지 않기 때문에 내재가치와 괴리되어 있다는 뜻이지요. 또는 장기적으로는 내재가치를 반영한다고 가정해도 그 반영되는 시간이 오래 걸린다는 뜻입니다. 그렇기 때문에 내재가치보다 싸게 거래되는 주식을 사고 비싸게 거래되는 주식을 팔면 초과이익을 얻을 수 있습니다. 일부 전문투자자들은 이러한 방식으로 엄청난 수익을 올린다는 사실을 종종 뉴스에서 접할 수 있습니다."

소극팀: 행운의 사건

채권희가 반격했다.

"그렇지 않습니다. 일부 사례를 확대 해석해서는 안 됩니다. 성공적인 투자전략이란 일반적으로 존재하지 않습니다. 만약 있다고 할지라도 극히 우연에 의한 사례일 뿐입니다. 일반 투자자들이 그들을 따라 해도 운이 좋을 경우에만 그렇게 될 뿐입니다. 더욱이 은행의 투자 딜러와 자산운용사의 펀드매니저 같은 전문투자자들도 보통 수준을 넘어서는 투자 성과를 계속 내기는 어렵습니다. 일시적으로는 그렇게 될 수 있겠지만요. 결국 특정 정보를 알고 있는 전문투자자들과 모르고 있는 투자자들의 평균적인 투자 성과 사이에 의미 있는 차이가 없게 됩니다. 시장에서 이름을 날리는 전문가가 극소수에 불과하며 대다수는 시장 평균을 달성하기에 급급하다는 사실을 알고 계시나요? 그렇기 때문에 증권의 내재가치를 분석하여 시장 가격의 고평가 또는 저평가 판단에 따라 적극적으로 사고팔아서 초과이익을 얻으려는 투자전략은 무의미합니다. 적극적으로 투자를 하게 되면 자주 매매하여 거래비용을 낭비할 뿐입니다. 성공적인 투자자는 그것을 기술이라고 하지만 동전 던지기 대회에 만 명이 참가하면 열 번 계속 앞면만 나오는 사람도 확률적으로 있기 마련입니다. 그러니 우연으로 생긴 결과를 일반화할 수는 없습니다."

적극팀: 적극적 노력의 대가로 이루어지는 효율성

은성실이 다른 관점을 제시했다.

"이런 점을 생각해 보셨나요? 지금도 엄청나게 많은 사람이 경제와 재무 공부를 하며 주가를 예측하여 수익을 거두려고 노력하고 있다는 사실 말입니다. 이것이야말로 주식시장이 주가를 정확하게 반영하지 못한다는 방증입니다. 초과이익을 내기 위한 분석이 소용없는 일이라면 왜 많은 투자자가 시장을 분석하려고 노력하겠습니까? 더욱이 효율적 시장이 존재한다고 가정하더라도 이는 많은 투자자가 시장의 효율성을 불신하여 초과이익을 얻고자 하는 노력으로 정보를 경쟁적으로 수집하고 분석하며 투자하기 때문에 시장의 효율성이 가능한 셈이지요. 그렇기 때문에 증권의 가치를 여러 방법으로 분석하여 초과이익을 얻으려는 적극적 투자전략이 바람직합니다."

소극팀: 자기파괴적인 증권분석

이번에는 주식영이 나섰다.

"이러한 점을 생각해 보셨나요? 시장은 효율적이기 때문에 주가 움직임에 대한 분석이 자기파괴적self-detructive인 행태를 보인다는 것 말입니다. 증권분석을 통해 어떤 주식이 내재가치보다 싸다는 사실을 알게 되면 그 주식을 매입하여 초과이익을 올릴 수 있는데, 실제로 그렇다면 그러한 전략을 누구나 사용하려고 할 것입니다. 그러면 이러한 과정을 통해 그 주식의 가격이 상승하기 때문에 얼마 후에는 같은 전략을 사용하더라도 초과이익을 더는 얻을 수 없게 됩니다.

그래서 특정한 투자전략으로 한두 번은 성공할 수 있어도 많은 투자자가 흉내를 내면 그 가치는 순식간에 소멸하게 되지요. 따라서 증권분석에 의존하는 적극적 전략은 소용없는 일이 됩니다."

적극팀: 선택의 편의

한영리의 준비도 만만하지 않았다.

"거기에 대해 이러한 반론도 있습니다. 투자자가 정말로 좋은 투자전략을 발견했다고 가정하면, 두 가지 선택을 할 수 있습니다. 그 전략을 《월스트리트저널》에 기고하여 명성을 얻을 것인가? 혹은 비밀로 하여 수백만 달러를 벌어들일 것인가? 투자자들이 이런 선택의 기로에 있다면 대부분 후자를 선택할 것입니다. 각종 투자기법은 우월한 투자전략 수립에 상응하는 투자 보상을 제공하지 못하기 때문에 세상에 알려지지 않는 법입니다. 우월하지 않은 투자전략만 세상에 알려지기 마련이거든요. 우리가 선택하여 관측할 수 있는 결과는 실패했거나 그저 그런 전략의 성과일 뿐입니다."

적극팀: 이례적으로 움직이는 주가의 실증적 증거들

은성실이 방어를 벗어나 먼저 공격하기 시작하였다.

"우리가 자꾸 말로만 해서는 결론이 나기 어렵겠네요. 실제 데이터를 가지고 주장해야지요. 효율적 시장가설로 설명할 수 없는 이례적 움직임anomalies을 금융시장에서 찾아낼 수 있다면, 우리 적극팀의 의견이 맞다는 증거가 될 것입니다. 정보가 순식간에 퍼지기 때문에 시장이 효율적으로 움직인다는 주장이 무색해지는 것이죠. 시장이 어떤 패턴을 가지고 있는 것으로 나타난다면 앞으로도 그런 패턴을 보일 테니 앞으로 오를 패턴이라면 사고, 떨어질 패턴이라면 미리 팔 수 있지 않겠습니까?"

한영리가 끼어들어 거들었다.

"이러한 현상을 투자자 심리로 해석하려는 노력이 지속되고 있습니다. 이들의 연구에 따르면, 투자자들은 합리적으로 행동하지 않고 수익률과 위험에 과도 혹은 과소 반응을 하는 경향이 있다고 합니다. 또한 투자자 심리가 자산가격에 미치는 영향을 살펴보아도 시장이 효율적으로 움직이지 않는다고 자신 있게 말할 수 있습니다."

소극팀: 실증적 증거들이 이례적인지 확인되지 않았다

주식영은 은성실이 실증분석을 들고 나오자 이에 대응하여 또 다른 실증분석 결과를 제시했다.

"통계적 연구 결과에 의하면 주가는 랜덤워크random walk를 따릅니다. 아시다시피 전혀 예측할 수 없는 방식으로 마음대로 움직인다는 뜻이죠. 그래서 투자자들은 과거의 주가 추이를 분석하거나 주가에 영향을 미치는 정보를 분석하여 이익을 얻을 수 있는 예측 가능한 패턴을 찾아 구분해 낼 수 없게 됩니다. 일부 이례적인 현상이 시장에 존재한다는 사실은 인정할 수 있으나 그러한 현상이 다른 요인 때문인지 시장이 비효율적이기 때문인지 확실하지 않습니다. 주식 거래에 따르는 비용이 커서 그럴 수도 있으며 아직 완전히 이해되지 못한 위험 프리미엄을 나타내는 것일 수도 있습니다."

그래서, 어떻게 하란 말인가?

열띤 토론이 끝나자 수강생들은 모두 힘이 빠졌다. 복자금 교수는 앉아서 빙그레 웃고 있었다.

"모두 수고했습니다. 논쟁 내용을 정리해 보겠습니다. 통계적 연구 결과에 의하면 주가는 일부 이례적인 현상에도 불구하고 대체로 랜덤워크를 따른다고 생각합니다. 그렇기 때문에 투자자가 그것을 이용하여 이익을 얻을 수 있을 만한 예측 가능한 패턴을 구분해 내기 어렵다라는 말은 일리가 있습니다. 주가는 현재의 모든 이용 가능한 정보를 반영한다고 대체로 말할 수 있지만, 100% 그렇다고 단언할 수도 없습니다."

소극팀은 복 교수가 자신들의 입장을 지지하는 듯한 말을 하자 기쁜 모습이었다.

"그러나 효율적 시장에 대한 지나친 신념은 투자자를 무기력하게 만듭니다. 실증분석의 결과, 이례적인 현상이 많이 존재하며 이러한 이례적 현상으로부터 일정한 패턴을 찾아낼 수 있다는 주장이 계속 제기되고 있습니다. 거래비용이 너무 컸기 때문에 또는 시간에 따라 변하는 밝혀지지 않은 다른 요인 때문일 수도 있습니다. 저평가된 주식을 찾으려는 노력을 계속하는 일은 정당화되기에 충분하다고 생각합니다. 다만 많은 실증분석 결과를 살펴보면 우월해 보이는 어떤 전략도 약간은 조심스럽게 받아들여야 합니다. 시장은 충분히 경쟁적이기 때문에 차별화될 만큼의 우월한 정보력이나 통찰력만이 보상을 받게 된다는 뜻입니다. 손쉬운 이삭줍기는 이미 알려져 있습니다. 결론적으로 시장은 매우 효율적이지만, 특별한 근면함과 총명함과 창의성에 대한 보상의 여지는 여전히 남아 있습니다. 다시 강조하지만, 이 말을 달리 표현하면 특별한 근면함과 총명함과 창의성이 없다면, 시장에서 초과이익을 얻을 수 없다는 뜻입니다. 그런데 지금까지 우리가 막연하게 말한 정보는 몇 가지로 구분할 수 있습니다. 시장정보를 어떻게 나누어 볼 수 있을까요? 이를 조사하는 것이 오늘의 과제입니다.

어쨌든, 주어진 짧은 시간에 정리된 자료를 잘 소화했습니다. 잘못된 주장을 펼친 사람은 없습니다. 기대 이상입니다. 여러분의 토론은 여기서 끝나지만, 이러한 논쟁은 학계에서 계속되고 있습니다."

수강생들은 결과에 관계없이 복 교수의 이례적인 칭찬에 기분이 좋아졌다. 그동안 복 교수는 칭찬에 인색한 편이었다. 수강생들은 토론을 하면서 정보의 전달과 효율적 시장의 내용에 조금 익숙해졌다. 제한된 시간에 맞춰 자료를 읽고 이해하기가 쉽지 않았지만, 토론을 거치며 서로 친해졌는지 커피를 마시며 농담도 주고받았다.

과제-10

효율적 시장가설은 정보에 따라 세 가지로 구분할 수 있다. 이에 대해 설명하라. (287쪽 참조)

11 ▶ 소극적이거나 적극적이거나

> 달걀장수가 한 바구니에 달걀을 모두 넣어 가다가 넘어지면서 달걀을 모두 깼다. 몇 개의 바구니에 나누어 담았으면 좋았을 것을…….
>
> 짚신장수와 우산장수 두 아들을 둔 어머니 이야기에서 맑은 날과 비 오는 날을 걱정하는 어머니가 마음만 바꾸면 매일 즐겁지 않을까?

"우리가 아는 달걀장수 이야기는 분산투자의 중요성을 말해 줍니다. '여러분에게 30억 원이 생기면 무엇을 하겠습니까?' 하는 앙케트 결과를 들어 보았을 것입니다. 예를 들어 '예금에 10억 원, 주식에 10억 원, 부동산에 10억 원을 투자하겠다'라는 뭐 이런 이야기들……."

주식영은 '30억 원만 있으면 회사에서 이렇게 시달리지 않을 텐데, 결혼할 때도 많은 도움이 될 테고'라고 생각했다.

평균만 해도 잘하는 것이다: 소극적 전략

"현대 투자이론을 한마디로 요약하면 '위험을 제거하라.' 정도일 것입니다. 이보다 조금 길게 말하라면 '증권 가격 전반에 영향을 미치는 체계적인 위험systematic risk은 부담할 수밖에 없지만, 시장의 움직임과 관계없이 기업이 지닌 고유의 위험인 비체계적인 위험unsystematic risk을 제거하라.'가 될 것입니다. 이건 또 무슨 말일까요?

아무리 위험을 피하려 해도 부담할 수밖에 없는 위험인 체계적 위험은 증권시장에 영향을 미치는 정치, 경제 등의 모든 요인을 말합니다. 반면에 제거할 수 있는 위험인 비체계적 위험은 경영진의 변동, 인수합병 전망, 새로운 해외시장 진출 등 각 기업의 특정 요인을 말합니다. '너무 당연한 이야기 아니냐'라고 말할 수도 있지만 사실은 조금 복잡합니다. 위험을 구분하고 회피하기 위한 복잡한 모형과 계산 공식이 있는데, 여러분은 체계적 위험과 비체계적 위험이 있다는 정도만 알고 있어도 됩니다.

음~ 참, 위험을 제거하는 이야기를 하려면 먼저 포트폴리오에 대해 설명해야겠군요. 포트폴리오란 '각각 다른 수익률과 위험을 지닌 다수 증권의 결합' 또는 '투자 기회의 집합'이라고 정의할 수 있습니다. 좋은 포트폴리오를 구성한다는 의미는 서로 상반된 방향으로 움직이는 주식들을 모은다는 뜻입니다. 예를 들어 짚신회사와 우산회사에 모두 투자할 경우 비가 오면 우산이 많이 팔리고 맑으면 짚신이 많이 팔려서 서로 다른 위험을 상쇄하여 평균적인 이익을 획득한다는 뜻입니다. 다른 방향으로 움직이는 주식들이 잘 분산되어 있으면 '효율적 포트폴리오'를 구성하였다고 말할 수 있습니다."

주식영은 점점 어려워지는 것 같아 회사에서 쌓인 피로까지 몰려오는 느낌이었다.

분산투자는 반드시 좋을까?: 선택과 집중

"우리는 지금 효율적인 포트폴리오에 대해 이야기했습니다. 그런데 달걀 바구니 이야기에서 달걀이 2개 밖에 없다고 가정하면 달걀 장수가 바구니 2개에 나누어 담을 수는 없지 않을까요? 달걀을 몇 개의 바구니에 나누어 담아야 하는지를 달걀 개수와 관련하여 생각해 보겠습니다.

나는 '개인 투자자의 경우 포트폴리오와 분산투자에 대한 모든 것을 잊어라! 얼마 되지 않는 투자금액으로는 분산투자를 할 필요도 없고 분산투자를 할 수도 없다!'라고 주장하고 싶습니다. 여러분이 분산투자로 포트폴리오를 구성할 경우 얼마나 많은 시간과 노력을 쏟을 수 있을까요? 여러분이 상당히 많은 자금을 가지고 있다면 분산투자를 권하지만, 그렇지 않다면 분산투자를 할 필요가 없습니다. 오히려 특정 관심 종목에 투자하여 이들을 지켜보라고 권하고 싶습니다. 교과서와 학교수업의 재무관리와 투자론에서 분산투자를 강조하는 이유는 금융기관이나 대기업이 투자하는 것을 대상으로 이야기하기 때문입니다. 개인이 스스로 분산투자를 위한 효율적 포트폴리오를 구성하기는 어렵습니다."

시장을 흉내내는 포트폴리오

"달걀을 여러 바구니에 나누어 담는다고 분산투자가 되지 않습니다. 비슷한 방향으로 움직이는 주식을 많이 가지고 있으면 분산투자도 아니고 효율적 포트폴리오도 아닙니다. 진정한 분산투자란 '짚신과 우산'처럼 날씨의 변화에 반대 방향으로 움직여야 되는 것입니다. 그러나 짚신회사와 아이스크림회사는 모두 맑은 날이 계속되어야 잘 팔리고 비가 오면 잘 팔리지 않는 제품을 생산하기 때문에 같은 방향으로 움직이는 주식의 특징이 있다고 생각해야 합니다. 이렇게 경제 여건 변화에 대응하여 아이스크림 주식과 팥빙수 주식이 같은 방향으로 움직이는 속성을 가지고 있다면 분산투자의 의미가 없습니다.

그런데 이런 주식들의 움직임도 각각 쌍을 지어 같은 방향으로 움직이는지, 다른 방향으로 움직이는지를 알기는 너무 어렵습니다. 그렇기 때문에 전체 시장의 평균(시장포트폴리오)과 같은 방향 혹은 다른 방향으로 움직이는지를 보며, 또 얼마나 큰 폭으로 움직이는지를 본 후 각 투자 대안의 수익률과 위험이 시장 전체의 평균수익률과 위험과 어떤 관계가 있는지 분석하여 포트폴리오를 구성합니다.

자 그럼, 분산투자로 구성된 가장 좋은 포트폴리오는 무엇일까요? 간단히 설명하면 전체 증권거래소에 상장된 모든 주식을 규모에 비례하여 조금씩 사서 모으면 바로 시장포트폴리오market portfolio가 됩니다. 이 시장포트폴리오의 수익률과 같은 방향으로 움직이는 가운데 동일한 수익률과 위험을 나타내는 것에는 무엇이 있을까요? 채권희 씨?"

"글쎄요, 그게……."

"시장 전체의 수익률을 나타낸다면 그게 바로 코스피KOSPI라는 지수 아니겠어요?

그런데 이러한 전체 수익률을 따라가려는 시도가 있거든요. 나중에 배우게 될 여러 펀드 중에서 인덱스 펀드index fund라고 있는데 이러한 개념으로 구성된 대표적인 금융상품이라고 볼 수 있습니다. 그럼, 여기에는 무슨 생각이 바탕에 깔려 있을까요? 주식영 씨?"

"예, 시장 평균수익률보다 높은 수익률을 얻으려고 하다가 평균을 밑도는 수익률을 얻을 수 있으니, 그냥 시장 평균수익률에 만족하자, 뭐 이런 이야기 아니겠습니까?"

"그래요, 잘 설명했어요. 토론을 통해 금융에 대한 이해가 깊어졌네요. 사실 아무리 잘 투자해도 시장 평균을 초과하는 수익률을 내기 어렵다는 이야기를 많이 했습니다. 그래서 보통 펀드매니저들이나 딜러들이 시장 평균수익률을 이겼을 때 성과에 대한 보너스를 받습니다. 관련 비용을 제하고 계산하기는 하지만 말이지요. 아무리 전문가라고 하더라도 모든 사람의 생각이 모인 시장을 이기기가 쉽지 않다는 뜻이니 명심하면 좋겠습니다."

개인의 투자전략

"개인 투자자가 어떤 주식이 전체 시장 평균과 어떤 관계로 움직이는지 알기란 어렵습니다. 이를 분석하기 위해서는 상당히 긴 기간의 주가 움직임에 대한 데이터가 필요하거든요. 더욱이 제한된 자금 한도 내에서 개인이 엄청나게 주식 수를 늘릴 수도 없으며 관리하기도 어렵습니다.

개인 투자자가 직접 투자를 하려면 선택과 집중을 통해 제한된 투자 영역을 분명히 하거나 아니면 펀드를 통해 간접 투자를 하는 편이 좋습니다. 즉 직접 투자를 하려면 적극적 투자전략을 취하고 간접 투자를 하려면 펀드와 같은 것을 통한 소극적 투자를 하라는 뜻입니다.

먼저 소극적 투자의 예를 들면 성장형 주식에 관심이 있을 때는 성장형 주식에 투자하는 펀드에 주로 가입하는 게 좋습니다. 그러면 펀드매니저가 성장형 주식 가운데 여러 업종에 분산투자하여 위험을 분산시킬 테니까요. 여러분이 할 일은 '안정형인지 성장형인지'의 선택 또는 'IT 업종인지 바이오 업종인지' 등을 고려하여 펀드를 선택하는 것입니다. 펀드 투자에 대해서는 오는 목요일에 다룰 것입니다. 펀드 투자라고 해서 반드시 성공한다는 보장은 없지만 투자한 펀드수익률 하나에만 관심을 두면 되니까 회사업무나 학업에 지장을 주지 않겠지요.

아니면 몇 종목에 집중하여 공부하면서 적극적 투자로 나서야 합니다. 다시 강조하지만 돈이 많다면 분산투자가 바람직하다는 사실을 부인할 수 없지만, 일반적인 개인 수준으로는 어림없습니다. 적극적 투자의 경우에도 투자 종목이 7~8개를 넘어가면 지속적인 관심을 두기 어렵지 않겠어요? 물론 처음에는 이보다 적게 시작해야겠지만요. 여러분이 열심히 공부하고 생업에 종사하면서 어떻게 매일 여러 투자 대상에 대한 정보를 수집할 수 있을까요? 이미 투자한 주식의 주가 변동을 확인하기에도 벅찰 텐데요. 그러니 관심을 두는 대상을 단순화한 다음 본업에 충실해야 합니다."

나의 판단을 믿는다?: 적극적 전략

"주식시장은 사람이 움직인다. 그런데 사람은 합리적이지 않다. 그러므로 합리적으로 움직이지 않는 주식 가격을 남보다 열심히 분석하고 연구하면 시장의 평균을 초과하는 수익률을 얻을 수 있다." 이러한 주장은 사실일까?

"지금까지 소극적 투자전략에 대해 알아보았으니 이제 적극적 투자전략에 대해 알아볼까요? 시장의 평균 정도 수익에 만족하지 못하는 사람들은 스스로 종목을 선택하여 적극적으로 투자하는 방식을 취합니다. 시장이 효율적이지 않으며 또한 투자자의 행동도 합리적이지 않다고 생각하여 독창적인 아이디어로 열심히 노력하면 좋은 기법을 찾아낼 수 있다고 믿는 것입니다. 투자활동에서 합리적이지 않다는 의견은 행동재무학behavioral finance이 인간의 심리적 특성에 주목하면서 지지를 받고 있습니다. 참, 여러분도 효율적 시장가설과 관련한 토론을 하면서 어느 정도 이해했으리라 생각합니다.

시장도 결국 인간이 움직이기 때문에 시장 움직임의 오류는 인간의 오류에 기인한다는 뜻입니다. 인간의 심리적 오류에 대해 여러 설명이 있지만 한 가지만 예로 들겠습니다. 사람들은 손실이나 후회를 회피하려는 성향이 있습니다. 이득을 얻은 기쁨보다 손실을 입은 아픔이 더 크지요. 이러한 심리 때문에 투자자들은 손실을 본 '패자' 종목은 장기간 보유하는 반면 시세차익을 내는 '승자' 종목은 쉽게 매도하여 이익을 실현하는 경향을 보입니다. 왜 그럴까요? 손실이 현실화되면 자신의 실수를 인정하는 결과이기 때문에 회피하려는 것입니다. 반면 이익을 실현하고 있는 종목의 매도를 서두르는 경향은 자신의 선택에 대한 성공을 스스로 축하하고 싶기 때문입니다. 인간이 합리적이지 않다면 이러한 인간의 심리적 특성에 의해 움직이는 시장도 합리적이지 않은 것이지요."

적극적 투자 관리

"이러한 논쟁들에 대해서는 제법 자세히 살펴보았으니 이제 적극적 투자전략의 방법에 대해 알아보겠습니다. 적극적 투자 방법은 증권분석에 집중하는 투자전략입니다. 독창성과 민첩성을 살려 다른 사람들이 미처 알지 못하는 주식의 내재가치를 발견하고자 노력하는 것입니다. 사람들은 경제 상황의 변화와 금융시장의 변동이 주가에 어떤 영향을 미치는지 분석하기 위해 애씁니다. 일정한 위험 수준에 상응하는 기대수익률 이상의 투자수익률을 얻기 위해 저평가되었다고 보이는 증권을 찾아내 위험 부담을 감수하더라도 찾아낸 증권에 투자하여 상당한 초과이익을 추구하는 것입니다. 이러한 증권 분석securities analysis을 기본적 분석fundamental analysis과 기술적 분석technical analysis으로 나누어 볼 수 있습니다.

기본적 분석은 우선 주식의 내재가치에 영향을 미치는 거시경제 변수의 변화, 그 기업이 속한 산업과 업종의 변화, 기업의 미래 이익, 배당, 재무구조, 사업 전망과 위험 등의 요인을 예측하려고 노력하면서 그러한 변화가 주가에 어떤 영향을 주는지 분석하는 방법입니다. 기술적 분석은 주가가 특정한 형태로 움직인다고 가정하고 오로지 주가의 움직임에 초점을 맞추어 차트분석을 통해 과거 주가의 시계열 움직임으로 미래 주가를 예측하는 방법입니다.

결론적으로 기본적 분석과 기술적 분석 모두, 분석한 주식의 본래 가치보다 현실에서 과대 또는 과소 평가된 주식을 찾으려고 노력합니다. 그러면 이러한 주식을 찾아내어 무엇을 할까요? 쉽게 말해 시장 가격이 본래 가치보다 싸면 사고 비싸면 파는 것입니다. 본래 가치 즉 적정가격만 알면 돈을 버는 일은 쉽습니다. 하지만 분석을 통해 적정가격을 알아내기란 쉽지 않습니다. 이제 기본적 분석부터 알아보겠습니다."

기본적 분석의 개념과 체계 그리고 전략

"기본적 분석은 자산의 내재가치를 추정하여 적정가격에서 벗어나 있는 저평가된 자산에 투자하는 전략입니다. 그러면 어떻게 저평가된 주식을 찾을 수 있을까요? 주가에 영향을 미치는 요인들을 다양한 기법으로 분석하는데, 일반적으로 거시경제의 변화가 그 업종에 미치는 영향에 대한 분석과 특정 산업 자체의 내부 이슈에 대한 분석, 다음으로 관련 기업의 영업 상황과 재무 상황을 분석하는 순서로 진행합니다.

기본적 분석 중 몇 가지 주요 전략 위주로 살펴보면, 우선 가치투자value-oriented investing전략과 성장투자growth-oriented investing전략이 있습니다. 가치주value stock투자는 주가배수(PER, PBR 등)가 낮은 주식군, 시세 차익보다는 안정적인 배당수익률이 기대되는 주식군, 규제 산업 주식군에 투자하는 전략을 말합니다. 반면 성장주growth stock투자는 향후 큰 폭의 매출 증가나 주당순이익EPS 성장이 기대되는 주식군에 투자하는 전략입니다. 한편 가치주와 성장주의 구분에 더하여 대형주와 소형주의 구분 등 여러 가지 투자 스타일을 추가하는 스타일 분석style analysis을 이용한 투자전략을 사용하기도 합니다.

다음으로 특정 종목이나 산업에 집중하는 방식이 있는데, 투자자가 자신 있는 분야를 골라 집중하여 분석하는 방식입니다. 예를 들어 주식영 씨가 자동차 회사 혹은 자동차 관련 업종에 종사한다면 남들보다 심층 지식을 쌓고 있을 것입니다. 그렇다면 주식영 씨는 잘 아는 자동차 관련 업종에만 투자하는 방법을 취할 수 있습니다. 다만 자신이 그 업종의 일부에 참여할 뿐 산업 전체의 움직임에 대한 이해가 높지 않다면 시야를 넓혀 볼 수 있습니다. 또한 같은 업종의 사람들을 만나는 일도 공부입니다. 그러면 주식투자 외에도 회사 생활에 도움이 되니까요.

그런데 분석 과정에서 경기순환을 적극적으로 고려하는 전략도 필요합니다. 어떠한 상황에서도 경기순환 과정이 중요하거든요. 경기는 언제나 주기cycle를 가진다는 점을 잊지 말아야 합니다. 현시점이 경기순환의 회복기, 정점기, 후퇴기, 침체기 중 어디를 지나고 있는지 이해해야 한다는 뜻입니다. 호황이 다가오면 사치품, 불황일 때는 생필품을 생산하는 기업의 주가가 상승한다는 것쯤은 상식이겠지요? 또한 강세장을 예상할 때는 시장을 잘 따라가는 종목을 선택하고 약세장을 예상할 때는 시장을 잘 따라가지 않거나 시장과 반대 방향으로 움직이는 종목을 선택할 수 있습니다."

기술적 분석의 개념과 체계 그리고 전략

"기술적 분석은 과거 주가의 시세 변동 패턴 정보를 이용하여 미래 주가를 예측하는 접근법으로 다른 경제 변수의 움직임을 고려하지 않고 주가 자체의 움직임에 초점을 맞춥니다. 주가 자체가 어떠한 패턴을 그린다고 생각하고 그 추세를 추정하면서 이동평균, 상대적인 강도, 변동성 등을 분석하여 주가 변동의 흐름을 알아내는 방법입니다. 이러한 기술적 분석을 차트 분석이라고도 하며, 주가 움

추세선 분석

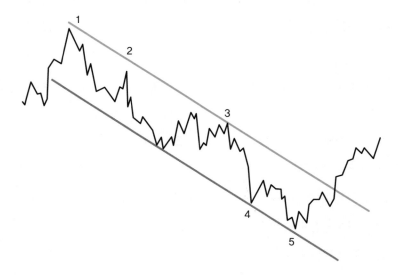

직임을 눈에 보이는 그림으로 보여 주어 직관적으로 이해하기 쉽게 합니다. 주가가 과거부터 어떻게 움직였는지, 지금 어떻게 움직이는지 알아야 미래 예측이 가능하다고 여깁니다. 물론 금리와 환율 예측과 관련해서도 과거와 현재를 알면 미래가 보인다고 주장합니다. 재빠른 투자자는 새로운 균형으로 가는 과정에서 이익의 기회를 얻을 수 있다는 이야기입니다. 대표적인 분석기법으로 차트를 이용한 추세 분석법, 패턴 분석법, 시장 특성 분석법, 시장 구조 분석법 등이 있습니다. 기술적 분석에 관심 있는 사람은 서점에 다양한 책이 있으니 찾아 공부하기 바랍니다.

이상! 오늘은 여기서 끝내고 나가서 맥주나 간단히 한잔했으면 좋겠습니다. 여러분의 다양한 이야기를 들어 보고 싶군요. 아 참, 맥주는 내가 쏩니다! 하지만 오늘도 과제는 있습니다. 하하하."

수강생들은 월요일부터 맥주를 마시게 되어 조금 부담스러웠지만 복자금 교수와 편하게 이야기할 수 있어 밝은 표정이었다. 은성실도 남편과 통화하고 함께하기로 했다.

과제-11

행동재무학의 기본 개념을 설명하라. (287쪽 참조)

투자의 기본인 주식과 채권

Tuesday-2

12 ▶ 주식, 기업의 주인이 되는 권리

"벌써 두 번째 주의 두 번째 날이네요. 오늘은 금융투자의 기본이며 금융상품의 대표선수인 주식과 채권에 대해 알아보겠습니다. 이들은 금융투자 대상 중 가장 규모가 크고 가장 활발히 거래됩니다. 증권을 발행하는 편에서 보면 가장 중요한 자금 조달 수단이기도 하고요. 또 이들의 특성은 다른 금융상품을 이해하는 데도 중요하기 때문에 주식과 채권을 통해 증권투자의 기본을 잘 다져야 합니다.

주식이란 무엇인지부터 시작해 볼까요? 주식이란 주식회사의 지분을 나누어 가지는 '주인된 권리'를 금액으로 나타낸 증권 정도로 정의할 수 있습니다. 주식을 가지고 있으면 회사가 이익을 많이 낼 때 주가가 상승하기 때문에 이들을 팔아 매매 차익을 얻을 수 있고 이익에 따른 배당 수입도 얻을 수 있습니다. 기업 경영에 참여할 권

188

리가 있으며 만일 기업이 파산한다면 남은 자산을 청구할 권리도 있습니다. 하지만 이를 염두에 두고 투자하는 개인 투자자는 거의 없겠지요. 주식 전체의 가치는 일반적으로 그 기업이 벌어들일 것으로 예상되는 미래 수입의 현재가치라고 말할 수 있습니다. 주식을 '자본주의의 꽃'이라고 한 사람이 누구였죠……? 여기서 월스트리트에서 만난 채권투자 딜러가 한 이야기가 생각나네요. 파티에 가면 주식투자 매니저 옆은 사람들로 북적거리지만 자기 옆은 항상 썰렁하다고…….”

주식에 투자하면 얻게 되는 이익
: 주가 차익과 배당 수입

> 주식에 투자하면 향후 주가가 상승했을 때 팔아서 이익을 얻을 수 있다. 이 밖에 어떤 다른 이익을 얻을 수 있는가?

“기업이 벌어들이는 돈은 기업 외부에 있는 주주에게 배당되거나 새로운 투자를 위해 기업 내부에 유보됩니다. 투자자의 입장에서는 배당을 받으면 현금 수입이 생겨서 좋고, 새로운 투자를 준비하면 주가가 올라 주가 차익을 얻게 되어서 좋습니다. 그런데 배당을 늘리면 돈이 기업에서 빠져나가기 때문에 주가가 다소 하락한다는 뜻이기도 합니다. 이론적으로 배당을 하거나 배당을 하지 않고 이익을 사내에 유보하는 결정이 투자자에 미치는 영향은 거의 없다고 할 수 있습니다. 주가 차익을 선호하느냐, 배당 수입을 선호하느냐는 개인의 성향에 달린 것이니까요. '배당을 받는다' 플러스(+), '주가가 하락한다' 마이너스(−)를 합하면 투자자의 손익에는 변화가 없다는 뜻이지요."

"교수님! 전에 어느 경제 관련 프로그램을 보다가 어떤 사람이 배당을 많이 하는 주식이 좋다고 하는 말을 들었습니다."

은성실의 말을 듣고 복 교수는 고개를 끄덕이며 말을 이었다.

"음, 그런 투자자도 많습니다. 이론적으로는 배당을 많이 하면 기업의 내부가치가 외부로 유출되기 때문에 주가가 하락하게 됩니다. 투자자 입장에서는 배당으로 늘어난 수입 금액과 주가가 하락하여 생기는 손실 금액이 상쇄되거든요. 그러나 일반적으로 배당을 많이 하더라도 주식 가격이 그렇게 하락하지 않는 경우가 많습니다. 심지어는 주가가 오르기도 하지요. 왜 그럴까요? 그건 배당을 많이 하는 회사의 경영 상태가 우수하다고 투자자들이 생각하기 때문입니다. '돈이 많으니까 배당을 해 준다'고 생각하거든요. 또한 지속적으로 배당을 하면 예금이자처럼 생활에 도움이 되니 더 좋지요. 특히 은퇴 후 배당으로 생활하려는 투자자들이 선호합니다. 이런 선호가 많을수록 주가가 상승하기도 합니다. 그런데 사람마다 배당을 선호하는 입장이 다를 수 있습니다. 세금을 많이 내는 고소득자는 배당금을 많이 받기보다 그만큼 주가가 오르기를 기대합니다. 배당을 받으면 높은 세율로 세금을 많이 내야 하니 주가 차익을 취하는 편이 유리하기 때문이지요. 현금 대신에 주식으로 배당을 하는 주식배당과 하나의 주식을 여러 개로 나누는 주식분할도 때로는 비슷한 효과가 있습니다."

주가의 예측

"우리의 관심은 주가가 어떻게 결정되는지에 있습니다. 간단하게 성과가 좋은 주식은 오르고 성과가 나쁜 주식은 내린다? 과연 그럴까요? 한영리 씨는 어떻게 생각하나요?"

"예, 그럴 것 같습니다만……."

"허허허, 반드시 그렇지는 않습니다. 성과가 좋은 주식이 충분히 상승했고 성과가 나쁜 주식이 충분히 하락했다면 주가가 과연 그런 방향으로 움직일까요? 성과가 주가에 재빨리 반응한다면 말이죠. 전에 설명했던 효율적 시장가설을 생각합시다."

"……."

"그 대신 이런 식으로 이야기할 수 있습니다. 주식 본래의 가치, 이를 내재가치라고도 하는데, 현재 주가가 그보다 낮으면 오르고 높으면 내린다고요. 주가가 적정하다면 적어도 장기적으로 그 가치를 따라가야 하니까요. 그런데 지난번에도 이야기했듯이 그 내재가치를 알기가 쉽지 않습니다. 그래서 사려는 사람이 팔려는 사람보다 많으면 주가가 오르고 반대의 경우에는 주가가 내린다고 말할 수 있겠습니다."

주식영은 '이건 정말 하나마나한 설명이 아닌가?' 하고 생각했지만 차마 입 밖으로 꺼낼 수 없었다.

"이런 이야기도 있습니다. 케인스John Maynard Keynes라는 유명한 경제학자의 질문입니다. '미인선발대회에서 1등을 맞히는 게임을 하고 있다고 가정합시다. 여러분은 자신이 미인이라고 생각하는 사람을 선택할 건가요? 남들이 미인이라고 생각하는 사람을 선택할 건가요?' 한영리 씨는 어떻게 생각하나요?"

"이때는 남들이 어떻게 생각할까를 생각해 보아야겠네요."

"그렇지요! 주식에 투자할 때도 남들이 생각하는 바를 늘 염두에 두어야 합니다. 자기 혼자 이 주식이 좋다고 한들 소용없거든요. 그런 점에서 시장참가자 모두가 매 순간 주가에 대해 투표한다고 볼 수 있습니다."

주가평가모형은 현실에 적용되는가?

"일반적으로 주가에 대해 이론적으로 이렇게 이야기합니다. '주식은 장기적으로 내재가치를 찾아갈 수밖에 없다. 또는 어떤 주식의 가격을 다른 주식의 가격과 비교하는 방법이 좋은데 이는 세상이 상대적이기 때문이다.' 두 가지 모두 일리가 있습니다. 그렇기 때문에 주가를 예측하기 위해 여러 모형을 활용하고 있습니다.

첫째, 미래에 들어올 배당 수입의 현재가치로 예측하는 방법, 둘째, 개별 주식이 전체 주식시장의 움직임과 어떤 관계가 있는지를 분석하여 예측하는 방법, 셋째, 성장률, 인플레이션, 이자율 등이 주가에 어떤 영향을 미치는지 분석하는 방법 등입니다. 그러나 이런 대표적인 모형을 개인이 활용하기는 어렵습니다. 특히 미래에 들어올 배당 수입의 예상과 전체 시장과의 관계 분석 등은 이론적으로 우수하지만 개인이 활용하기란 현실적으로 불가능합니다. 그래서 다른 주식의 가격과 비교하여 과대 또는 과소 평가되는지 보고 적정 가격을 평가하는 상대평가모형이 널리 활용되고 있습니다."

주식영은 '첫째, 둘째'부터 무슨 이야기인지 헷갈리기 시작했다.

다른 주식과 비교하라

"상대평가모형에서는 어떤 기업의 주가를 같은 업종에 있는 비슷한 기업의 주가와 비교하는 방법이 사용됩니다. 주가수익비율PER, Price Earning Ratio이 많이 사용되고 있으니 이에 대해 알아보겠습니다. PER은 주가를 주당순이익EPS, Earning Per Share으로 나누어 주가의 주당 순이익에 대한 배율˙이 얼마인가를 나타냅니다. 그러므로 PER이 낮을 경우 해당 회사가 거둔 이익에 비해 주가가 낮습니다. 즉 기업의 가치에 비해 주가가 저평가되어 있다는 말이죠. 반면에 PER이 높으면 거둔 이익에 비해 주가가 고평가되어 있다는 뜻입니다.

이 PER이라는 지표는 비교를 통해 의미를 드러냅니다. 비슷한 사업을 하는 다른 기업의 PER은 얼마인가? 투자하려는 기업의 PER이 경쟁 회사 또는 속해 있는 산업의 평균 PER보다 높은지, 낮은지

˙ PER＝주가÷주당순이익. 주가가 10만 원이고 주당순이익이 20만 원이면 PER＝10÷2＝5

가 중요합니다. 또 그 기업의 PER이 과거에 얼마였는지도 현재의 수준을 평가하는 데 참고 사항이 됩니다. 다시 반복하지만 중간고사에서 내가 80점을 맞았다는 평가는 비슷한 친구들의 점수가 70점인지 또는 90점인지에 따라 달라집니다. PER에 대해서는 뒤에서 더 자세히 다루겠습니다."

기대가 실현되면 아무 일도 없다?: 주가 정보의 가치

"여러분은 어릴 때 소풍 당일보다 소풍 전날이 더 즐겁고 설레지 않았나요? 증권가에는 '소문에 사서 뉴스에 팔라.'라는 격언이 있습니다. 남들이 정보를 알기 전에 샀다가 남보다 먼저 손을 터는 사람들이 매매차익을 챙깁니다. 정보를 먼저 아는 것이 중요하다지만 과연 정보를 어떻게 남보다 먼저 알 수 있을까요? 내부정보를 얻고 싶지만 정말 믿을 만한 정보인지 확인하기 어렵습니다. 결국 믿고 투자하는 수밖에 없습니다. 이는 위험하지 않을까요? 작전 세력, 허수 주문, 분식 결산, 허위 공시까지 있으니 말입니다. 친한 친구에게 들은 내부정보도, 그 친구를 아무리 믿는다고 해도, 그 친구가 그 정보를 전해 들었다는 사람까지 믿고 많은 돈을 투자하기는 어렵지요. 우리가 이미 배운 '위험을 무릅쓰지 않고는 초과이익을 올릴 수 없다', '초과이익은 위험의 대가다'라는 말을 기억할 것입니다. 그래서 결국 정보의 문제가 위험의 문제로 치환됩니다.

다시 정리해보겠습니다. 효율적 시장가설에 따르면 주가는 이미 모든 정보를 반영하고 있기 때문에 단기적 시각보다는 장기적 시각에서 기업의 내재가치에 집중할 필요가 있습니다. 다만 주식 가격의 변동에 대한 예측은 투자자들의 동물적 본능에 좌우될 수밖에 없어요. 즉 비관론과 낙관론의 비이성적 움직임에 영향을 받을 수 있다는 말입니다. 스스로 마음이 쏠리는 쪽이 있다는 사실을 자각하고 경계하며 균형 잡힌 시각에서 정보에 접근하는 편이 바람직하다는 원론적인 이야기입니다."

내재가치와 워런 버핏

"투자를 편의상 기업의 내재가치에 투자하여 단기적인 주가 변동에 일희일비 一喜一悲하지 않으며 배당 수입이나 장기적인 주가 상승을 기대하는 경우와 일일매매처럼 단기 주가 변동을 의식하며 매매하는 경우로 나누어 보겠습니다. 일반적으로 내재가치를 분석하여 위험을 분산하는 포트폴리오를 구성한 다음 장기투자를 하는 방안이 좋다고 알려져 있습니다. 단기 변동을 알아내는 일은 어렵고 한번 성공하더라도 다음에 또 성공한다는 보장이 없거든요.

내재가치를 이야기하면 워런 버핏Warren Edward Buffett*을 거론하지

● 　1930년 미국 네브래스카주 오마하에서 태어난 워런 버핏은 콜롬비아대학교 경영대학원에서 경제학을 공부했다. 11세에 주식투자를 시작하였으며 신문과 콜라를 판매하여 1만 달러를 모아 19세의 나이에 투자의 세계로 뛰어들었다. 세계 갑부 중 한 명으로 손꼽힌다. 미국에서 가장 영향력 있는 경제인, 세계의 파워 리더, 오마하의 현인, 월가의 양심, 황금손, 투자의 살아 있는 전설 등이 그를 수식하는 용어이다. 그는 1990년대에 미국 경제의 거품론을 주장하였으며 기업의 내재가치만을 따져 투자 종목을 선별하는 것으로 유명하다.

않고 넘어갈 수 없습니다. 여러분도 이름을 한두 번은 들어 보았을 것입니다. 세계적인 투자자인 그가 강연에서 이런 이야기를 했다는군요. 정확하게 기억하고 있는지 모르지만 대략 이런 이야기입니다.

'저는 11세 때 주식투자를 시작했습니다. 돈을 모으는 것은 눈덩이를 언덕 위에서 아래로 굴리는 일과 비슷합니다. 눈을 굴릴 때는 긴 언덕 위에서 하는 것이 중요합니다. 저는 높은 언덕에서 눈덩이를 굴렸습니다. 잘 뭉쳐지는 눈을 굴리는 게 좋습니다. 처음 시작할 때는 작은 눈 뭉치 정도면 충분할 것입니다. 저는 신문을 돌려서 그 돈을 마련했습니다. 지나치게 서두르지 않고 올바른 방향으로 오랫동안 지속하는 게 중요합니다.'

어때요? 뭔가 느껴지는 게 있나요? 내재가치와 장기투자의 이야기에 공감할 수 있나요? 그럼 워런 버핏은 주식투자를 위해 어떻게 기업을 평가하고 있을까요? 다음 자료를 참조하겠습니다.

워런 버핏이 기업을 평가하는 12가지 요소

– 기업 요소
- 기업이 단순하고 투자자가 이해하기 쉬운가?
- 기업이 일관성 있는 경영의 역사를 가지고 있는가?
- 기업이 장기적으로 밝은 전망을 가지고 있는가?

– 경영자 요소
- 경영진이 합리적인가?
- 경영진이 주주들에게 정직한가?

- 경영진이 제도적 관행을 거부하는가?

- 재무 요소
  - 주당순이익이 아닌 자기자본수익률에 초점을 맞추어야 한다.
  - '주주 수익'을 계산해야 한다.
  - 높은 수익 마진을 가진 기업을 찾아야 한다.
  - 유보한 1달러에 대해서 최소한 그 이상으로 시장 가치를 확실히 창출할 수 있어야 한다.

- 시장 요소
  - 기업의 가치는 얼마인가?
  - 내재 가치보다 크게 할인된 가격으로 기업의 주식을 매입할 수 있는가?

자료: 로버트 해그스트롬의 《워런 버핏의 완벽투자기법》

나는 주식투자의 귀재라는 사람들의 이론을 믿지 않는 편이지만 실제로 주식에 투자하여 많은 돈을 번 사람들의 충고를 귀담아듣지 않을 수는 없습니다. 그러나 당시와 지금은 경제환경이 다르며 어쩌면 확률적으로 주어지는 그 사람의 운이 성공과 실패를 좌우했을 수도 있다는 사실을 잊지 않았으면 합니다."

주식투자의 위험

"아무래도 주식투자는 위험합니다. 기대하는 수익에서 멀어질 확률이 있으니까요. 장기투자를 목적으로 선택한 주식의 가격이 폭락하게 되면 잘못 선택했다며 후회하지 않을 사람이 어디 있을까요?

대부분의 사람이 확신이 없어지게 되는 것은 당연하지 않겠습니까? 한없이 하락할 가능성도 있다고 생각하고 또 실제로 그렇게 되기도 하고요. 그러니 일정 비율 이하로 하락하면 강제로 처분하는 손절매(stop loss 또는 loss cut) 방식도 필요합니다.

그럼, 여기서 손절매에 대해 잠시 알아보겠습니다. 보유 주식과 채권의 현재 시장 가격이 매입 당시의 가격보다 현격히 낮아질 경우 손실을 감수하고 매각하는 것을 '손절매'라고 합니다. 기관투자가들은 자산가격이 매입할 때보다 몇 퍼센트 이상 하락하면 추가 하락에 따른 손실을 방지하기 위해 손절매 관련 내부 규정을 두고 있습니다. 손실 규모가 계속 커지는 문제에 대비하는 거지요. 다만 향후 가격 상승의 기대가 있을 때는 손절매를 유보할 수 있도록 규정된 경우도 있으나 책임 문제가 따르기 때문에 실제 유보되는 사례는 많지 않습니다. 결국 모든 전략은 수익을 높일 것이냐, 위험을 감소시킬 것이냐 하는 문제로 귀결됩니다."

"여러분은 《삼국지》를 읽어 보았을 것입니다. 은성실 씨, 읍참마속泣斬馬謖이란 말을 들어봤나요?"

"예, 촉蜀나라의 제갈량諸葛亮이 가정街亭의 싸움에서 자기의 명령과 지시를 따르지 않고 제멋대로 싸우다가 패한 부장部將 마속을 그 전날의 공과 두터운 친분에도 울며 목을 베어 전군의 본보기로 삼았다는 고사입니다."

"잘 알고 있군요. 손절매를 생각할 때마다 읍참마속이 떠오릅니다."

한영리는 '주식투자에도 인간적인 아픔이 있다는 뜻'이라고 생각했다.

"버릴 때에는 과감히 버려야 합니다!"

복 교수는 단호히 말했다.

타이밍이 중요하다: 매매시점의 결정

"주식은 가장 쌀 때 사고 가장 비쌀 때 팔아야 하지만, 보통 사람들은 비쌀 때 즉 가격이 계속 올라가는 시점에서는 더 올라갈 것 같으니 사고, 쌀 때 즉 가격이 계속 내려가는 시점에서는 더 내려갈 것 같으니 팔게 됩니다. 가격이 계속 내려갈 때 주식을 많이 가지고 있다면 얼마나 두려울까요? 또 가격이 계속 올라갈 때 남들이 얼마 벌었다고 자랑하면 얼마나 조급해질까요? 그래서 일반적으로 주식은 살 때 잘 사는 것이 팔 때 잘 파는 것보다 중요하다고 합니다. 매수 종목과 시점을 잘 선택하면 팔아야 할 필요도 적게 생기고 상당한 차익을 챙겼을 경우 파는 시점을 선택하기도 쉬우니까요.

주식시장에는 다음과 같은 옛날이야기가 있습니다. '주가 폭락으로 투자가들이 증권거래소 앞에서 무리를 지어 데모할 때 주식을 사고, 시골 농부가 소를 끌고 증권사 객장에 나타나거나 아이 업은 아주머니가 객장에 나타나면 주식을 팔아라.' 요즈음은 인터넷으로 거래하고 주식투자 저변이 넓어져서 이런 모습을 볼 수도 없고 이런 이야기를 해서도 안 되지만…… . 또 다른 말로 '모든 사람이 지금은 주식을 팔아야 할 시점이라고 이야기하면 주식을 사고, 모든 사람이 지금은 주식을 사야 할 시점이라고 이야기하면 주식을 팔아라.'라는 이야기입니다. 모든 사람이 떠든다는 것은 그만큼 사거나 팔아야 할 이유가 주가에 이미 반영되었다는 뜻입니다.

그러나 앞서 말한 워런 버핏은 '종목을 선택하기까지 고민하라, 그 결과 가치 있는 종목을 선정했다면 매수하고 장기 보유하라, 그리고 궁금하더라도 차트를 보지 마라, 차라리 조금 잊고 어린 아이들을 돌보고 핸드볼을 즐기고 야외에서 크는 옥수수를 바라보라, 당신의 고민과 연구가 괜찮았다면 몇 년 후에는 2~3배나 그 이상의 주가 상승에 행복해할 것이다, 혹 매수 주문을 내고 궁금해서 차트를 보다가 불안해지고 그래서 팔았다면 몇 년 후 후회해도 소용없다.'라고 말하였습니다.

이러한 어드바이스는 오랜 기간 미국 주식시장이 장기 상승세에 있었기 때문에 할 수 있는 말이라고 생각합니다. 길게 보아 상승세일 때 작은 변동에 신경 쓰면 무엇하겠습니까? 무리한 욕심을 부리지 말아야 합니다. 가장 싸게 사고 가장 비싸게 팔 수는 없는 법이니까요. 마음을 다스리는 법을 배우는 것이 주식투자에 앞서야 하는지도 모르겠습니다."

쉰다는 것의 의미

"'아무것도 하지 않는 것도 훌륭한 의사결정 대안 중 하나다.'라는 말이 있습니다. 나는 이 말이 모든 투자는 물론 인생의 모든 일에도 적용되는 교훈이라고 생각합니다. 주식투자를 하는 사람이라고 언제나 어떤 주식을 보유하고 있어야 하는 것도 아니고 매일 사거나 팔아야 하는 것도 아니지 않습니까? 상황이 좋지 않다면 주식투자자금을 빼서 당분간 예금이나 MMF 같은 단기금융상품에 맡겨 놓는 것도 좋은 대안 중 하나입니다.

안개 때문에 앞이 보이지 않는 밤바다에서 열심히 고민하며 노를 저어 서쪽으로 갔다가, 다음 날 안개가 걷혀서 동쪽으로 가는 편이 옳았다는 사실을 알게 된다면, 밤새 노를 저어 온 거리의 2배만큼 동쪽으로 가야 하지 않겠습니까? 여러분은 내년 봄 투자게임을 통해 쉰다는 것의 중요성을 배우게 될 것입니다."

복 교수는 수강생들의 투자게임 참여를 기정사실화하고 있었다.

주가는 얼마나 적정한가?: 주가평가지표

"조금 전 잠깐 스치듯이 이야기했지만, 이제 주가가 얼마면 적정한지를 어떻게 계산하여 접근할 수 있는지 알아보겠습니다. 앞에서 설명했듯이 적정 주가를 알 수 있다면 현재 주가가 적정 주가보다 비싸면 주식을 팔고, 싸면 주식을 사면 됩니다. 그런데 적정 주가를 평가하는 것은 어려운 일입니다. 아니 불가능하다고 할 수 있습니다. 또 장기적으로 적정 주가에 접근한다고 해도 단기적으로 항상 그러한 것은 아니니까요. 그렇지만 적정 주가를 평가할 지표를 알아두면 투자에 큰 도움이 됩니다. 그렇지 않은가요?"

"예."

수강생들이 한목소리로 대답했다.

"먼저 주가수익비율PER에 대해 조금 더 설명하겠습니다. PER은 가장 대표적인 주가평가지표로서 뉴스에 자주 등장합니다. 해당 기업의 주가가 주당순이익의 몇 배에 해당되는지 측정하는 지표로 'PER＝주가÷주당순이익EPS'으로 계산합니다. PER이 낮을 경우 주가가 더 오를 가능성이 있다는 뜻입니다. 예를 들어 어떤 기업의 주가가 주당순이익의 5배인 반면, 주식시장 전체의 평균 주가수익비율이 10배라면 이 기업의 주가는 시장 평균 대비 50% 저평가되어 있다고 말할 수 있습니다. 그러나 이 기업의 경영 성과가 시장 평균에 미치지 못한다면 저평가는 당연한 결과겠지요. 또한 과거에 비해 PER이 낮아졌다면 주가가 저평가된 것이 아니라 그 기업의 이익이 줄어들었을 수도 있으니 주가와 이익에 대한 지난 자료들을 찾아 볼 필요가 있습니다. 이 밖에도 다른 요인들에 의한 한계를 생각해 볼 수 있습니다.

한편 주가수익비율인 PER이 순이익을 중심으로 적정 주가를 판단하는 것이라면 주가순자산비율PBR, Price Book value Ratio은 보유 자산을 기준으로 한 주가평가지표입니다. 기본적으로 주가는 그 기업이 자산을 얼마나 보유했는지에 따라 결정된다고 보는 것입니다. PBR＝주가÷주당순자산가치BPS, Book Value Per Share로 계산됩니다. 이는 기업의 인수합병과 관련하여서도 유용한 지표로 활용됩니다.

한때 우리나라 주식시장에서 PBR이 낮은 기업의 주식은 저평가되었다는 인식이 확산되면서 이에 대한 투자가 확대된 적이 있었습니다. PER도 좋은 지표지만 주가가 실현된 이익만을 반영하는 것은 아니라서 PBR에 주목한 것이지요. 기업의 미래 성장률 즉 발전 가능성, 영업위험 및 재무위험 같은 리스크의 차이가 미래로 열려 있는 현금 창출 역량에 따라서 현재는 비슷해 보이는 동종기업이라 하더라도 PBR에 차이가 나기 마련입니다. 이미 투자해 놓은 부동산 가치가 크게 다를 수도 있으니까요.

다음으로 좀 더 이론적인 배당평가모형 Dividends Valuation Model에 대해 알아볼까요? 이 모형은 주가는 해당 기업의 미래 예상 배당액의 현재가치와 동일하다는 이론에 근거하여 균형된 주가 수준을 산출합니다. 이를 이론적으로 반박하기는 어렵죠. 모든 자산의 가치는 그 자산이 창출하는 현금흐름의 현재가치라고 볼 수 있으니까요. 그런데 기업의 주가를 예측하기도 어렵지만 '미래의 배당 수준을 어떻게 알 수 있을까요?', '과거의 배당 추이가 지속된다면 미래의 배당 규모는 얼마일까요?', '그래도 기업이 망하지 않고 계속 간다면 미래의 배당 수준은 현재의 배당 수준보다 그 기업이 매년 성장하는 만큼 늘어나는데, 그 성장률을 어떻게 예측할 수 있을까요?' 등 한계도 생각해 볼 수 있습니다."

주가에 영향을 미치는 요인

"이제 주가를 움직이는 요인들을 알아보겠습니다. 주가에 영향을 미치는 요인을 알기 위해 접근하는 방법을 증권 분석 중에서도 기본적 분석이라고 합니다. 이러한 주가 예측은 '거시경제-산업-기업의 삼층 구조'로 나누어 세 층위에서 분석하게 됩니다. 그리고 이 세 가지가 거의 동시에 이루어집니다. 이제 첫째, 거시경제분석, 둘째, 산업분석, 셋째, 기업분석으로 구분하여 살펴봅시다. 쉽게 말해 이는 기업을 둘러싼 전체 환경, 그 기업이 속한 산업의 동향, 그 기업의 상황이라고 정리할 수 있습니다."

은성실은 복 교수가 '첫째, 둘째, 셋째'로 구분하여 이야기하면 이들을 꼭 외워야 할 것 같다는 생각이 들었다.

거시경제분석

"첫째, 주가는 경기, 물가 등 실물경제와 금리, 환율 등 금융경제의 거시변수의 영향을 받아 움직입니다. 이 중 가장 중요하다고 볼 수 있는 경기에 대해 먼저 말해 보면, 흔히 주가를 경기의 선행지표라고 하는데 경기가 좋아지기 전에 주가가 미리 오르는 경향이 있기 때문입니다. 주식투자자들은 오늘의 상황보다는 내일의 전망을 보고 투자를 결정한다는 뜻입니다. 그렇기 때문에 현재 경기 상황을 아는 데서 그치지 않고 미래 경기를 전망해야 합니다. 또 경기가 좋아지면 주가는 전반적으로 오르지만, 주가가 오른다고 경기가 반드시 좋아지는 것은 아닙니다. 주식투자자들의 전망이 언제나 옳은 것은 아니니까요. 여기서 말하는 주가란 전반적인 움직임을 말합니다. 주가가 전반적으로 상승하더라도 투자하려는 기업의 주가가 반드시 오르는 것은 당연히 아닙니다. 심지어 다른 주식이 다 오르는데 떨어지는 주식도 있습니다. 그렇지만 전체적인 움직임을 알아야 합니다.

또한 주가는 기본적으로 경기의 영향을 받지만, 경기보다 주가가 먼저 움직인다는 말이 있으니 주식투자가 얼마나 어려운가요?

다음으로 거시경제 분석의 일환으로 금리에 대해 알아야 합니다. 금리는 아주 중요하니까요. 뒤에 별도로 설명하겠습니다. 다만 여기서 한 가지 미리 강조하자면, 금리가 상승하면 기업의 부채비용이 증가하여 주가가 하락한다고 흔히 이야기하지만, 금리 상승기에 주가가 반드시 떨어지는 것은 아닙니다. 예를 들어 금리는 경기가 좋아진 상황 또는 경기가 좋아지려는 상황에서 상승하기 때문에 금리가 상승해도 기업은 호황기에서 일정 기간 괜찮은 실적을 유지할 수 있어 주가가 상승하게 됩니다. 주가에 영향을 주는 기본적인 요인은 단순히 금리가 아니라 이자 비용까지를 모두 감안한 '기업 실적'이라는 점을 명심해야 합니다."

산업분석

"둘째, 주가는 그 기업이 속한 산업의 영향을 받습니다. 하나의 업종이 호황 또는 침체라면 연류된 기업들은 대체로 같이 움직인다는 말입니다. 어떤 기업의 적정 주가를 생각할 때, 비슷한 업종의 호황과 불황 등 동일 산업의 요인과 동종업계의 비슷한 규모를 가진 다른 회사의 주가를 보면 참고가 됩니다. 즉 상대가치에 의해서 평가할 수 있다는 말입니다. 예를 들어 의류산업이 호황이라면 대체로 의류를 생산하는 기업의 매출이 늘어난다는 뜻입니다. 다만 의류산업이 전반적으로 그저 그렇다고 해도, 등산복이나 골프복 같은 특정 제품을 생산하는 기업들은 잘 나갈 수 있기 때문에 세부적인 산업의 범주에도 주목해야 합니다.

아울러 환율이 상승하면 수출기업에는 전반적으로 유리하지만 수입업체에는 전반적으로 불리하다든지, 유가가 상승하면 석유 소비량이 많은 제조업이 특히 불리하다든지 하는 것도 관심을 두고 있어야 합니다. 물론 특별한 제품을 만드는 기업들은 예외일 수 있지만 말입니다. 이렇게 산업분석을 하는 일도 쉽지 않습니다. 증권회사나 경제연구소 등에서 특정 산업별 동향보고서를 자주 발표하니 이들을 읽어 보면 도움이 될 것입니다. 이런 보고서를 작성하는 사람들은 앞에서도 설명한 애널리스트입니다. 거시경제분석을 하는 사람들은 이코노미스트이지요. 경제를 전체적으로 보느냐, 어떤 산업 하나에 집중 분석하느냐 하는 관점의 차이입니다."

기업분석

"셋째, 기업의 주가는 기업의 사정과 기업의 미래 전망에 의해 움직입니다. 기업의 주가는 물론 전반적인 경제 상황과 전망, 기업이 속한 산업의 상황과 전망에 의해서도 영향을 받지만 무엇보다도 투자하려는 그 기업의 실적과 계획에 크게 좌우됩니다. 예를 들어 어떤 기업에서 신상품이 곧 개발된다든지, 신제품이 엄청 잘 팔린다든지, 대규모 투자나 대규모 자본을 유치했다든지 등의 뉴스에 의해 주가가 변동합니다. 주가가 기업의 매출 같은 여러 가지 영업 상황에 영향을 받게 된다는 말도 당연하지만⋯⋯.

특히 그 기업이 유상증자 또는 무상증자를 하는지 여부와 기업의 인수합병M&A 가능성에 따른 주식 매집買集 등의 동향을 주시해야 하겠습니다. 그리고 외국인들이 특히 관심을 두는 종목은 그들의 움직임을 살펴야 합니다. 이를 쉽게 말하면 투자 대상 기업의 주식을 얼마나 많이 사거나 팔려고 하는지를 예상하는 일이 중요하다는 뜻입니다."

무엇을 위하여 종은 울리나

"지금까지의 이야기는 투자 대상인 주식을 3단계로 분석한다는 말이지만 먼저 투자하려는 목적을 분명히 해야 한다는 것을 다시 한번 강조하겠습니다. 주식에 투자하는 목적이 장기적으로 주가 차익을 겨냥하는지, 배당 수입을 얻기 위함인지, 또한 주가 차익이라도 장기적인 관점을 가지는지 혹은 단기적인 주식매매 차익을 겨냥하는지에 따라서도 고려해야 할 요소가 달라집니다.

이번 시간은 좀 길었습니다. 그럼 10분간 휴식하겠습니다. 다음 시간은 좀 짧게 하겠습니다."

과제-12

가치주value stock와 성장주growth stock에 대해 설명하시오. (288쪽 참조)

13 ▶ 채권, 원금과 이자를 약속하다

> 일지매는 시중 금리가 연 5%일 때 만기 3년짜리 채권 1억 원어치를 샀다. 그런데 얼마 후 시중 금리가 연 6%로 상승했다고 한다. 그는 '1억 원의 1%면 100만 원을 벌었구나.' 하고 생각하였다. 그런데 너구리 증권사에 가서 물어보니 지금 채권을 팔면 금리 1%p 상승의 영향으로 당초 매입한 금액보다 손실을 보고 팔 수밖에 없다고 한다. 어떻게 된 일일까?

"지난 시간 주식에 이어 이번 시간에는 채권에 대해 알아보겠습니다. 채권債權과 채무債務하고 말할 때의 채권이 아니라 주식株式과 채권債券할 때의 채권입니다. 이 둘은 한자와 영어로 쓰면 완전히 다릅니다. 어쨌든 채권이란 주식처럼 증권입니다. 일반적으로 정부, 공공기관, 민간기업, 금융기관 등이 비교적 장기로 불특정 다수에게서 거액의 자금을 조달하기 위해 정해진 이자와 원금 지급을 약속하면서 발생하는 유가증권fixed income securities입니다. 돈을 빌리고 빌려주면서 쓰는 약속증서와 같은 것이어서 누가 언제까지 갚는다는 만기, 언제 몇 퍼센트 금리로 이자를 준다는 표면금리를 미리 확정하여 채권에 기록해 놓습니다. 참, 요즘은 전자등록을 하기 때문에 종이로 된 채권을 구경하기 힘들겠군요. 허허허."

채권에 투자하면 얻게 되는 이익: 이자수입

"아무튼, 꼭 기억해 두어야 할 점은 채권은 만기까지 원금과 이자가 확정되어 있지만, 도중에 매매할 때는 시장금리 변동에 따라 채권의 시장 가격이 변한다는 사실입니다. 그러나 중간에 어떠한 금리 변동이 있더라도 만기까지 가지고 있으면 당초 약속된 원금과 이자를 받을 수 있으니 처음에 의도한 수익률이 보장됩니다. 물론 회사채 같은 경우 발행 기업이 지급 불능 상태에 빠지지 않을 때 이야기지만 말입니다."

채권의 구분

구분	종류
발행 주체별	국채, 지방채, 특수채, 금융채, 회사채
보증 유무별	보증채, 무보증채, 담보부채
이자 지급 형태별	할인채, 이표채, 복리채
이자 지급 변동 유무별	고정금리부채권, 변동금리부채권FRN
만기별	단기채Bill, 중기채Note, 장기채Bond
모집 방법별	공모채, 사모채

채권 가격과 금리는 반대로 움직인다. 왜?

"채권은 주식과는 달리 만기와 표면금리가 정해져 있기 때문에 가격 계산이 조금 어렵습니다. 결론만 말하면 시중 금리가 상승하면 채권 가격은 하락하고 시중 금리가 하락하면 채권 가격은 상승합니다. 이걸 이해한다면 채권 가격에 대해 절반 이상 안다고 볼 수 있습니다. 이제 이에 대해 설명을 하겠지만 일단 이해되면 무조건 외워야겠지요. 허허허."

수강생들은 '복 교수가 무조건 외워야 한다는 말은 하지 않는데…….'라며 다소 의아하게 생각했다.

"간단히 설명하면 채권 가격은 투자 기간 동안 받을 '채권의 이자와 만기에 받을 채권의 원금을 현재가치로 환산한 합계'입니다. 즉채권으로부터 생기는 현금흐름을 '1＋시장금리'로 할인한 금액의 합입니다. 잘 생각해 보면 어디서 본 계산식 아닌가요? 맞습니다. 첫날 현재가치를 구하는 공식에서 배웠지요? 다시 강조하지만, 현재의 채권 가격은 채권이 발생시키는 미래 현금흐름의 현재가치입니다. 채권 가격을 계산할 때 분모에 시장금리가 있으니 시장금리가 상승하면, 즉 분모가 커지면 채권 가격이 떨어지는 것이 당연합니다. 이렇게 공식으로 계산하면 간단하지만, 처음에 이를 이해하기는 쉽지 않습니다.

중요한 사항이니 다시 쉽게 설명하겠습니다. 표면이자율 연 5%의 채권을 가지고 있는데 금리 상승으로 시중에는 연 6%의 이자를 주는 채권이 새로 나왔으니 누가 표면이자율 연 5% 채권을 사려고 하겠어요? 한편 표면이자율 연 5% 채권을 가지고 있는 사람은 이를 팔고 표면이자율 연 6% 채권을 가지고 싶은 것이 당연한 이치겠지요. 표면이자율 연 5% 채권의 가격은 떨어질 수밖에 없고요. 그럼 얼마까지 떨어질까요? 표면이자율 연 5% 채권을 가지고 있어도 표면이자율 6%의 채권과 동일한 이자 수입을 얻을 수 있는 수준까지 채권 가격이 떨어지게 되겠지요. 1억 원을 투자한 1년짜리 채권을 계산하면 약 100만 원의 손실을 보는 셈입니다."

수익률곡선과 움직임

"이제 채권의 수익률곡선yield curve에 대해 알아보겠습니다. 채권에 대해 공부했으면 최소한 이 정도는 알아야 합니다. 채권의 수익률곡선이란 현 시점에서 만기 1년 채권의 수익률, 만기 2년, 3년, 5년, 10년, 30년 등의 채권의 수익률을 죽 이어 놓은 선입니다. 현 시점에서 이렇다는 것이지요. 다시 말해 만기 1년의 수익률이 1년이 지나면 현재 만기 2년의 수익률이 된다는 뜻이 아니라는 것입니다. 시간이 지나면 당연히 수익률곡선의 모양은 바뀝니다. 수익률곡선이란 용어는 경제 뉴스에 가끔 등장하니 알고 있으면 좋습니다. 일반적으로 단기금리에는 단기간의 경제 전망이, 장기금리에는 장기간의 경제 전망이 반영되어 있습니다. 또한 장기금리에는 계속되는 미래 단기금리에 대한 기대가 반영됩니다. 현재부터 2년간의 이자에는 현재부터 1년간의 이자와 그 1년 시점으로부터 향후 1년간의 이자가 모두 반영되어 있다고 볼 수 있습니다."

이때 한영리가 손을 들고 질문했다.

"그럼 현 시점에서 30년 후에 만기가 돌아오는 채권 금리에는 향후 우리나라 경제의 30년 전망을 반영하고 있으며 이는 향후 30년간 형성되는 이자가 매년 금리의 곱으로 반영되어 있다는 말씀인가요?"

"좋은 질문입니다. 그럴 것이라는 시장의 예상이 반영되어 있다고 할 수 있습니다. 일반적으로 이 수익률곡선은 만기가 길수록 대체로 높아지는 모습을 보입니다. 그렇다고 30년 동안 금리가 지속적으로 상승한다고 볼 수는 없습니다. 왜냐하면 장기로 갈수록 그 기간에 대한 유동성 프리미엄liquidity premium이 현재 반영되고 있기 때문입니다. 만기가 긴 채권은 유동성이 조금 낮다고 보기 때문에 약간 금리를 더 주는 웃돈이 붙어 있다고 생각하면 이해하기 쉽습니다. 유동성 프리미엄이란 현금이 아닌 다른 자산을 가지고 있을 때, 그 자산을 즉시 현금화하기 어려워 손실을 보고 파는 경우가 많은데, 만기가 길수록 손실을 볼 가능성이 크기 때문에 받는 대가 정도로 이해하면 되겠습니다."

금리 결정에 대한 이론

- 기대 이론expectation theory
  채권의 만기수익률은 미래 단기이자율에 대한 투자자들의 예상을 반영함
  $(1+y_n)^n = (1+r_1)(1+r_2)\cdots(1+r_n)$

- 유동성 프리미엄 이론liquidity premium theory
  장기금리는 현재와 미래의 단기금리 평균치에 추가 위험 프리미엄(유동성 제약, 금리변동위험, 신용위험)이 추가되어 결정됨

- 시장 분할 이론market segmentation theory
  제도적 요인과 투자자 선호의 차이 등으로 만기가 다른 채권 시장은 분리되어 있으므로 각 시장의 상황에 따라 장기금리와 단기금리가 서로 분할되어 독립적으로 결정됨

수익률과 할인율

"다음으로 채권의 할인율에 대해 알아볼까요? 할인율이란 '얼마를 깎아 주는가?' 하는 문제 아니겠어요? 예를 들어 100억 원짜리 채권을 90억 원에 발행할 때 할인율은 10%가 되는 것이지요. 그런데 액면 1억 원어치의 채권을 10% 할인하여 1년 할인채로 발행할 경우와 채권 표면이자율 10%의 1년 이표채권*으로 발행할 경우는 같을까요? 채권희 씨 어느 쪽이 유리할 것 같은가요?"

"……."

"자, 한번 보자고요. 할인채는 결국 10% 할인한 9,000만 원을 투자하여 나중에 1억 원이 되니까 수익률은 연 11.1%가 되지요[=(1억 원-9,000만 원)÷9,000만 원]. 그런데 표면이자 10% 채권은 말 그대로 원금 1억 원에 수익률 연 10%로 나중에 이자 1,000만 원을 받게 되거든요. 여러분이라면 어디에 투자하겠습니까?"

"당연히 연 10%보다는 연 11.1%가 좋지요."

수강생들이 약속한 듯 합창했다.

채권 가격을 변동시키는 힘: 듀레이션

"이해하기 쉽지 않아서 생략할까 했지만 그냥 지나가기 아쉬워 간단히 개념만 알아보겠습니다. 채권 가격의 변동과 듀레이션Duration에 대한 이야기입니다. 그동안 이 개념을 어떻게 하면 쉽게 설명할

● 액면가로 채권을 발행하고 이자를 일정 기간 나누어 지급하는 채권

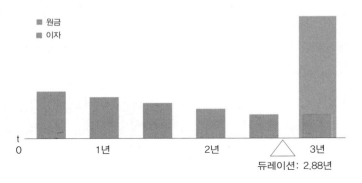

시소의 원리로 보는 듀레이션

■ 원금
■ 이자

t
0　　　　　1년　　　　　2년　　　　△　　　3년
　　　　　　　　　　　　　　　　듀레이션: 2.88년

수 있을지 고민했습니다. 그래서 생각한 것이 앞의 시소 그림입니다. 현재가치로 환산되어 지렛대 위에 놓여 있는 이자의 현재가치와 원금의 현재가치를 수평이 되게 하는 무게 중심점을 찾는다고 생각하겠습니다. 이 무게 중심점이 바로 듀레이션입니다. 어때요? 간단하지 않은가요? 채권으로부터 발생하는 현금 흐름의 현재가치를 죽 세워 놓고 그 시소의 무게중심을 찾는 작업, 이게 바로 듀레이션입니다. 그래도 이해되지 않는다면 채권을 보유함에 따라 각 시점에서 받을 수 있는 이자와 원금의 현재가치를 각 발생 시점을 고려하여 가중 평균하여 계산한 만기라고 생각하면 됩니다. 이것도 어려우면, 그냥 채권에 투자한 원금을 회수하는 데 걸리는 평균 기간이라고 기억하자고요.

우리는 왜 골치 아프게 듀레이션이란 개념을 알아야 할까요? 계산의 목적을 먼저 이야기할 걸 그랬나요? 듀레이션은 금리가 변하였을 때 채권 가격이 얼마나 변하는지를 계산할 때 사용합니다. 예를 들어 '시장금리가 1%p 하락할 경우 액면 1억 원, 듀레이션이 2.88이며 현재 가격이 9,000만 원인 채권 가격은 어떻게 변할까?'와 같은 경우에 쓰입니다. 그러나 여러분에게는 계산식만 간단히 설명하겠습니다. '채권 가격의 변동분＝(−)듀레이션×금리 변동분÷(1＋금리)× 채권 가격'. 복잡해지기 때문에 계산 문제는 풀지 않겠습니다. 그냥 듀레이션은 채권 가격을 계산할 때 이용된다, 만기가 길수록 듀레이션이 커지기 때문에 금리가 변동할 때 만기가 긴 채권 가격의 변동폭은 만기가 짧은 채권 가격의 변동폭에 비해 커진다, 정도만 알아두면 되겠습니다."

채권투자의 위험

"채권투자는 주식투자에 비해 일반적으로 안전하다고 알려졌습니다. 그런데 채권도 금리 변동으로 가격이 하락할 위험이 있으며, 신용위험과 유동성위험도 있습니다."

이때 주식영이 손을 들었다.

"교수님! 채권금리가 아무리 변동하더라도 끝까지 가지고 있으면 당초 약정한 원리금을 찾을 수 있으니 위험이 없는 것 아닌지요?"

"어느 정도는 주식영 씨 말이 맞다고 할 수 있지만 전체적으로 보면 틀렸다고 해야겠습니다."

복 교수가 웃으며 대답했다.

"여러분은 어떤 상황에서도 10년 만기 채권을 끝까지 가지고 있을 수 있나요? 살다 보면 언제 돈이 필요하게 될지 모릅니다. 끝까지 보유하지 못하고 중간에 팔아야 할 때도 있죠. 그렇지 않더라도 가격이 떨어질 것이 분명하다면 빨리 팔아 치워야지 껴안고 있는 것을 잘하는 투자라고 볼 수는 없습니다. 그러니 만기까지 보유한다는 가정으로 위험이 없다고 말할 수 있겠습니까? 이와 같이 시장금리 변동으로 인한 채권 가격변동위험을 가격위험price risk이라고 합니다."

안전해 보이지만 가지고 있는 위험들

"채권투자는 그 밖에도 여러 위험이 따라옵니다. 첫째, 재투자위험reinvestment risk이라고 하는데 이자를 수령한 후 이자로 받은 현금을 재투자할 때 투자수익률이 변동할 위험입니다. 둘째, 위에서 잠깐 말한 신용위험credit risk으로 채권 발행자가 채무를 불이행하거나 채권의 신용등급이 하락하여 손실이 발생할 위험입니다. 국채는 신용위험이 없지만 회사채는 발행한 기업이 부도가 날 수도 있거든요. 마지막은 유동성위험liquidity risk으로 현금이 필요할 때 보유 채권을 헐값에 처분하게 될 위험을 말합니다. 뭐든 갑자기 팔려면 제값을 받기 어려운 법이지요."

"안전하다고 말하는 채권투자에도 위험이 꽤 많군요."

은성실이 말했다.

"그렇죠. 물론 주식보다야 채권이 상대적으로 덜하다고 볼 수 있지만 주식도 배당 수입을 재투자할 때 위험이 있고 회사가 부도날 신용위험이야 두말할 나위도 없지요. 그러나 투자 대상 기업이 부도 나게 되면 주식투자자에 대한 지급에 앞서 채권투자자의 돈을 먼저 갚아야 합니다. 또 유동성위험도 종목의 거래량에 따라 다르지만, 주식이 채권보다 심하다고 볼 수 있습니다. 이는 종목에 따라 달라 집니다만……. 이를 종합해 볼 때 채권이 주식보다는 조금 더 안전 하다고 할 수 있습니다."

채권 가격에 영향을 미치는 요인

오늘 시장금리가 올랐다는 뉴스가 있었다. 이때 시장금리란 채권금리를 말하는 데, 예금금리와 대출금리는 채권금리의 영향을 받아 결정된다. 그러면 다양한 금리의 기준이 되는 채권금리에는 무엇이 영향을 미치는가?

"이제 시장금리의 대표선수라고 할 수 있는 채권금리의 변동에 영향을 미치는 요인을 살펴보겠습니다. 간단히 말하면 경제 변수 모두가 채권금리에 영향을 준다고 말할 수 있습니다. 아주 간단히 설명하면 시장에서 돈이 많이 필요하면 금리가 오르고 돈이 많이 공급되면 금리가 내린다고 말할 수 있습니다. 경제가 좋아지면 수익률이 높은 곳에 투자할 데가 많아지기 때문에 높은 금리를 주면서라도 돈을 많이 빌리려고 하니 금리가 오르고, 경제가 나빠지면 투자할 데가 없기 때문에 낮은 금리라도 돈을 빌리지 않아 돈이 넘치니 금리가 떨어지게 된다는 말입니다.

여기서 중요한 요인만 다시 정리하면 첫째, 경제 성장률과 산업활동지수가 상승하고 실업률이 하락하면 경기가 좋아진다는 뜻이니 기업들의 자금 수요가 많게 되어 금리가 상승합니다. 둘째, 경상수지 흑자, 수출 채산성 호조 등으로 수출이 잘되면 역시 수출 물품을 만드는 데 자금이 많이 소요되니 금리가 상승합니다. 셋째, 유가 상승과 인건비 상승 같은 뉴스가 전해지고 도매와 소비자 물가지수가 상승하면 금리가 오릅니다. 왜냐하면 실질금리는 변동이 없더라도 물가상승 분을 반영하여 명목금리가 오르게 되는 것이지요. 넷째, 환율이 상승하면 수출 호조로 경기가 활성화될 가능성이 커지기 때문에 금리가 상승합니다. 그러나 경기, 물가, 수출 등이 반대로 움직이면 당연히 금리가 하락하는 요인이 되겠지요."

예금금리와 대출금리의 기준

"채권은 거래 규모가 크고 지속적으로 거래되어 실시간으로 금리 변동을 나타내기 때문에 예금이나 대출 등 다른 금리를 결정하는 기준이 됩니다. 그런데 예금과 대출을 취급하는 은행들도 자금을 조달하기 위해 은행채와 양도성예금증서CD, Negotiable Certificate of Deposit를 발행합니다. 그렇기 때문에 은행채와 CD와 대체 관계에 있는 예금금리와 조달금리의 영향을 받는 대출금리는 채권금리의 영향을 받습니다. 다시 설명하면 예금금리는 사람들이 얼마나 예금을 많이 하려고 하는지, 예금 이외의 투자상품의 수익률이 어떠한지 등에 영향을 받고 대출금리는 예금, 은행채 같은 조달금리와 은행 대체투자 대상의 수익률 등에 의해 영향을 받습니다.

채권에 대한 이해가 쉽지 않지요? 흐흐흐. 수업을 끝낼 시간이군요. 오늘도 잊지 말고 과제를 확인하기 바랍니다."

수강생들은 다른 날보다 더 피곤해했다. 모두가 주섬주섬 자료를 챙겨 강의실을 빠져나갔다.

과제-13

홍길동은 향후 2년간 성장주인 주식 또는 우량회사채인 채권 중 어디에 투자할지 망설이고 있다. 이때 주식과 회사채로부터 얻는 수익의 차이는 무엇인가? 향후 경기가 좋아질 것으로 전망한다면 또는 경기가 나빠질 것으로 전망한다면 어디에 투자하는 편이 좋겠는가? (289쪽 참조)

채권의 변신과
짧은 돈의 관리

14 ▶ 주식과 채권의 친구들
: CB, BW, EB, MBS, ABS

> 박쥐는 전쟁을 주시하며 이기는 쪽에 붙으려고 기회를 엿보고 있다. 정말 '박쥐 같은 놈'이다. 그러나 명심하자. 이러한 변신 기회는 한 번뿐이라는 점을……
>
> 주식으로 전환할 기회를 엿보는 채권들이 있다. 물론 대부분의 채권은 전환할 기회가 없다. 변신 기회가 있는 채권과 없는 채권 중 어떤 채권이 더 좋을까?

"오늘부터 다양한 금융상품을 소개하는 강의를 시작하겠습니다. 그런데 너무 많은 상품이 있어서 나열하다 보면 자칫 지루해지기 쉽기 때문에, 중요한 상품 위주로 설명하겠습니다. 우선 오늘 첫 시간에는 '주식과 채권의 친구들'이라는 제목을 붙였습니다. 재미있겠죠?"

수강생들은 '뭐 그리 재미있는 제목인가?' 하는 표정이었다.

"주식과 채권의 성격을 동시에 지닌 채권들이 있습니다. 전환사채, 교환사채, 신주인수권부사채 등입니다. 우선 이들 이야기부터 하겠습니다. 채권나라를 길짐승, 주식나라를 날짐승이라 가정하고 두 나라가 전쟁을 벌인다면 전환사채CB는 누구 편을 들 것 같습니까?"

"……."

"답은 유리한 나라입니다. 전환사채는 한마디로 박쥐와 같은 채권입니다. 채권이 유리하면 채권 행세를 계속하고 주식이 유리하면 변신하여 주식 행세를 하거든요. 금융거래에서 이런 것을 '옵션options을 가졌다'라고 말합니다. 옵션이란 유리하면 행사하고 불리하면 행사하지 않아도 되기 때문에 권리만 있고 의무는 없는 좋은 것이거든요. 그 대신에 옵션을 가지려면 약간의 대가를 지급해야 합니다. 그런데 채권에 붙은 옵션은 옵션의 가치만큼 채권 가격을 상승시켜 발행금리를 낮추게 합니다. 다시 말해 옵션을 가지는 대신 금리를 조금 받게 된다는 뜻입니다. 세상에 공짜는 없다! 그리고 변신은 단 한 번뿐이라는 사실을 명심해야 합니다. 채권에서 주식으로 바뀌고 나면 다시 돌아갈 수 없습니다.

다음으로 자산유동화증권Asset Backed Securities에 대해 알아보겠습니다. 이는 자산을 담보로 발행하는 증권입니다. 자산유동화증권ABS은 채권의 파생상품이 아니라 채권 그 자체입니다. 재미있는 점은 자산유동화증권은 자체 담보를 지니고 있어 발행 주체보다 높은 신용도를 가질 수도 있습니다. 여러분이 나에게 금융을 배워 나보다 더 잘 알게 되면 청출어람 靑出於藍이라고 표현할 수 있겠지요? 자산유동화증권은 청출어람이 될 수 있는 채권입니다. 그러나 자산유동화증권의 신용도가 발행 주체의 신용도보다 항상 높은 것이 아닌 것처럼 여러분도 나보다 항상 많이 알게 되는 것은 아니죠."

"……."

'열심히 공부하란 말씀인가?' 하고 은성실은 피식 웃었다.

때로는 박쥐도 필요하다

"이제 현업에서 프라이빗뱅커 PB, Private Banker로 활동하고 있는 '너희은행'의 남성일 과장을 모셔서 다양한 금융상품에 대해 들어 보겠습니다. 남 과장은 은행에서 거액 자산가들을 대상으로 자산종합관리 서비스를 제공하는 업무를 맡고 있습니다. 남 과장이 석사과정에 있을 때 나의 지도학생이었습니다. 이제 여러분에게 현장의 생생한 정보를 전해줄 것입니다. 박수로 맞이해 주세요."

"짝짝짝."

"안녕하세요. 방금 교수님으로부터 소개받은 '너희은행' 남성일 과장입니다. 교수님께서 말씀하신 대로 첫 시간에는 주식 관련 사채에 대해 간략하게 설명하겠습니다. 강의 진행상 질문은 설명이 끝나고 해 주시기 바랍니다."

회사채에서 주식으로: 전환사채

"전환사채CB, convertible bonds는 회사채로 발행되었지만 일정 기간 경과 후 소유자의 청구에 의해 미리 정해진 조건에 따라 주식으로 전환할 수 있는 권리를 가지고 있는 채권을 말합니다. 기업은 이사회의 결의나 정관이 규정하는 바에 따라 주주총회의 결의로 전환사채를 발행할 수 있는데, 주주에게 배정하거나 주주 이외의 사람에게 전환사채를 발행할 수도 있습니다. 전환사채는 투자자의 청구에 의해 주식으로 전환됩니다. 누가 전환할 권리를 가지는지가 중요합니다. 왜냐하면 누구나 자신에게 유리할 때 전환하거든요.

그럼 전환사채가 왜 발행되는지 말씀드리겠습니다. 신규 사업을 착수할 경우 기업의 수익 전망이 불확실하기 때문에 투자자들은 주식보다 안전한 채권을 선호하게 됩니다. 확실한 이자 수입을 얻을 수 있으니까요. 한편 발행자의 입장에서는 초기의 불리한 조건을 보상해 주기 위해 당장 채권 발행 금리를 높여 이자 지급 부담을 늘리는 대신, 채권투자자에게 회사의 경영 상황이 좋아질 경우 주식으로 전환할 기회를 부여하여 장기자금을 상대적으로 쉽게, 상대적으로 낮은 금리로 조달할 수 있습니다. 반면 전환사채를 매입한 투자자는 향후 회사의 수익성이 향상되어 주식배당 수익이 회사채 이자 수입보다 높아지리라고 판단한 시점에서 주식으로 전환할 수 있는 이점을 노리게 됩니다. 그러나 상황이 좋지 않아 주식으로 전환하지 않고 만기까지 채권으로 보유한다면 발행 당시 확정된 금리를 계속 받게 됩니다."

다른 기업의 주식으로 바꾸기: 교환사채

"교환사채EB, exchangeable bonds는 보유자의 의사에 따라 교환사채를 발행한 기업이 투자 목적으로 보유하고 있는 주식, 채권 등 다른 유가증권으로 자신의 교환사채를 교환할 수 있는 채권입니다. 즉 그 기업의 주식으로 받는 것이 아니라 그 회사가 가지고 있는 다른 회사 주식으로 받는 것입니다. 그러면 교환사채를 교환하는 영향이 조금 전 설명한 전환사채를 전환하는 영향과 무엇이 다르냐는 질문이 나올 수 있습니다. 결론만 이야기하면 교환사채는 전환사채와 달리 교환을 위해 권리를 행사할 때 발행 기업의 자본금 변동이 발생하지는 않습니다. 왜냐하면 그 회사가 가지고 있는 다른 주식과 교환될 뿐 자본금에 영향을 주는 그 회사의 주식 발행이 없으니까요. 전환사채가 주식으로 전환될 때는 채권이 없어지기 때문에 기업의 부채는 줄어드는 반면 주식이 발행되면서 자본금이 늘어나게 됩니다."

새로운 주식을 받을 수 있는 권리: 신주인수권부사채

"신주인수권부사채BW, bond with warrant는 발행 회사가 신주를 발행하는 경우 미리 약정된 가격에 따라 일정한 수의 신주 인수를 청구할 수 있는 권리가 부여된 채권입니다. 신주인수권부사채 보유자는 일반 회사채를 보유하고 있는 경우와 마찬가지로 일정한 표면이자를 받으면서 만기에 회사채 원리금을 상환받을 수 있지만, 자신에게 부여된 신주인수권을 가지고 회사 측에 신주의 발행을 청구할 수 있습니다. 물론 주식 시가가 행사 가액보다 높을 경우 신주인수권이라는 권리를 행사하겠지요. 그러면 그 차익을 획득할 수 있으니까요. 반면 이러한 채권을 발행한 기업의 입장에서는 투자자에게 신주인수권을 부여하기 때문에 자금을 저리로 조달할 수 있는 한편 신주인수권이 행사될 경우 추가 자금이 들어오게 되어 새로운 자금을 조달할 수 있다는 이점이 있습니다.

신주인수권부사채는 발행 형태에 따라 신주인수권을 분리하여 양도할 수 있는 분리형과 채권과 신주인수권을 결합해서만 양도할 수 있는 비분리형으로 구분됩니다. 신주인수권부사채의 발행 조건을 보면 옵션이 부여된 대신 이자율이 일반 회사채에 비해 낮고 상환 기간은 일반 회사채보다 깁니다. 이러한 회사채를 가지고 있는 투자자가 권리 행사를 하면 신주인수권이 주식으로 바뀌기 때문에 회사의 자본금이 증가하여 재무구조가 개선되는 이점도 있습니다."

당신의 자동차에는 ABS가 장착되어 있습니까?

국채는 정부의 신용으로 발행되며 회사채는 기업의 신용으로 발행된다. 그런데 회사채 중에는 발행 기업의 신용에 더하여 자체 담보를 가지고 발행되는 채권들이 있다. 왜 이런 채권들을 발행할까?

"한때 자동차에 장착된 ABS Anti-lock Braking System가 자산유동화증권 ABS, asset-backed securities보다 유명했습니다. 자산유동화증권은 부동산담보대출, 주택저당채권, 매출채권賣出債權 등 유동성이 낮은 자산을 담보로 발행되는 증권을 말합니다. 심지어 다른 채권을 담보로 발행하는 증권도 있지요. 채권을 발행할 때 담보가 있으면 신용이 높아집니다. '이 채권을 믿어 달라, 돈을 못 갚을 일은 없다, 자체 신용으로도 당연히 갚겠지만 채권을 발행한 기업에 자금 부족 문제가 생겨도 담보를 팔아서 원금과 이자를 갚을 능력이 충분하다' 등 이런 뜻입니다. 이러한 채권은 담보자산의 종류에 따라 발행되는 채권의 이름이 다릅니다. 회사채 같은 채권을 기초자산으로 발행되는 증권인 CBO collateral bond obligations, 대출채권을 대상으로 한 CLO collateral loan obligations, 카드매출채권을 대상으로 한 CARD certificates of amortizing revolving debts, 주택저당채권을 대상으로 한 MBS mortgage-backed securities 등으로 나눌 수 있습니다. 이때 자산유동화증권은 채권, 기업어음, 수익증권, 출자증권 등의 형태로 발행되는데 우리나라에서는 대부분 채권 형태로 발행됩니다. 사실 이러한 자산유동화증권의 기초가 되는 자산은 돈으로 환산할 수 있는 모든 자산이라고 할 수 있습니다. 예를 들어 미래에 발생하리라고 예상되는 수입인 고속도로 통행료도 대상이 될 수 있습니다."

자산유동화증권

"그런데 왜 일반채권 대신 자산유동화증권 ABS이 발행되는 것일까요? 이는 기초자산이 담보 구실을 하여 투자자들이 무보증회사채보다 안심하고 살 수 있기 때문입니다. 반면 발행자는 자산유동화증권이라는 담보가 뒷받침되니 상대적으로 높은 등급(AA+ 등급 이상)으로 발행할 수 있어 낮은 금리로 자금을 조달할 수 있다는 이점이 있습니다. 그 밖에 유동성이 낮은 자산을 유동성이 높은 ABS로 바꾸어 발행할 경우 기초자산 보유자의 재무상태가 개선되며 자산 매각으로 조달한 자금을 재투자할 수 있어 유리합니다. 이때 부실이 될 가능성이 있는 자산도 확률상 일부만 부실이 되기 때문에 이를 발행자가 떠안으면 나머지는 튼튼한 담보로서 훌륭한 역할을 하지요.

여기서 여러분이 알아야 할 중요한 점은 자산유동화증권이 여러 위험을 집합한 후 이를 다시 여러 개로 분산시키는 구조라는 것입니다. 예를 들어 지금 시장에 회사채 발행 기업 100개 중에 1개가 도산할 가능성이 있다고 하면, 투자자가 어느 하나의 회사채에 투자할 경우 혹시 투자 원금을 회수하지 못할까 걱정할 수 있습니다. 그러나 이들 회사채를 모아 골고루 섞은 후 이를 기초자산으로, 즉 담보로 CBO를 발행하면 투자자들이 위험을 나누게 되어 각자 훨씬 작은 위험만 부담하게 된다는 말입니다. 그리고 이러한 위험도 여러 신용보강장치가 제공되면서 줄어들게 됩니다. 이런 신용보강장치를 살펴보면, 내부적으로는 ABS 발행 시 선순위와 후순위채로 구분하여 발행하여 선순위채 투자자를 보호하고 외부적으로는 신용도가 높은 은행의 신용공여한도credit line를 받아 필요할 때 자금을 공급하기도 합니다.

자동차에 장착된 ABSAntilock Braking System가 운전자를 '충돌 위험'에서 지키는 것처럼, ABSAsset-Backed Securities가 투자자를 회사채의 '부도 위험'에서 지킵니다. 제가 이 둘을 연결하여 설명하는 게 조금 생뚱맞았나요? 하하하."

주택저당증권

"주택저당증권도 자산유동화증권의 일종이지만, 자산유동화증권 중에서 규모가 가장 클 뿐만 아니라 효시라고 할 수 있어 별도로 MBS라고 부르기도 합니다. 주택저당증권은 금융기관이 주택담보대출(모기지론mortgage loan)을 취급한 결과로 취득한 주택저당채권(모기지)을 기초로 발행된 유동화증권이기 때문에 기본 구조는 자산유동화증권과 같습니다. 그런데 MBS가 발행되는 구조가 복잡해진 가운데 미국의 주택가격이 폭락하면서 MBS가 부실하게 되어 2008년 글로벌 금융위기를 촉발하는 방아쇠가 되기도 하였습니다. 이에 대해 자세히 들어가면 설명이 길어지기 때문에 생략하겠습니다. 질문 있으신 분은 말씀해 주세요."

남성일 과장이 쉽게 설명하려고 노력하였지만 수강생들은 금융상품의 종류가 더해지자 머리가 복잡해졌다. 이때 주식영이 손을 들었다.

"지금까지 여러 채권에 대해 설명하셨는데 전환사채CB와 신주인수권부사채BW가 주식으로 전환될 경우 기업의 자본금과 부채 규모가 어떻게 변하는지에 대해 요약하여 설명 부탁드립니다."

그러자 남성일 과장은 난처한 표정을 지으며 말했다.

"앗, 그 질문은 교수님께서 내실 과제입니다. 아무래도 여러분이 스스로 정리하는 편이 좋겠습니다."

이번에는 주식영이 당황했다. 추가 질문이 없어 10분간 쉬고 바로 강의를 진행하기로 했다.

과제-14

전환사채CB와 신주인수권부사채BW가 주식으로 전환될 경우 기업의 자본금과 부채 규모는 각각 늘어나는가? 줄어드는가? 또는 변동이 없는가?

(289쪽 참조)

15 ▶ 짧은 돈의 관리: MMF, CD, CP, 대고객RP

"오늘 두 번째 시간에는 은행 예금을 제외한 다양한 투자상품 중 단기금융상품에 대해 배우도록 하겠습니다. 돈을 여러 기준으로 구분할 수 있지만, 가장 쉽게 '긴 돈'과 '짧은 돈'으로 구별할 수 있습니다. 금융에서는 일반적으로 1년보다 짧을 때 단기라고 부릅니다. 우리가 돈을 짧게 가져갈 때에는 나름의 이유가 있습니다. 그럼, 남성일 과장이 더 수고해 주겠습니다."

"여러분, 쉬는 시간 잘 보내셨습니까? 이번 시간에는 여러분이 관심을 끌 만한 단기금융상품에 대해 말씀드리겠습니다. 교수님께서도 조금 전에 말씀하셨듯이 돈을 짧게 운용하는 데에는 여러 이유가 있습니다. 간단히 설명하면 단기금융상품이란 일시 여유 자금을 잠시 운용하거나 아직 장기투자 대상을 결정하지 못했을 때 이용할 수 있는 상품입니다. 이제 그 이유를 살펴보도록 하겠습니다.

긴 돈을 어떻게 운용할 것인지, 예를 들어 주식과 채권에 어떻게 투자할 것인지는 여러 교과서와 시중에 나와 있는 책에서 자세히 설명하고 있지만 짧은 돈에 대해서는 그렇지 않습니다. 이는 운용 기간이 길지 않아 운용 수익 면에서 큰 차이가 없고 짧은 기간 동안의 위험도 크지 않기 때문입니다. 또 단기금융상품 내에서도 수익과 위험의 차이는 장기금융상품에 비해 크지 않습니다. 그러니까 자세히 설명하지 않는 것이죠. 그렇다고 짧은 돈을 잘 관리해야 하는 중요성이 줄어들지는 않습니다."

짧은 돈의 운용도 중요하다!

"방금 말씀드린 바와 같이, 단기금융상품이란 일시 여유 자금을 잠시 운용하거나 장기투자 대상을 결정하지 못했을 때 이용할 수 있는 상품입니다. 예를 들어 6개월 후 학교 등록금을 납부해야 하거나 매월 자동차 할부금을 갚아야 하는 경우 여유 자금을 1년 이상 운용할 수는 없겠죠. 이렇게 사용처가 확정된 경우는 물론 만일의 경우 발생할 가능성이 있는 상황에도 대비해야 합니다. 불확실한 세상에서 가족 중 한 명이 병원에 갈 일이 생길 수도 있고 냉장고가 갑자기 고장 나서 새로운 제품을 사야 할 수도 있습니다.

그뿐만 아니라 단기금융상품은 미래에 다가올 기회를 기다리는 대기 장소로 활용되기도 합니다. 예를 들어 지금은 경기가 좋지 않지만 6개월 후에는 경기 회복 조짐이 보이면서 주가 상승을 기대한다면 당분간 주가가 더 하락할 것이므로 당장 주식에 투자하기보다 조금 기다려야 합니다. 조금 반등할 기미가 보일 때 투자하는 편이 좋으니까요. 또한 금리가 오르는 추세에서는 3년 만기 정기예금을 지금 가입하기보다는 금리가 더 오를 시점까지 기다리는 편이 나을 수도 있습니다. 이렇게 미래를 바라보며 숨 고르기를 할 때 단기금융상품은 대기하기 좋은 장소입니다. 집에 현금을 쌓아 놓고 있으면 수입을 얻을 수 없지만, 금융기관의 단기금융상품에 맡기면 장기금융상품에 비해서는 적더라도 꽤 쏠쏠한 수입을 올릴 수 있으니까요."

환금성과 수익성 그리고 그 수익의 안정성

"단기금융상품은 환금성이 좋습니다. 환금성 또는 유동성이란 그동안 금융상품에 쌓아 놓은 이익을 가급적 적은 손실을 보면서 빠른 시일 내 현금으로 바꿀 수 있는 정도를 말합니다. 일반적으로 환금성이 좋으면서 수익성이 좋은 상품은 없습니다. 하나가 좋으면 다른 하나는 희생되기 마련입니다.

단기금융상품은 대체로 고정금리부 상품입니다. 얼마 후 사용해야 할 돈을 잠시 맡겼는데 운용 실적을 반영하여 손실을 본다면 아파트 잔금이나 자녀 등록금을 내지 못하는 불상사가 생길 테니까요. 실적배당을 원칙으로 하는 자산운용사 상품의 경우, 조금 후 설명 드릴 MMF도 사실 금리가 일정 범위 내에 있을 경우에는 역사적 원가인 장부 가격으로 수익률이 결정되는 상품입니다. 반면에 장기금융상품은 길게 보면서 투자하기 때문에 은행 정기예금을 제외하고는 대부분 수익률이 변동하는 실적배당상품이지요. 단기금융상품의 수익률은 낮지만 이렇게 수익이 확정되어 있어 돈을 맡기면서 곧 찾을 금액이 적어질까 걱정하지 않아도 됩니다."

다양한 단기금융상품

MMDA, MMF, CMA, RP, CP, CD 등 단기금융상품 중에서 나에게 맞는 상품은 무엇인가?

"이제 여러 종류의 단기금융상품에 대해 알아보겠습니다. 그런데 그 이름들을 살펴보면 MMDA, MMF, CMA, RP, CP, CD 등 이름이 주로 영어로 된 상품들입니다. 왜 그럴까요? 예금이나 대출에 비해 역사가 오래되지 않았고 최근 미국에서 주로 많이 거래되는 상품의 구조를 벤치마킹하여 만들었기 때문입니다. 우리말 이름도 있지만 아직 정착되지 않았습니다. 이러한 단기금융상품 중에서 자신에게 맞는 상품은 어떤 것일까요? 수익률은 시점에 따라 변하고 다소 차이가 생길 수 있습니다. 상품 내용을 모두 설명할 시간이 없어 주요 특징만 살펴보겠습니다. 관심이 가는 상품에 대해서는 취급하는 은행, 증권사 등에 문의하는 편이 좋습니다."

MMDA: 시장금리부 수시입출금예금

"은행이 취급하는 MMDA Money Market Deposit Account는 수시 입출금식 예금으로 정해진 금리를 지급합니다. MMF와 CMA에 대항하는 은행의 단기금융상품으로 요즈음엔 일반 고객에게 그렇게 큰 인기는 없습니다. 그러나 보통예금처럼 언제든지 돈을 넣고 뺄 수 있고 자동이체도 가능하여 편리합니다. MMDA의 큰 특징은 가입 당시의 예치금 규모에 따라 이자율이 달리 적용된다는 점입니다. 예를 들어 500만 원 이하는 연 1%, 500~1,000만 원은 연 2%, 5,000만 원 이상은 연 3%의 금리가 적용됩니다. 물론 금리는 경제 상황에 따라 바뀔 수 있습니다. 갑자기 생긴 큰 돈이나 조만간 사용해야 할 돈을 예금하기에 좋은 상품입니다.

다소 큰 돈을 맡길 수 있는 고객들의 단기자금 운용에 활용되는 대표적인 상품으로 은행들은 맡겨진 자금으로 유동성이 높은 자산에 운용합니다. 목돈을 만지는 기업인이나 장사하는 사람들에게 의외로 인기가 있습니다. 특히 1억 원 이상의 목돈을 잠시 굴릴 때는 CMA나 MMF에 결코 뒤지지 않지요. 또한 MMDA는 은행이 운용하기 때문에 단기금융상품 중 제일 안전합니다."

MMF: 머니마켓 펀드

"MMF Money Market Fund는 내일 오실 전문가께서 강의하실 펀드 상품의 일종이지만 수시 입출식 단기상품이기 때문에 여기서도 말씀드리겠습니다. MMF는 고객이 일정 규모의 자금을 한 달 이상

6개월 이내 단기간 투자할 자금을 활용하는 상품으로 다음 설명할 CMA처럼 은행 예금처럼 수시 입출금이 가능하며 하루만 돈을 맡겨도 펀드 운용 실적에 따라 이자를 받을 수 있어 매력적입니다. 그래서 MMF는 목돈을 예금에 넣어 두기에는 금리가 불만족스럽고, 그렇다고 본격적으로 투자하기에는 손실이 부담스러운 경우에 활용하면 좋습니다. 은행에서 취급하는 MMDA가 금액에 따라 다른 금리가 적용되고 종금사에서 주로 취급하는 CMA가 예치 기간에 따라 금리가 차이 나는 반면, MMF는 예치금액과 기간에 관계 없이 기대수익률이 동일합니다.

그럼 MMF의 장점을 살펴볼까요? CMA처럼 수시 입출금이 가능하고 하루만 예치해도 운용 실적에 따른 이익금을 받을 수 있기 때문에 단기자금 운용에 적합합니다. 또한 MMF는 법적으로 우량채권에만 투자하도록 되어 있어 손실에 대한 위험이 매우 낮습니다. 한편 언제든지 입출금이 가능하지만 입금 후 29일 이내에 인출 요청을 할 때는 중도 해지 수수료를 물어야 하기 때문에 원금 손실이 발생할 수는 있습니다.

MMF도 엄밀히 말하면 투자상품이기 때문에 원금 비보장에 대한 위험성이 있다고 볼 수 있지만 주로 국채, 통화안정증권 등의 채권, 우량 CP, CD와 예금 등으로 운용되는 가운데 가중평균 잔존 만기가 75일 이내로 제한됩니다. 또한 당일 입금과 당일 환매가 이루어져서 다른 펀드에 비해 유동성이 높은 편입니다. 이러한 MMF의 자산 운용은 자산운용사가 담당하는 반면, 판매는 은행과 증권회사가 담당합니다. 만약 여러분이 MMF에 가입하려면 자산운용사를 찾지 말고 은행이나 증권회사를 방문해야 합니다."

CMA: 어음관리계좌

"CMA Cash Management Account에 대해 조금 알고 계신다면 여러분은 무척 혼란스러울 것입니다. 왜냐하면 CMA에는 두 가지가 있거든요. 먼저 종금CMA가 있는데 이는 종합금융기관, 과거 종합금융기관과 합병한 일부 은행이나 증권사에서 취급하는 수시 입출금이 자유로운 상품입니다. 종금CMA 고객의 예탁금은 어음과 국공채 단기물 등으로 운용되며 그 수익이 고객에게 돌아갑니다. 1~180일까지 투자가 가능하며 금액의 제한 없이 수시 입출금이 가능합니다. 실적배당상품이지만 확정금리상품으로 예금자보호법(5,000만 원 이내)의 적용을 받습니다. 이자율은 기간별로 차등 적용합니다.

다른 하나는 증권사에서 고객에게 많이 권유하는 CMA입니다. 입출금이 자유로우며, 하루만 맡겨도 일반 은행의 자유 입출금식 상품보다 훨씬 금리가 높습니다. 종합자산관리서비스 프로그램이라고 말할 수 있습니다. 즉 CMA는 증권계좌에 자산관리기능을 추가한 것으로서 CMA 서비스 약정을 통해 바로 MMF, RP, 주식, ETF 등을 거래할 수 있습니다. 또한 제휴은행의 연계계좌를 통해 고객이 급여이체, 인터넷뱅킹, ATM입출금, 카드결제대금 자동납부 등 각종 부대금융서비스를 이용할 수 있도록 하고 있습니다. 그러나 기본적으로 종금사나 증권사에서만 취급하기 때문에 입출금이 불편합니다. 그런데 이러한 CMA 서비스는 정형화된 부가서비스 형태가 아니라 증권회사별로 제휴 능력에 따라 다양하게 제공되고 있습니다. 최근에는 예탁증권담보 자동대출의 대출기능을 추가하여 고객의 편의성에 맞추어 계속 변하고 있습니다. 반면에 CMA는 은행통장과 달리 마이너스 대출이 불가능하고 일부 카드사나 보험사에 대해서는 자동납부 서비스가 제공되지 않습니다. CMA는 예금자 보호대상이 아니지만 우량 자산에 투자하기 때문에 비교적 안전합니다."

대고객 RP: 대고객 환매조건부채권

"RP Repurchase Agreement (환매조건부채권거래)는 금융기관 간 RP와 대고객 RP로 나눌 수 있는데, 여기서 우리는 대고객 RP에 대해서만 알면 되겠습니다. 대고객 RP는 증권사 수신상품의 일종으로 채권을 운용해 해당 운용 수익으로 고객에게 약정 이자를 지급하고 차액만큼 증권사가 마진을 취하는 구조입니다. 즉 RP는 증권사가 보유한 우량 채권을 담보로 발행되는 확정금리상품으로 채권의 실물 거래 없이 RP 약정을 통해 원리금이 지급됩니다. 이때 RP 발행의 담보로 이용되던 채권에 문제가 생겨도 발행 증권사가 당초 약속한 확정금리로 이를 다시 사들여야 하기 때문에 기초자산의 신용도보다 발행 금융기관의 신용도를 확인하는 것이 중요합니다.

참, RP에도 수시형 RP와 약정형 RP가 있습니다. 수시형은 언제든 맡긴 돈을 찾을 수 있는 반면 금리가 조금 낮고 약정형은 정해진 기간이 있기 때문에 금리가 조금 높습니다. 대고객 RP거래는 은행,

증권회사, 우체국 등이 취급하고 있어 방문하여 대고객 RP거래를 하고 싶다고 말하면 됩니다."

CP: 기업어음

"CP Commercial Paper는 신용 상태가 양호한 기업이 상거래와 관계 없이 단기자금 조달을 위해 자기 신용을 바탕으로 발행하는 만기 1년 이내의 융통어음입니다. 상거래에 수반되어 발행되는 상업어음 commercial bill과 구별되지요. CP를 간단히 말하면 기업이 자금을 조달하면서 발행한 회사채와 비슷합니다. 다만 CP는 보통 단기자금을 조달하기 위해 만기 1년 이내로 발행하는데 자본시장통합법의 적용을 받는 회사채와 달리 어음법의 구속을 받기 때문에 발행 절차가 간단하지요. 기업이 CP를 발행하면 은행이나 증권사를 통해 개인이 매입할 수 있습니다. 일반적으로 만기 시 받는 확정금리는 시장금리 수준과 발행기업의 신용도에 따라 결정됩니다. 대부분 무보증으로 발행되기 때문에 살 때 발행 기업의 신용도를 확인해 만기 상환 능력을 검토해야 합니다. 하지만 대체로 만기가 3개월에서 6개월 사이로 짧고 우량 CP 위주로 거래되기 때문에 신용위험은 크지 않다고 생각합니다."

CD: 양도성예금증서

"CD Certificate of Deposit는 은행의 정기예금과 비슷합니다. 그러나 일반 정기예금이 저축한 사람의 실명을 통장에 기록하여 유통되지 못하게 되어 있는 반면, CD는 실명이 기입되지 않아 양도성이 부여된다는 차이점이 있습니다.

　예금자 입장에서 보면, 여느 정기예금처럼 이자를 받기 위해 돈을 오래 묶어 두지 않아도 된다는 점이 다르지요. 즉 팔고 살 수 있는 정기예금이라고 보면 됩니다. 3개월물과 6개월물이 주로 발행되며 중도 환매는 허용되지 않지만 증권회사를 통해 매매할 수 있습니다. CD는 주로 91일(3개월물)이나 181일(6개월물) 단위로 거래되는 경우가 많습니다. 한편 유통시장에서 형성되는 CD 유통수익률은 은행의 시장금리연동대출의 기준금리 구실을 하며 증권사는 은행에서 CD를 구입하여 약간의 수수료를 차감한 후 판매합니다. 꼭 알고 있어야 할 점은 CD는 은행상품이지만 예금자 보호가 되지 않는다는 것입니다.

　끝으로 여러분 자신의 단기 운용자산을 점검하고 향후 계획을 꼭 세우기를 당부드립니다. 개인마다 사정이 다르기 때문에 모범 답안은 없습니다.

　이상, 질문이 있는 분은 말씀해 주세요.”

　“…….”

　“없군요. 혹시 나중에 궁금한 점이 생각나면 제가 드린 명함에 적힌 이메일로 문의하시면 최대한 답해 드리겠습니다. 내용이 많아 빠르게 설명했는데 듣느라 고생하셨습니다.”

　“감사합니다. 짝짝짝.”

　수강생들이 남성일 과장에게 박수를 보냈다. 그리고 조금 부담스러운 내용이지만 자신의 상황을 점검해야겠다고 결심했다.

"남성일 과장, 수고했네. 나가면서 맥주나 한잔하세."

복 교수는 남성일 과장과 이야기하며 강의실을 나섰다.

과제-15

개인이 가입할 수 있는 단기 금융상품을 조사하시오. (290쪽 참조)

집합과 파생 그리고 결합

16 ▶ 모아서 나누기 : Fund, ETF

> 내가 투자할 것인가? 전문가에게 맡길 것인가? 아무래도 전문가가 나을 것 같다. 다만 남에게 맡길 때에는 수수료를 지급해야 한다. 남에게 맡기면 내가 원하는 대로 잘할 것인지 의문도 든다. 다른 사람이 나보다 그렇게 잘하지 못한다면 굳이 수수료를 부담하며 맡길 필요가 있을까?

"오늘도 다양한 금융상품을 설명하는 날이군요. 몇 개의 그룹으로 구분하여 대표 상품의 특징만 살펴보더라도 시간이 꽤 걸리겠네요. 나중에 각 분야별로 구체적인 내용을 자세히 공부할 기회가 있으면 좋겠습니다. 오늘 첫 시간은 각종 펀드에 대해서, 둘째 시간은 파생 금융상품에 대한 개요를 살펴보겠습니다."

남에게 맡기기

"우선 펀드라는 상품을 간단히 말하면 '모으기와 나누기'라고 할 수 있습니다. 여러 사람에게 돈을 모아 하나로 집합시켜서 자산을 운용한 다음에 얻은 수익을 투자한 금액에 비례하여 나누어 주는 상품이거든요. 사람들은 '전문가가 운용하면 낫지 않을까?' 하는 생각으로 펀드에 가입하고 있습니다.

오늘은 한국자산운용사의 펀드매니저인 고경희 과장께서 함께하겠습니다. 모두 박수로 맞이하여 주기 바랍니다."

"짝짝짝."

투자하기 전 스타일을 결정하라

"여러분 반갑습니다. 방금 소개받은 고경희 과장입니다. 일반인들이 부담 없이 소액으로 투자할 수 있는 여러 펀드에 대해 설명하려고 합니다. 우선 펀드에 가입하기 전에 가입 목적과 투자하는 돈의 성격을 분명히 하여야 합니다. 그리고 투자에 대한 태도, 즉 보수적이거나 공격적이거나 하는 투자 스타일의 결정이 아주 중요하다는 점을 말씀드립니다.

원금을 지키는 투자 스타일인 원금보존형, 적어도 물가상승률을 따라가는 투자 스타일인 보수형, 약간의 손실 가능성을 감수하면서도 적극적으로 자산을 키우고 싶은 성장형, 원금 손실이 나더라도 거뜬히 이겨 낼 마음으로 대박을 꿈꾸는 공격형 중 어떤 스타일로 투자할 것인지 결정하는 일이 중요합니다. 이러한 결정은 결국 투자자의 몫입니다. 아무리 유능한 펀드매니저도 이를 결정해 줄 수는 없어요. 그럼 이제부터 다양한 펀드에 대해 차근차근 알아보겠습니다.

펀드의 종류가 워낙 많다 보니 구분하는 기준 역시 다양합니다. 먼저 무엇을 대상으로 투자하는 펀드인지에 대해 살펴본 후, 어떠한 방식으로 펀드를 운용하는지에 대해 설명할까 합니다."

무엇을 대상으로 투자하는가?

> 펀드는 여러 사람의 돈을 모아서 한꺼번에 운용하여 얻은 수익을 투자한 돈의 액수대로 나누어 준다. 만일 손실을 보게 되면 그 손실도 투자한 돈의 액수대로 배분된다.

"모든 자산은 펀드의 대상이 됩니다. 조금 더 정확하게 말하면 수익을 창출하는 모든 자산은 펀드의 투자 대상이 된다는 뜻입니다. 즉 채권, 주식, 파생금융상품 등 금융자산 외에도 부동산, 원유 등 실물자산도 펀드의 투자 대상이지요. 또한 주식형, 채권형 등이 있고 그것들을 섞어 놓은 혼합형도 있어요. 거기에 시장 그 자체도 투자 대상입니다. 이 건 또 무슨 말일까요? 별도로 구분하여 조금 후에 펀드를 운용하는 방식을 설명할 때 말씀드리겠습니다. 그럼 채권형 펀드부터 알아볼까요?"

채권형 펀드

"채권형 펀드는 말 그대로 주로 채권에 투자하는 펀드입니다. 즉 채권이나 채권 관련 파생상품에 신탁재산의 60% 이상을 투자하는 상품입니다. 여기서 기억해야 할 점은 주식이나 주식 관련 파생상품이 포함되지 않는다는 규정입니다. 다시 말해 채권형 펀드는 단 한 주의 주식도 포함할 수 없습니다.

일반적으로 펀드를 단기·중기·장기로 분류할 수 있는데, 중도환매 수수료를 부과하는 시점을 기준으로 평균 6개월 미만이면 단기, 6~12개월 미만이면 중기, 1년 이상이면 장기로 분류합니다. 만기 이전 돈을 찾을 때 어느 시점에 수수료가 부과되는지가 기준이지요. 한편 채권형 펀드도 시가로 평가하기 때문에 시장금리의 변동에 따라 매일 기준 가격이 변합니다. 만일 펀드 내 장기채권이 다수 포함되어 있다면 펀드에 포함되어 있는 채권 듀레이션이 커서 돈을 찾는 환매 시점까지 금리 상황에 따라 투자 성과가 크게 달라질 수 있으니 주의가 필요합니다. 특히 금리 상승 시기에는 채권 가격의 하락이 불가피하지요. 투자설명서를 잘 읽고 펀드 내 편입 채권의 평균 만기를 어떻게 운용할 것인지에 대해 충분히 알고 있는 것이 중요합니다.

금리 상승기에는 채권 가격의 하락으로 채권형 펀드에 손실이 발생할 가능성이 있습니다. 그러나 교수님께 배우셨겠지만 표면이자로부터 나오는 수입이 있기 때문에 채권 가격 하락에 따른 자본 손실이 발생해도 표면이자 수익보다 적다면 전체적으로 소폭의 이익이 날 수 있습니다. 안전한 국채를 중심으로 투자하는 국공채 펀드와 비교적 리스크가 크지만 고수익을 추구하는 하이일드 펀드도 있습니다. 금리 상승기에 이익이 날 수 있는 펀드도 있는데, 이를 소개하자면 변동금리부채권FRN 펀드, 스왑SWAP 펀드, 국채선물을 활용한 펀드 등입니다."

'금리가 올라가면 채권 가격이 떨어져서 손실을 본다고 배웠는데, 금리 상승기에 유용한 펀드라니……. 도대체 어떻게 운용되는 펀드지?' 주식영은 골치가 아파지다가 오히려 호기심이 생겼다.

"변동금리부채권 펀드는 지급이자율이 시장금리에 연동되는 변동금리부채권에 투자되어 시장금리가 상승하면 수익이 오히려 증가합니다. 다음으로 국채선물을 활용한 펀드는 금리 상승기에 국채선물을 매도하면 수익이 발생하는 점을 이용하여 수익을 올리고 있습니다. 여러분께서 다음 시간에 파생상품에 대해 배우는 것으로 알고 있습니다만, 파생금융상품에 직접 투자하지 않더라도 그 구조를 대강이나마 이해할 필요가 있습니다."

수강생들은 파생금융상품을 아직 충분히 배우지 않았기 때문에 무슨 말인지 정확히 알 수 없었다. 주식영은 결과만 외워 두고 휴식 후 이어지는 수업 시간에 알아보아야겠다고 생각했다.

주식형 펀드

"다음으로 말씀드리는 주식형 펀드는 주식에 60% 이상을 투자하는 펀드를 말합니다. 주식형 펀드의 투자 대상에는 주식 이외에 채권과 다른 유동성 자산인 CD, CP 등도 포함되지만 주식에 가장 많이 투자되기 때문에 채권형 펀드보다 변동성이 크다고 볼 수 있습니다."

주식영은 채권보다는 주식 이야기를 더 편하게 느꼈다.

"이러한 주식형 펀드는 투자 주식의 성향에 따라 가치주, 성장주, 배당관련주, 경기관련주, 우량주, 소형주, 방어주 등으로 다양한 펀드로 구성되기 때문에 먼저 자신의 투자 목적을 확실히 정하고 어디에 투자할 것인지 면밀히 결정해야 합니다. 펀드 종류별로 간략히 설명하면 우선 가치주 펀드는 내재가치가 높은 주식에 집중 투자하는 것으로 장기투자자에게 권하고 싶습니다. 다음 배당주 펀드는 배당성향이 높은 주식에 주로 투자하기 때문에 안정성이 돋보입니다. 매년 배당이 일정 수준 주어질 경우 월급처럼 생활에 도움이 되지요."

은성실은 곧 태어날 아기를 키울 생각을 하니 자연스럽게 배당주 펀드에 관심이 갔다. 반면 한영리는 대박을 기대하면서 큰 폭의 주가 차익을 얻을 수 있는 성장주 펀드를 생각했다.

"공모주 펀드는 공모주를 일부 편입시켜 채권의 안정성과 공모주의 수익성을 동시에 겨냥합니다. 테마형 펀드는 특정 주제, 예를 들어 IT 업종 관련 주식이나 재벌 그룹 주식 등에 투자하는 성향의 펀드입니다. 조금 후 다시 설명할 인덱스 펀드는 주가지수에 연동하는 펀드로 시장수익률을 따라간다는 점에서 주가 대세 상승기에 적합하며 특히 수수료가 저렴하여 장기적 관점에서 가입을 권유하고 싶습니다. 그 밖에도 코스닥에 주로 투자하는 코스닥 펀드도 있습니다. 이렇듯 헤아릴 수 없이 많은 펀드가 있습니다."

혼합형 펀드

"혼합형 펀드는 주식형과 채권형에 속하지 않는 펀드로 주식과 채권 등에 적절히 배분하여 자산을 운용합니다. 이는 주식혼합형과 채권혼합형으로 구분되며 주식혼합형은 약관상 주식편입비율이 50% 이상인 펀드이고, 채권혼합형은 50% 미만인 펀드를 말합니다. 한마디로 주식형과 채권형의 짬뽕 또는 비빔밥으로 표현할 수 있습니다.

다시 강조하지만, 펀드 운용을 펀드매니저에게 맡기더라도 주식형인지, 채권형인지, 혼합형인지는 투자자가 선택해야 할 몫입니다."

재간접 펀드, 특별자산 펀드 등

"펀드는 기본적으로 채권형과 주식형이 주류를 이루지만 파생 펀드, 부동산 펀드, 실물 펀드, 재간접 펀드, 특별자산 펀드 등 무수히 많은 종류가 있습니다. 여기서 재간접 펀드란 다른 펀드에 투자자산의 50%를 초과하여 투자하는 펀드를 말합니다. 펀드가 다른 펀드에 투자하는 형태지요.

특별자산 펀드는 보험금지급청구권·채권자의 금전채권·부동산 사용권·어업권·광업권 등에 투자하는 펀드를 말합니다. 아, 하나 덧붙이자면 실물 펀드는 원래 실물자산에 투자하지만 관리상 어려움을 고려하여 일반적으로 실물 관련 파생상품에 투자하는 경우가 많습니다."

어떤 방식으로 운용하는가?

> 펀드 운용 방식은 크게 두 가지 시각에서 나누어 볼 수 있다. 하나는 펀드가 어떤 방식으로 자금을 모집 또는 조달하는가의 기준이다. 즉 펀드 투자자 입장에서 어떤 방식으로 자금을 투자하느냐의 문제이다. 다른 하나는 펀드의 지분을 어떤 방식으로 환매 또는 거래하는가의 기준이다. 즉 펀드 투자자 입장에서 투자를 그만하고 싶을 때 가지고 있는 지분을 돌려 달라고 자산운용사에 요청할지 또는 다른 제3자에게 매각할지의 문제이다.

거치식 펀드 vs 적립식 펀드

"지금까지 설명한 채권형과 주식형 등의 구분은 어디에 투자를 하느냐 하는 대상의 문제였습니다. 이제 이야기할 거치식과 적립식은 어떤 방식으로 투자하느냐 하는 문제입니다. 채권형, 주식형 모두 각각 거치식과 적립식 펀드가 있습니다. 한마디로 말하면 거치식은 정기예금처럼 일시에 돈을 투자하는 방식이고 적립식은 정기적금처럼 일정 기간 돈을 나누어 투자하는 방식입니다."

투자 방식에 따른 분류까지 나오자 수강생들은 골치가 아픈듯 미간을 찌푸렸다. 하지만 앞으로 더 많은 종류의 펀드가 소개되리라고는 전혀 눈치를 채지 못했다.

"거치식은 일시에 돈을 투자하는 방식이기 때문에 한번 투자하면 더 이상 언제 투자해야 하는지 고민할 필요 없지만, 처음 시작할 때 주가가 오르는 시점에 투자할 것인지, 주가가 바닥이니 지금이 투자하기 좋은 시점인지 고민해야 합니다. 이 선택이 투자의 성패를 가르기도 하니까요. 고점에 전액을 투자할 경우 펀드매니저가 아무리 잘 운용하여도 좋은 성과를 내기 어렵습니다.

반면 적금 형태로 투자한다면 투자매입단가가 평준화되는 특징이 있습니다. 그렇다고 더 이익을 본다거나 더 손실을 보는 것은 아니죠. 적립식 펀드가 더 좋다는 광고도 많지만 그렇지는 않습니다. 적립식 펀드는 투자금이 꾸준히 납입되기 때문에 주가가 오르내리는 기간 동안 매입 가격이 평준화된다는 인식이 있지만, 주가 등락기에 심리적 압박을 이기지 못하는 가운데 납입 금액을 조정하거나 중단하는 일도 많아서 적립식 펀드가 광고만큼 안정적이지는 않습니다. 한편 적립식은 정액식과 자유적립식으로 나눌 수 있습니다. 정액식은 매월 사전에 정해진 금액을 적립하는 방식이며 자유적립식은 고객이 원하는 대로 적립 금액을 조절하는 방식입니다."

인덱스 펀드 vs 상장지수 펀드

"이제 인덱스 펀드Index Fund에 대해 설명할 순서네요. 비슷한 성격의 상장지수 펀드ETF, Exchange Traded Funds가 있으니 아무래도 이들을 비교하면서 이야기하는 편이 이해하기 쉽겠습니다. 방금 언급했습니다만, 모두 시장지수에 대해 투자하는 펀드입니다. 즉 주식시장의 평균수익률만큼만 벌자는 생각입니다. 물론 이 평균수익률이 주식시장 전체의 평균수익률일 수도 있고 특정 산업이나 업종의 평균수익률일 수도 있습니다. 상장지수 펀드도 인덱스 펀드의 개념을 가지고 나왔으나 매매 형태 측면에서 조금 더 발전된 형태가 아닐까 생각합니다. 최근 상장지수 펀드의 규모가 크게 늘고 있습니다.

먼저 인덱스 펀드에 대해 자세히 설명하겠습니다. 인덱스 펀드란 주가지수 변동을 따라가기 위한 목적으로 구성한 펀드입니다. 사실 펀드매니저들이 아무리 잘 운용하려고 노력하더라도 전체 시장의 평균수익률을 이기기는 무척 힘들거든요. 인덱스 펀드에 가입하면 시장의 평균수익률인 KOSPI200과 같은 특정 지수를 따라가서 주식시장 전체의 평균 정도 수익을 얻게 됩니다. 인덱스 펀드가 따라가는 기준으로는 전체 주식시장지수 외에도 해외 주식지수, 특정 산업군의 주식 종목으로 구성된 지수(예를 들면 반도체 산업지수, 은행지수 등의 섹터지수) 등이 있습니다. 또 특정 기업의 계열사 주식으로 구성된 지수처럼 다양한 지수가 있습니다. 인덱스 펀드의 이모저모를 살펴보면, 우선 지수를 구성하는 여러 종목에 나누어 투자하기 때문에 자연스럽게 분산투자가 되어 위험을 상당히 줄일 수 있습니다. 또한 한번 인덱스 펀드를 구성해 놓으면 적극적 투자에 비해 매매를 자주 할 필요가 없어 운용 비용이 저렴합니다. 물론 전반적으로 주가가 하락하는 시기에는 인덱스 펀드도 손실을 피할 수는 없습니다.

다음으로 요즈음 각광을 받고 있는 상장지수 펀드(이하 ETF)에 대해 소개하겠습니다. ETF는 가격지수를 추종하는 인덱스 펀드와 비슷하나 그 지분을 거래소에 상장하여 일반 주식처럼 거래하도록 한 금융상품입니다. 즉 특정 지수의 변동 또는 특정 자산의 가격 변동과 수익률이 연동되도록 설계된 인덱스 펀드의 특징을 지니면서 증권거래소에 상장되어 주식처럼 거래된다는 점에서 인덱스 펀드를 비롯하여 다른 펀드들과 크게 구별됩니다. 돈이 필요할 경우 펀드를 판매한 증권사에 찾아가서 환매를 요청해야 하는 일반 펀드와 달리 중도에 돈이 필요할 때에는 환매를 요구하지 않고 증권거래소에서 제3자에게 직접 팔면 된다는 이점이 있지요. 한마디로 강조하면 주식처럼 거래할 수 있다는 말입니다. 또한 ETF는 펀드매니저가 포트폴리오를 수시로 조정하지 않기 때문에 운용 보수가 저렴하다는 것이 장점입니다. 한편 펀드매니저의 입장에서는 투자자들의 환매 요청이 없으니 처음 조성한 자금 규모 그대로 자신이 만든 포트폴리오를 크게 조정하지 않고 안정적으로 운용할 수 있다는 장점이 있습니다.

이제 이러한 ETF는 어떤 종류가 있는지 간단히 알아볼까요? 산업별 상장기업 주가 흐름을 따라가는 섹터 ETF, 해외 시장대표지수를 추종하는 해외 ETF, 금과 같은 상품 가격 또는 상품선물지수를 추종하는 상품 ETF, 채권지수를 추종하는 채권 ETF, 통화지수를 추종하는 통화 ETF 등 다양한 상품이 있습니다. 거기에 수익률이 지수의 일정 배율에 연동되는 레버리지 ETF, 지수변동의 반대 방향으로 수익률이 정해지는 인버스 ETF 등 다양한 구조의 상품이 있습니다.

그 밖에도 여러 방식으로 운용되는 펀드가 있으며 펀드와 비슷한 다른 투자상품도 있습니다. 시간 관계로 모두 설명하기는 어렵지만 각각의 상품은 모두 나름의 장단점이 있습니다. 하지만 세상에 물 좋고 경치 좋은 곳을 찾기 어려운 것처럼 자신에게 꼭 맞는 투자상품을 찾기란 쉽지 않습니다."

간접투자상품에 가입할 때는 어떤 점에 유의해야 하나?

"제가 맡은 1교시를 마칠 시간이 되어가는군요. 마지막으로 그 동안의 설명에 대해 질문이 있는 분은 말씀해 주시기 바랍니다."

"펀드에 가입할 때는 어떤 점에 유의해야 하는지 정리해 주시면 감사하겠습니다."

은성실이 손을 들고 말했다. 은성실은 어제부터 수업이 투자상품에 대한 설명으로 넘어가자 많은 관심을 보였다.

"예, 그 점에 대한 설명을 소홀히 했군요. 강조하자면 펀드에 가입하기 전에 자신의 투자 목표, 투자 성향, 투자 기간을 명확히 해야 합니다. 그런 후에 이에 맞추어 펀드를 골라야 합니다. 예를 들어 장기·안정적 상품인지, 단기·고수익 상품인지를 결정하는 거지요. 그리고 투자할 때에는 창구직원의 설명만 믿지 말고 투자설명서, 투자약관을 꼼꼼히 읽어 보기 바랍니다. 그 펀드의 과거 투자실적, 펀드매니저의 투자 성과 등을 살펴보는 것도 잊지 말아야 합니다. 과거에 좋은 성적을 냈다고 미래에 좋은 성적을 내라는 법은 없다는 사실도 명심해야 할 점이고요. 손흥민 선수나 김민재 선수도 부진할 때가 있는 법이죠. 하하하.

마지막으로 여러분이나 부모님, 여러 친지 중에 자금 운용을 어떻게 할까 망설이는 분이 있다면 나눠 드린 명함에 적힌 제 전화번호로 꼭 연락해 주십시오. 열심히 도와드리겠습니다.

감사합니다."

"짝짝짝."

'역시 영업을 잊지 않는구나. 치열한 비즈니스의 세계여!' 주식영은 수강생들과 함께 박수를 치며 생각했다. 복 교수도 웃으며 고경희 과장에게 수고했다고 말하며 다음에 맥주 한잔하자고 했다.

과제-16

엄브렐라 펀드umbrella fund, 랩어카운트Wrap Account, 변액보험, 부동산투자회사REITs, Real Estate Investment Trusts에 대해 조사해 보자. (291쪽 참조)

17 ▶ **파생되거나 결합된 친구들**
: 선물, 옵션, 구조화상품

고경희 과장을 배웅하고 돌아온 복 교수가 수업을 이어 갔다.

"이번에 배우는 파생금융거래 구조는 조금 복잡합니다. 물론 여러분이 이러한 거래를 할 기회는 거의 없겠지만, 지난 강의에서 파생상품을 포함하는 펀드나 예금 등에 가입할 수 있다고 배웠습니다. 또한 이들의 구조가 포함되어 있는 결합상품도 많습니다. 그러므로 선물, 옵션상품 등을 직접 거래하지 않을 사람들도 이들의 특성은 알아야 합니다. 다양한 파생금융상품을 공부하면서 지금까지 모르던 금융의 여러 가지 구조를 충분히 이해하기 바랍니다."

꼬리가 몸통을 흔드는가?

"그럼 먼저 파생상품derivatives이라는 용어에 대해 알아볼까요? 파생이란 무엇으로부터 끌어낸다, 유도한다는 뜻입니다. 주식파생상품은 주식으로부터, 채권파생상품은 채권으로부터 파생된 상품이지요. 따라서 주식파생상품의 손익은 주가의 움직임에서, 채권파생상품의 손익은 채권 가격의 변동에서 결정됩니다. 그런데 주가와 채권 가격은 어떠한 방식으로 파생상품의 손익을 결정할까요? 이는 파생상품의 종류에 따라 다릅니다. 이제 이에 대해 알아보겠습니다. 한편 파생상품에 영향을 미치는 주식과 채권 등을 기초자산underlying assets이라고 한다는 사실을 먼저 알아야 합니다. 파생상품의 기초가 되는 자산에는 주식, 채권, 통화(외환) 등 금융상품 외에도 옥수수, 쌀 등 농축산물, 구리 아연 알루미늄 등 비철금속, 금과 은 등 귀금속, 원유 등 실물상품을 포함합니다.

오늘 배우는 파생상품은 파생금융상품으로 한정합니다. 우리 수업은 '금융'을 대상으로 하니까요. 파생금융상품의 종류는 거래 형태에 따라 선도거래forward transaction, 선물거래futures transaction, 옵션거래options transaction로 구분합니다. 그 밖에 스왑거래swaps transaction도 있지만 개인투자자도 거래할 수 있는 구조화상품에 이용되는 경우가 거의 없으니 제외하겠습니다. 조금 전 설명하였지만 기초자산의 대상에 따라서는 금리파생거래, 주식파생거래, 통화파생거래 등으로 구분됩니다. 그리고 거래 장소와 방식에 따라서는 거래소에서 이루어지는 장내거래와 거래 당사자 간에 이루어지는 장외거래로도 분류합니다. 자 그럼, 이제부터 파생금융거래에 대해 자세히 살펴보겠습니다."

파생금융거래를 왜 하는가?

"이제까지 여러분은 선물, 옵션 등 파생금융거래에 대해 간략하게 배웠습니다. 그럼 왜 이런 거래를 한다고 생각하지요? 은성실 씨!"

"간단하게 말씀드리자면 이익이 되니까 하는 것 아닌가요?"

은성실이 평소 모습이 아닌 자신감 있는 투로 대답했다.

"그래요? 틀린 답은 아니지만, 충분한 답이라고도 할 수 없겠습니다. 물론 모든 금융거래를 하는 사람들은 그 거래가 현물거래든 파생거래든 자신에게 이익이 되니까 합니다. 그러나 이때 어떤 이익을 얻기 위해 거래하느냐? 즉 거래의 목적이나 동기가 무엇인지에 따라 파생금융거래를 구분해 볼 수 있습니다. 크게 보면 세 부류로 나눌 수 있겠네요.

먼저 현물을 보유하고 있거나 보유 예정이라 거기서 생길 손실 가능성을 파생상품거래를 통해 중화하려고 하는 사람들입니다. 이런 거래를 '헤지hedge거래'라고 합니다. 예를 들어 가지고 있거나 가지게 될 현물이 금리가 상승할 때 손실을 보고 금리가 하락할 때 이익을 볼 상품이라면, 금리가 상승할 때 이익을, 하락할 때 손실을 보게 될 파생금융상품을 사는 '반대 거래'를 하는 겁니다. 왜냐하면 이러한 '반대 거래'로 현물만 보유했을 때 추후 발생하는 손익 변동을 상쇄하면서 현재 시점에서 손익을 확정하고 싶기 때문입니다.

다른 부류는 향후 금리나 환율 등 가격에 대해 나름의 전망을 하여 단기 차익을 획득하고자 하는 목적을 가진 투기speculation거래를 하는 사람들입니다. 이 경우 비교적 적은 돈을 밑천으로 투기를 할 수 있는 이점이 있습니다. 그러나 손실을 보게 되면 왕창 손실을 보게 되는 위험이 있다는 점은 두말할 나위도 없지요.

여기서 잠깐, 투기라는 말에 대해 살펴보겠습니다. 투기는 나쁜 것일까요? 채권희 씨, 투기와 투자를 구분하는 이론적인 기준은 무엇일까요?"

"예, 짧은 시간에 큰 이익을 얻으려는 시도를 투기, 적정한 기간 내에 적정한 수익을 얻으려는 노력을 투자라고 할 수 있습니다."

"그렇게 생각하지 쉽지만, 그렇지 않습니다. 투기와 투자의 이론적 구분은 없어요. 짧은 기간에 큰 이익을 노리는 것도 투자의 일종이지요. 여기서 '짧다'와 '길다', '크다'와 '작다'의 기준을 마련하기는 불가능하지요. 파생금융상품으로 짧은 시간에 큰 돈을 벌 수 있다면, 그것도 투자입니다. 일반적으로 남이 하면 투기, 내가 하면 투자라는 말이 있기는 하지만요. 허허허.

잠시 투기와 투자의 구분으로 이야기가 샛길로 빠졌네요. 다시 본론으로 돌아와서, 파생금융상품의 거래 마지막 부류는 현물과 여러 파생상품들 간 가격을 비교하여 상대적으로 비싼 물건은 팔고 상대적으로 싼 물건을 사서 차익을 획득하고자 하는 사람들입니다. 이런 거래를 차익거래arbitrage transaction라고 합니다."

기본 개념에 집중하면 알게 되는 특성

"선물, 옵션, 스왑 등 파생금융상품의 가격은 그 기초자산인 주식, 채권, 외환 등의 움직임에 의해 영향을 받지만 반대로 파생금융상품의 가격이 주식, 채권, 외환 등의 움직임에 영향을 끼치기도 합니다. 이를 '꼬리가 몸통을 흔든다The tail wags the dog'라고 표현합니다. 참, 스왑거래는 생략하기로 했지요."

주식영은 '복 교수가 개인투자자의 입장에서 설명을 생략하고 있으나 스왑까지 포함하여야 파생금융상품에 대한 설명이 완성된다고 생각하고 있다.'라고 생각했다.

"다시 말하지만 우리는 이번 과정에서 파생금융상품의 복잡한 구조로 깊게 들어가지 않을 것입니다. 오로지 기본 개념과 손익구조에 집중할 예정입니다. 선물, 옵션 등의 거래와 이들을 응용한 구조화 금융상품이 왜 필요한지, 그리고 이들 상품을 거래하는 사람들이 어떠한 상황에서 이익 또는 손실을 보게 되는지를 알아볼 것입니다. 구체적인 절차와 제도는 다음 과정에서 다루기로 하겠습니다. 복잡하게 보여도 알고 나면 재미있기도 합니다. 세상의 거의 모든 일이 알면 재밌고, 모르면 재미가 없고 어렵지요. 하하하."

미래 가격을 거래하다: 선물

> 선물거래는 투기인가? 미래의 가격변동위험을 헤지시키는 수단인가?

"그럼, 파생금융에 대한 첫 순서로 선물거래에 대해 이야기하겠습니다. 비슷한 거래로는 선도거래가 있습니다. 이들은 비슷한 거래 구조를 하고 있습니다. 다만 선물거래는 표준화된 상품으로 거래소에서 거래되고, 선도거래는 비표준화된 거래로 장외에서 이루어진다는 차이가 있습니다. 이들 거래는 쉽게 말하면 기초자산을 미래 특정 시점인 결제일에 특정 가격으로 매매하기로 약정하는 계약을 의미합니다.

먼저 선도거래의 예를 들어 보면, 가을에 수확할 쌀을 봄에 미리 농부와 유통업자가 얼마의 가격으로 매입 및 매도하겠다고 약정하는 거래입니다. 이를 보통은 입도선매立稻先賣라고도 하는데 기후나 병충해 등 여러 이유로 가을에 쌀 가격이 어떻게 될지 모르지만, 농부는 안정적인 판매 수입을 위해, 상인은 매입 가격을 확정하기 위해 특정 금액을 주고받기로 봄에 약속하는 것입니다. 만약 가을에 쌀 한 가마니를 100만 원에 주고받기로 했는데 실제 가을에 쌀 한 가마니가 50만 원 될 수도 있고 150만 원 될 수도 있습니다. 만약 가을에 시장 가격이 50만 원이 되더라도 100만 원으로 거래해야 하니 선도계약을 맺지 않았을 때와 비교해 농부는 50만 원 이익을, 유통업자는 50만 원 손실을 볼 것이고, 가을 시장 가격이 150만 원이 되더라도 100만 원으로 거래해야 하니 농부는 50만 원 손실을, 유통업자는 50만 원 이익을 볼 것입니다. 이때의 이익과 손실이란 선도거래를 했을 때와 하지 않았을 때의 차이를 말합니다.

그러면 왜 이런 거래를 할까요? 농부와 유통업자 모두 시장 가격의 변동을 싫어하기 때문입니다. 나중에 이익을 얻기보다 손실을 보지 않기를 원합니다. 농부는 100만 원이 필요한데 50만 원만 생기면 곤란하고 유통업자는 100만 원에 사야 하는데 150만 원에 사는 일이 생기면 안 된다는 것이지요. 다시 말하면 가을의 쌀값 변동에 대한 우려에서 벗어나 농부는 본업인 농사에, 유통업자는 본업인 마케팅에 전념하겠다는 뜻입니다.

자, 이것이 선도거래와 선물거래의 기본 원리입니다. 사실 이러한 예는 우리 주변에서도 쉽게 찾을 수 있습니다. 선도·선물거래는 금, 원유, 목화, 철강 등 상품선물을 중심으로 거래되기 시작해서 주식, 금리, 통화 등 금융상품을 대상으로 하는 거래로 확대되었습니다. 우리나라의 대표적인 선물상품으로는 KOSPI200선물(주식·장내), 5년 국채선물(금리·장내), 선물환(통화·장외)을 들 수 있습니다."

가격 변동에 대비하는 선물거래

"이렇게 미래 가격을 현재 거래하는 방법인 선도거래와 선물거래에는 기본적인 공통점이 있지만, 차이점도 있습니다. 이제 그 차이에 대해 설명하겠습니다. 선도거래는 양 당사자와 직접 거래하기 때문에 상대방을 찾기 쉽지 않고 서로 양해하지 않으면 약속을 뒤집을 수 없습니다. 반면 선물거래는 거래소를 통해 다수가 표준화된 상품을 대상으로 거래를 체결하며 반대 매매를 통한 계약 청산이 이루어지고 있어서 선도거래에 비해 탐색 비용이 낮고 유동성이 높다는 특징이 있습니다. 또 증권거래소가 증거금 예치를 통해 거래의 이행을 보장하니 안전하지요. 한편 결제일 이전에도 선물매매를 통해 이익을 실현하기도 합니다. 이러한 선물거래는 거래 대금의 일부만을 증거금으로 지급하고 거래할 수 있어 레버리지 효과가 큰 점이 특징입니다. 즉 돈을 얼마 내지 않고도 원하는 가격 변동에 대처할 수 있다는 점이 좋은 것이지요. 반면에 작은 돈으로 가격 변동의 큰 손실에 대비하다 보면 손실이 누적될 경우 증거금이 없어질 수 있으니 주의해야 합니다.

여기서 하나 더, 선물거래나 선도거래에서 한 사람이 100원의 이익을 보면 다른 사람은 100원의 손실을 본다는 점입니다. 제로섬zero sum게임인 셈이지요. 아까 설명한 농부와 상인(유통업자)의 예를 생각하면 됩니다. 다만 선물거래에서는 거래소에 수수료를 부담해야 한다는 점 때문에 선물매수자 손익과 선물매도자 손익의 합이 0보다는 조금 줄어듭니다. 거래에는 공짜가 없으니까요."

선물거래의 손익구조

"자, 다음 그림에 선물거래의 손익구조가 나와 있습니다. 현 시점에서 큰 금괴 하나를 1년 후 10억 원에 거래하기로 계약을 체결했습니다. 물론 예를 들어 말입니다. 1년 후 금괴값이 9억 원이 될 수도, 10억 원이나 11억 원이 될 수도 있다고 가정하고 선물의 손익구조에 대해 이야기해 보지요. 지금까지 강의한 내용을 이해했다면 이를 설명할 수 있을 텐데, 혹시 예를 들어 설명할 사람 있나요?"

이때 한영리가 손을 들었다.

선물의 손익구조

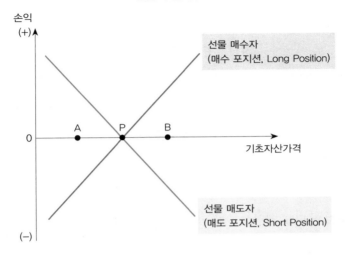

"좋습니다. 한영리 씨가 설명해 주세요."

복 교수의 말이 끝나자마자 한영리가 설명하기 시작했다.

"예를 들어 1년 후 금괴를 10억 원 주고 사기로 약정을 맺었는데 1년 후 금괴 가격이 10억 원이 되면 계약을 체결한 사람들의 손익은 0이 됩니다. 한편 금괴를 매입하기로 계약한 사람의 입장에서는 시장 가격이 11억 원이 될 경우 시장 가격으로 사는 대신 약속한 가격인 10억 원에 살 수 있기 때문에 1억 원의 이익을 얻고, 시장 가격이 9억 원이 되면 시장 가격보다 비싼 약속 가격 10억 원에 사야 하니 1억 원의 손실을 입게 됩니다. 반면 1년 후 금괴를 팔기로 한 사람은 실제 가격이 9억 원이 되었을 경우, 시장에서 금괴를 9억 원에 사서 선물 약정을 맺은 사람에게 10억 원 받고 팔 수 있기 때문에 1억 원의 이익을 챙길 수 있습니다. 마찬가지 이치로 시장 가격이 11억 원이 되면 11억 원을 주고 사서 10억 원에 팔아야 하니 1억 원의 손실을 보게 되지요."

한영리가 명쾌하게 선물거래에 대해 설명하자 복 교수뿐만 아니라 다른 수강생들도 놀란 모습이었다.

"아주 잘했습니다."

복 교수는 얼굴에 환한 미소로 칭찬했다.

"그럼, 지금 10억 원을 원하는 금괴의 1년 후 선물가격은 이론적으로 얼마여야 할까요? 다른 여건은 변동이 없다는 가정입니다."

복 교수의 이 질문에는 선뜻 손을 드는 수강생이 없었다.

"잘 생각해 보세요. 현재의 금괴 가격에 여러분이 금괴를 보관하는 데 드는 비용을 합한 것이 선물가격이 되는 것입니다."

"그러니까 그 비용이란 1년 동안의 금고 보관료가 되는 것이군요."

채권희가 대답하자 복 교수는 빙그레 웃었다.

"금고 보관료도 포함되겠지만, 더 큰 비용은 금괴를 10억 원어치 매입하며 포기하게 되는 기회비용인 예금이자 부분입니다. 또는 10억 원을 빌려서 투자했다고 가정하면 10억 원에 대한 차입이자 부분입니다. 그러니까 1년 후 금괴의 선물가격을 현재 시점에서 예측해 보면 현재의 현물 금괴 가격(10억 원)에 보관료와 이자비용을 더한 것입니다. 돈의 문제에서 시간이 흘러가면 이자가 발생한다는 점을 잊지 마세요.

선물상품이 금괴, 원유, 철강 등 상품이 아니라 채권과 같은 금융상품일 경우에는 현재 보유한 현물채권에서 발생하는 이자 수입은 1년 후 선물가격 예측치에서 차감해 주어야겠지요. 이렇게 생각하면 간단합니다. 현재 현물거래에다 발생 비용을 더하고 발생 수익을 차감하면 선물가격이 된다는 뜻입니다.

어때요? 이제는 쉽게 이해할 수 있겠지요? 이론 가격을 모르고 선물 투자를 할 수는 없습니다. 그렇지 않나요? 단기적으로 현재의 선물가격이 이론 가격보다 조금 높거나 낮을 수 있지만 결국은 이론 가격으로 수렴하게 됩니다. 세상의 모든 일은 알고 나면 쉽습니다."

수강생들은 복 교수의 긴 설명을 모두 알아들은 표정이었다. 조금씩 금융거래와 금융상품에 대한 이해도가 높아지고 있었다.

권리와 의무: 옵션

"옵션은 미래의 특정 시점이나 특정 기간에 기초자산을 특정 가격으로 매입call하거나 매도put할 수 있는 권리입니다. 무슨 말인지 이해하기 쉽지 않지요? 쉽게 말하면 옵션거래에는 파는 사람과 사는 사람이 있는데, 사는 사람은 의무는 없고 권리만 가지는 반면, 파는 사람은 권리는 없고 의무만 가지게 됩니다. 그 대신 사는 사람은 파는 사람에게 옵션 매입에 대한 대가를 지급하는데, 이는 일종의 보험료라고 생각할 수 있습니다. 수수료를 지급하고 미래에 발생할 수 있는 만일의 사태에 대비한 권리를 사는 셈입니다.

그런데 그 권리와 의무에는 두 가지가 있습니다. 먼저 옵션을 매입한 사람의 두 가지 권리를 보면, 콜옵션을 매입한 사람은 나중에 그 자산의 가격이 어떻게 변하더라도 미리 정해진 가격으로 살 수 있는 권리call를 가지며, 풋옵션을 매입한 사람은 미리 정해진 가격으로 팔 수 있는 권리put를 가집니다. 반면 옵션을 판매한 사람의 두 가지 의무를 보면, 콜옵션을 판 사람은 콜옵션을 가지고 있는 사람이 사고 싶으면 미리 정해진 가격으로 팔아야 하며, 풋옵션을 판 사람은 풋옵션을 가지고 있는 사람이 팔고 싶으면 미리 정해진 가격으로 사야 한다는 뜻입니다. 어때요, 이해할 수 있겠지요?

그럼 콜옵션을 가진 사람이 사고자 할 때는 언제일까요? 두말할 나위 없이 살 수 있도록 미리 정해진 값이 당시의 시장 가격보다 쌀 경우겠지요. 싸게 살 수 있는 권리를 행사할 기회니까요. 반면에 풋옵션을 가진 사람이 팔고자 할 때는 팔 수 있도록 미리 정해진 값이 당시의 시장 가격보다 비쌀 경우겠지요. 비싸게 팔 수 있는 권리를 행사할 기회니까요. 그런 이익을 보기 위해서 돈을 내고 옵션을 미리 사둔 것입니다."

가격 변동 폭의 영향을 줄이는 옵션거래

"그런데 이러한 옵션 행사에 따른 손익을 옵션 매입자와 매도자별로 살펴보면, 매입자의 경우 손실이 옵션 획득의 대가로 지급한 돈인 수수료(프리미엄)에 국한되는 반면 이익은 기초자산가격 변동에 비례하여 증가하게 됩니다. 한편 매도자는 이익이 프리미엄에 국한되는 반면, 손실은 기초자산가격 변동에 비례하여 증가하게 됩니다.

그러므로 매도자는 가격 변동에 따라 엄청난 규모의 손실을 부담하게 될 수도 있습니다. 쉽게 말해 보험료를 받았다가 엄청난 사고로 막대한 보험금을 지급하는 경우도 발생할 수 있다는 말이죠. 그 대신에 그런 일이 발생할 확률은 평균적으로 낮다고 볼 수 있습니다.

이런 옵션거래 자체 이외에도 많은 금융상품이 옵션을 포함하고 있습니다. 옵션을 가진다는 것은 유리하면 행사하고 불리하면 행사하지 않는 권리만 있고 의무는 없다는 뜻이기 때문에 다른 금융상품들과 결합됩니다. 이번 주 수요일에 설명하였던 전환사채CB와 신주인수전부사채BW도 옵션이 포함된 상품이지요. 그 대신에 옵션을 가지려면 약간의 대가를 지급해야 합니다. 수수료 형태일 경우도 있고 금융상품 가격이 조금 높은 경우도 있습니다. 역시 세상엔 공짜는 없어요!"

옵션거래의 손익구조

"우리나라의 옵션시장 중에서 KOSPI200옵션이 가장 활발합니다. KOSPI200옵션 만기, 개별주가 옵션 만기, 선물 만기가 겹치는 날(트리플위칭데이triple witching day)에는 현·선물·옵션의 연계거래에 따라 옵션과 선물시장의 급등락이 현물시장의 가격 급등락으로 이어지는 일이 발생할 때도 있습니다. '꼬리가 몸통을 흔든다'라는 표현에 맞는 현상이라고나 할까요?

이번에도 다음 그림에 나와 있는 '옵션거래의 손익구조'에 대해 누가 설명했으면 좋겠는데……. 주식영 씨! 네 개의 그래프 중 '콜옵션

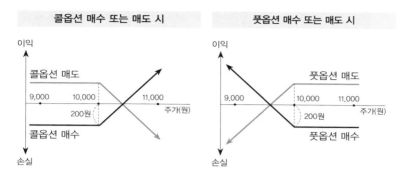

콜옵션과 풋옵션의 손익구조

매수'의 경우를 설명해 볼까요?"

주식영은 조금 전 선물거래를 명확히 설명한 한영리를 의식하며 대답했다.

"예, 만일 주식을 어느 시점에 10,000원에 살 수 있는 권리를 200원에 샀다면, 옵션 만기일의 주식 시장 가격이 9,000원일 경우 콜옵션 매수자는 그 주식을 사고 싶을 때 시장에서 직접 사면 되기 때문에 콜옵션을 행사하지 않게 됩니다. 따라서 만기일의 주가가 행사가격(10,000원) 이하일 경우에는 콜옵션 행사를 포기하니까 수수료(예: 200원)만큼 손실을 봅니다. 반면 시장 가격이 10,000원 이상인 11,000원, 12,000원이 되면 콜옵션을 행사하게 되기 때문에 각각 1,000원, 2,000원의 이익이 생깁니다. 다만 이 경우 총 이익 수수료 200원을 제외하면 순이익은 800원, 1,800원이 남습니다."

"주식영 씨, 훌륭한 설명이었요."

복 교수는 매우 흡족한 모습이었다.

"과정이 끝날 때가 되니 여러분도 어느 정도 '금융 마인드'를 갖추게 된 것 같습니다. 콜옵션 매도, 풋옵션 매수, 풋옵션 매도의 경우도 조금만 생각하면 같은 이치로 설명할 수 있습니다. 그동안 여러분에게 강의한 보람을 느낍니다. 하하하……."

복 교수가 흡족해하는 모습에 수강생들의 표정도 밝았다.

복잡한 조건: 구조화상품

"이제 마지막으로 구조화상품에 대해 알아보겠습니다. 저성장과 저금리 시대에는 원금과 이자의 지급이 보장되는 저축상품만으로는 재산 증식이나 노후 대비가 쉽지 않습니다. 그런데 수익률을 높이기 위하여 주식 같은 위험자산에 대한 투자를 확대하면 수익률은 높지만 리스크도 커지기 마련입니다. 그 대안으로 중위험과 중수익 추구를 목표로 여러 조건에서 수익률이 정해지는 구조로 개발된 금융상품을 파생금융결합상품 또는 구조화상품이라고 합니다. '결합' 또는 '구조화'라고 부르는 이유는 여러 특성과 조건이 어떤 형태로 묶여 있다는 뜻입니다. 초등학생들이 좋아하는 게임이나 애니메이션에 나오는 로봇 몇 개가 '합체'하여 크고 복잡한 로봇을 만드는 과정과 같다고 할 수 있습니다."

주식영과 한영리는 서로를 보면서 말없이 웃었다.

"먼저 이들을 간단히 정의하면 기초자산의 가격 또는 수익률을 기초로 하는 지수의 변동과 연계하여 미리 정해진 방법에 따라 지급이 결정되는 권리가 표시된 증권이라고 할 수 있습니다. 투자자의 손익이 기초자산의 가격 변화와 연계되어 결정된다는 점에서는 파생상품의 성격이지만 구조화상품도 기초자산의 가격이 일정 범위를 벗어나는 경우에는 손실 규모가 커질 수 있습니다.

현재 국내 파생결합증권시장에서는 주가연계증권ELS, Equity-Linked Security, 기타파생결합증권DLS, Derivatives-Linked Security, 주가연계예금ELD, Equity Linked Deposit 등 이름만 들어도 복잡한 상품이 주로 발행되어 거래되고 있습니다."

복잡한 조건의 위험

"이들 상품에 가입하려면 언제 원금을 돌려받을 수 있고 얼마나 수익을 얻을 수 있는지 투자설명서의 조건을 잘 읽어 보고 서명해야 합니다. 또 투자원리금은 예금자 보호 대상이 아니라는 조건도 숙지해야겠습니다. 즉 구조화상품은 기초자산의 수익성과 리스크를 구조화 기법을 이용하여 완화하거나 증폭시킨 상품이기 때문에 개인 투자자들이 그 구조를 이해하기 쉽지 않습니다. 상품의 가격을 평가하기 어렵고 가격 정보를 입수하기도 어렵습니다. 그런데 자세히 살펴보면 그 구조에 선물과 옵션의 특징을 가진 경우가 많습니다. 따라서 구조화상품에 투자할 경우 상품 구조와 기초자산을 충분히 이해해야 합니다. 특히 구조화상품의 내용이 복잡하고 주가지수, 금리 등 기초자산의 가격이 일정 범위를 벗어난다면 투자 원금의 100%까지 손실을 볼 수 있는 위험한 상품입니다.

참고로 ELS, DLS 등을 판매하는 회사는 투자 위험을 포함한 상품 내용을 투자자에게 설명하여야 하는 의무가 있습니다. 따라서 구조화상품에 투자하기 전에는 판매 회사로부터 상품 내용과 투자 위험에 대한 충분한 설명을 듣고 상품 내용을 이해한 후에 가입해야합니다. 얼마 전 이들 상품에 투자했다가 원금을 돌려받지 못한 투자자가 많아 사회적으로 큰 문제가 된 일도 있었죠? 이들 상품은 여러 형태가 있지만 대표적인 상품 몇 개만 소개해 보겠습니다."

주가연계증권, 주가연계펀드, 주가연계예금

"주가연계증권ELS, Equity Linked Security은 투자 수익이 개별 주식 가격이나 코스피지수의 변동에 연계되어 결정되는 투자상품으로 만기는 3개월부터 2년 이상까지 다양하게 있습니다. 주가연계증권을 발행한 증권사는 대체로 자금을 국공채와 같은 우량 채권에 투자하여 일정 수익을 안정적으로 확보하는 한편 나머지 자금을 주식 관련 파생상품에 투자하여 초과수익을 겨냥합니다. 이 증권은 파생상품을 활용하여 수익구조를 다양하게 설계할 수 있는 장점이 있지만 발행 조건이 다양하여 유통시장에서 거래되기 어려운 단점이 있습니다. 투자자는 만기 이전에 발행 증권사에 환매를 요구할 수 있지만 약 10% 이상 손실을 부담해야 해서 환금성이 떨어집니다.

주가연계증권은 주식 관련 파생상품 투자 비중이 낮은 원금보장형 상품과 파생상품의 투자 비중이 높아 원금 손실 가능성이 있는

	주가연계증권	주가연계펀드	주가연계예금
발행 기관	증권회사	자산운용사	은행 등 예금취급기관
근거 법령	증권거래법	간접투자자산운용업법	은행법
법적 형태	유가증권	수익증권	정기예금
만기수익률	주가 변동과 연계하여 사전에 제시한 수익률	운용 실적에 따른 배당	주가 변동과 연계하여 사전에 제시한 수익률
원금 보장	개별 ELS별로 상이	보장 없음	원금 100% 보장
예금 보호	없음	없음	보장

자료: 《한국의 금융시장》(한국은행, 2021년 12월)

원금비보장형 상품으로 크게 나눌 수 있습니다. 또한 투자수익률이 주가지수에 연동되는 주가지수형 상품과 개별 종목의 주가에 연동되는 개별 종목형 상품으로 구분할 수 있습니다. 일정 기간마다 주가가 일정 수준에 도달하면 비교적 높은 수익률로 조기에 상환되는 조기상환옵션형상품도 있고 외화로 환산되어 환율이 개입하는 상품도 있으니 복잡하게 느낄 것입니다.

지금까지 알아본 주가연계증권ELS과 유사한 상품은 주가연계펀드ELF, Equity Linked Fund, 주가연계예금ELD, Equity Linked Deposit 등이 있습니다. 주가연계증권은 주가 변동과 연계하여 사전에 제시한 수익률에 따라 이익을 주는 유가증권으로 증권사에서 운용하는 반면 주가연계펀드는 운용 실적에 따라 배당하는 수익증권으로 자산운용사에서 운용합니다. 한편 주가연계예금은 은행이 운용하는 정기예금으로 조달 자금의 대부분(약 95%)을 대출이나 채권 등에 운용하여 원금과 보장 금리를 확보하며 나머지 자금(약 5%)으로 주가지수 옵션을 매입하고 있습니다. 이러한 상품들 중 외화와 연계된 상품도 있는데 이 경우에는 환율 변동으로 발생하는 환차손익을 같이 얻습니다. 잘되면 크게 벌 수 있고 안되면 크게 손실을 볼 수도 있지요."

투자할 때는 무엇에 유의해야 하나

"여러분이 주가연계증권이나 주가연계펀드에 투자하고 싶은 마음이라면, 적정한 위험을 어느 정도 수용할 수 있을 정도의 자세를 갖췄기 때문입니다. 그런데 고려해야 할 점은 이러한 투자는 상품 구조가 복잡하여 이해하기 쉽지 않고 조기 상환 후 투자가 종료되기 때문에 자주 갈아타야 해서 번거롭다는 것입니다. 또한 투자 대상인 기초자산의 안정성 정도와 매입 시점의 기초자산가격, 6개월~1년 후의 시세를 어느 정도 예측할 수 있는 안목이 필요합니다.

한편 주가연계증권의 상품에 투자할 경우에는 상품마다 다른 특징이 있기 때문에 이를 확인해야 하며, 포함된 주식의 주가 전망이 좋은지 나쁜지를 살펴보아야 합니다. 아울러 투자 이익을 결정하는 방식, 제시 수익률, 최소나 최장 투자 기간, 조기 수익 달성 시 수익 상환 조건 등을 꼼꼼히 따져야 하고, 특히 주가가 하락해도 수익을 올릴 수 있다는 광고에 넘어가지 말아야 합니다. 물론 파생상품의 구성에 따라 주가 하락기에도 큰 수익을 올릴 수 있지만, 반대로 주가 상승기에도 손실을 낼 수 있는 상품이니까요. 장미에도 가시가 있으며 가시나무에도 꽃은 핀다고 하던가요? 그럼 지금까지 설명한 내용 중 궁금한 점이 있으면 질문하기 바랍니다."

"……."

수강생들은 아무도 질문하지 않았다.

"너무 완벽한 강의라서 질문이 없는 것으로 알고 이만 강의를 마치겠습니다. 하하하!

이제까지 여러분이 배운 선물, 옵션을 각각 헤지·투기·차익거래 목적으로 거래한다면 어떤 전략을 취할 수 있을까 생각했으면 합니다. 이들이 금리파생상품이라면 금리 상승 전망기, 하락 전망기, 좁은 범위 내에서 금리 등락 예상기 등에 따라 취할 수 있는 전략이 달라질 것입니다. 이번 과제에 나오는 금리 전망 조건에서 전략을 정리하며 되짚어 봤으면 합니다. 과제도 오늘이 마지막이네요.

이제 이번 주에 배운 금융상품의 내용을 중심으로 두 번째 퀴즈를 풀어 보겠습니다."

수강생들은 퀴즈도 마지막이라고 생각하면서 지금까지 공부한 내용을 떠올렸다.

과제-17

금리 상승을 예상할 경우, 여러분이 국채선물거래와 채권옵션거래를 한다면 어떤 포지션을 취하겠는가? 만일 예상대로 금리가 상승하면 어떠한 손익을 얻게 되는가? 표로 정리하여 생각해 보시오. (292쪽 참조)

QUIZ

이름	

1. 투자전략에 대한 설명 중 틀린 것은 무엇인가?

  ① 효율적 시장가설을 믿는 사람들은 적극적 투자를 하지 않는다.

  ② 소극적 투자전략을 선호하는 사람들은 펀드에 가입하는 경향이 있다.

  ③ 적극적 투자전략을 선호하는 사람들은 모두 기본적 분석을 한다.

  ④ 주식시장에서 일정한 패턴을 찾는 투자자는 적극적 투자전략을 더 좋아한다.

  ⑤ 적극적 투자전략은 정보가 빠르게 확산되는 제도적 요인이 존재하거나 시장참가자들이 합리적이지 않다고 전제한다.

2. 다음 설명 중 틀린 것은 무엇인가?

  ① 이론적으로 주식 가격은 미래 배당 수입을 현재가치로 환산하면 얻을 수 있다.

  ② 금리가 오를 것으로 예상되면 고정금리로 돈을 빌리는 편이 좋다.

  ③ 수요 증가로 물가오름세가 확대될 것으로 예상되면 금리는 상승한다.

  ④ 투자수익률이 높을 것이 확실하다면 레버리지는 클수록 좋다.

  ⑤ 기술적 분석은 기업의 미래 활동 계획을 바탕으로 주가를 전망하는 작업이다.

3. 채권에 대한 설명 중 틀린 것은 무엇인가?

   ① 금리가 상승하면 채권 가격은 떨어진다.

   ② 만기가 짧을수록 금리 변동에 따른 채권 가격의 변동 폭이 크다.

   ③ 채권 이자수입과 만기 도래 시 받을 원금의 현재가치를 합하면 현재의 채권 가격이 된다.

   ④ 국채에 투자하더라도 금리 변동 위험이 있다.

   ⑤ 회사채에 투자하면 신용위험이 있다.

4. 다음 중 단기금융시장의 상품이 아닌 것은 무엇인가?

   ① 대고객RP   ② CD   ③ CP

   ④ MMF   ⑤ ABS

5. 단기금융상품에 대한 설명 중 잘못된 보기를 선택하라.

   ① 단기금융상품은 만기가 짧다.

   ② 단기금융상품은 새로 발행된 3~5년 만기 국채보다 유동성이 좋다.

   ③ 단기금융상품은 장기금융상품에 비해 금리가 낮게 형성된다.

   ④ 단기금융상품은 장기금융상품에 비해 금리 변동위험이 작다.

   ⑤ 지급 시기는 몇 달 후로 정해져 있지만 당장 급하게 필요하지 않은 돈은 단기금융상품에 투자하는 편이 좋다.

6. 자산유동화증권에 대한 설명 중 잘못된 것은 무엇인가?

   ① 자산유동화증권이 발행되어 금융시장의 규모가 커졌다.

   ② 채권을 기초자산으로 발행되는 자산유동화증권도 있다.

③ 발행자는 낮은 신용등급의 채권을 매입하여 자산유동화증권의 신용도를 보강한다.

④ 우리나라의 자산유동화증권은 주로 만기에 따라 구분되어 발행된다.

⑤ 자산유동화증권은 주로 주식의 형태로 발행된다.

7. 펀드에 대한 설명 중 적정한 것은 무엇인가?

① 적립식 펀드는 주식형 펀드로 운용된다.

② 하이일드 펀드는 기대수익률의 변동폭이 작다고 볼 수 있다.

③ 듀레이션이 긴 펀드는 채권금리 하락 시 유리하다.

④ CP, CD 등 유동성 자산은 주식형 펀드에는 포함되지 않는다.

⑤ 채권형 펀드에는 주식이 조금밖에 포함되지 않는다.

8. 다음 펀드에 대한 설명 중 잘못된 보기를 선택하라.

① MMF는 주로 만기가 짧은 상품에 투자한다.

② 헤지 펀드는 고수익을 겨냥하면서 절대수익률을 추구하는 경향이 있다.

③ 펀드는 다양한 투자상품에 많은 투자자가 참여하므로 원금이 손실될 가능성은 없다.

④ 펀드에 가입할 때에도 자신의 선호가 중요하다.

⑤ 펀드에 가입하면 수수료를 내야 한다.

9. 선물거래에 관한 설명 중 틀린 것은 무엇인가?

① 직접 선물거래를 하지 않더라도 선물이 포함된 펀드에 투자할 수 있다.

② 선물 매도 포지션을 취하게 되면 가격이 하락할 경우 이익을 본다.

③ 선물투자는 현물투자보다 투자 원금이 적게 소요된다.

④ 우리나라에는 주식 관련 선물만 있으며 채권 관련 선물은 없다.

⑤ 선물은 위험을 회피하는 수단으로 이용되지만 위험을 선호하는 투자자들도 많이 이용한다.

10. 주가연동금융상품(ELS, ELD, ELF)에 대한 설명 중 적정한 것은 무엇인가?

① 주가가 하락하는 경우에도 추가 이익을 얻을 수 있는 주가연동금융상품이 있다.

② 모든 주가연동금융상품은 원금 보장이 된다.

③ 모든 주가연동금융상품은 예금자 보호 대상이다.

④ 주가연동금융상품 펀드의 미래 기대 수익구조는 가입 후 변동한다.

⑤ ELF는 은행에서 운용하나 증권사에서 판매한다.

정답 및 해설 293쪽

세상으로 나아가기

18 ▶ 재무설계와 생애주기

"드디어 모든 일정이 끝났군요. 그동안 모두 고생했습니다. 이제부터 할 이야기는 어쩌면 맨 처음에 여러분에게 들려주어야 했을 이야기일지도 모르지만, 마지막 강의를 위해 남겨 두었습니다. 여러분이두 주 동안 금융을 배운 목적은 무엇일까요? 삶을 조금이라고 윤택하게 하기 위함이 아닐까요? 그러기 위해서는 자신부터 돌아봐야 합니다. "너 자신을 알라!"처럼 어려운 말이 세상에 있을까요? 그런데금융 생활에서 '나를 안다'는 말은 두 가지 뜻을 지니고 있습니다.

하나는 내가 '무엇을 원하느냐'를 아는 것이고, 다른 하나는 내가'어떤 상황에 있느냐'를 아는 것입니다."

나를 찾아줘!

"우선 첫 번째부터 생각해 보겠습니다. '무엇을 원하느냐'라는 질문은 나의 수익과 위험에 대한 선호를 아는 일입니다. 일반적으로 수익률이 높으면 위험이 크고 위험이 작으면 수익률도 낮습니다. 이러한 관계에서 큰 위험을 감수하면서 높은 수익을 추구할지, 작은 수익에 만족하면서 낮은 위험을 추구할지는 스스로 선택할 문제입니다. 사람마다 좋아하는 꽃과 과일이 있으며 짜장면을 좋아하는 사람과 짬뽕을 좋아하는 사람이 있기 마련이거든요.

얼마를 투자하고 어느 정도 수익에 만족할 것인가? 즉 투자 목표를 어떻게 설정해야 할 것인가? 우선 가장 중요한 기준은 위험을 감당할 수 있는 수준을 정하는 것입니다. 1,000만 원을 투자했는데 이중 200만 원까지 손실을 감수할 수 있다면, 내가 위험을 감당할 수 있는 수준은 200만 원입니다. 이 말은 본인의 생활을 정상적으로 유지하기 위해서는 200만 원 이상의 손실을 볼 수 있는 투자상품을 선택하지는 말아야 한다는 뜻입니다.

자신의 위험 성향과 위험을 감당할 수 있는 수준을 파악하였다면 이제 합리적 수준에서 목표 수익률을 정해야 합니다. 예금 이자율보다 높은 수익률을 달성할 수 있는 투자상품을 선택한다면 손실 한도를 점검하라는 뜻입니다. '지피지기면 백전불태知彼知己 百戰不殆'라는 말을 새기기 바랍니다. 투자의 기본은 자신을 제대로 파악하려는 노력에서 시작한다는 말을 잊지 않았으면 좋겠습니다."

삶의 주기에 따라 달라지는 나

"많은 사람을 조사해 보면, 그들에게서 어떤 공통점을 찾을 수 있습니다. 생애주기life cycle를 통해 드러나는 패턴pattern입니다. 살아가는 과정에서 사회 초년생, 가정을 책임진 중년, 은퇴자와 은퇴 준비자는 해당 시기에 다른 선호 체계를 보이기 마련이거든요. 혹시라도 그런 생각을 하지 못했다면 이제 이를 의식하면서 그러한 변화를 보여야 합니다. 그러므로 '초심을 잃지 않겠습니다'라는 말은 금융 활동에서 있을 수 없으며 있어서도 안 됩니다. 예를 들어 사회 초년 단계에서 위험 선호 성향이 너무 강할 경우, 투자를 위한 종자돈이 마련되기도 전에 원금을 잃어버릴 수 있습니다. 반면 과도하게 위험을 회피할 경우 투자가 필요한 적기에 망설이다가 원하는 수익을 얻지 못할 수 있습니다. 은퇴 시기가 되면 위험한 투자에 더욱 조심하여야 합니다. 그 시기에 큰 손실을 본다면 회복할 수 있는 시간이 남지 않으니까요. 그러므로 자신이 어느 정도 위험을 선호하는지를 냉정하게 평가한 후, 다음에 살펴볼 자신의 재무 상황에 맞게 조절해야 합니다."

재무상태 점검과 재무계획 설계

"이제 내가 '어떤 상황에 있느냐'라는 두 번째 질문에 대해 생각해 보겠습니다. 나의 상황을 상세히 진단해 본다는 뜻입니다. 운동경기를 준비할 때는 현 상황을 냉정하게 평가하는 단계에서 시작하여 훈

런계획을 세우는 단계로 나아가기 마련입니다. 재무계획을 세우기 위해 먼저 나의 재무상태를 점검해 보겠습니다. 이때 재무상태는 보유하고 있는 자산과 짊어진 부채 외에 미래에 기대되는 수입을 포함해야 합니다."

수강생들은 한평생 자신이 얼마나 벌 수 있을지를 생각했다. 이들의 표정을 읽었는지 복 교수가 말을 이었다.

생애주기 따른 대응

"여러분은 학생이거나 직장 경력이 오래되지 않아 자산이 많지 않을 것입니다. 하지만 한평생 살면서 돈이란 언제든 조금씩 모자라기 마련입니다. 가진 돈이 충분하다고 말하는 사람을 아직 만나지 못했습니다. 그러니 재무상태를 점검하고 재무계획을 설계하는 일은 젊었을 때부터 필요합니다. 젊은이들의 꿈은 우선 살아가야 할 집을 마련하는 일인데, 그러기 위해서는 먼저 돈을 모아야 하겠지요. 어떤 방법으로 모으느냐, 다음으로 어떻게 운용해야 하느냐의 문제입니다. 돈을 모으는 과정에서도 생활을 계속하여야 하니까요. 소비하는 문제도 물론 생각해야겠지요.

자산 구성에서 지나치게 부동산이나 예금, 주식과 같은 특정 자산에 편중되어 있지 않은지, 당장 다음 달 필요한 교육비, 의료비, 대출이자 등에 지출해야 하는 현금 또는 예금이 충분한지 살펴봐야 합니다. 마이너스 통장은 신용도를 조사할 때 부채로 잡히지만 갑작스러운 사태에 대비하는 데 유용합니다. 자산을 구성할 때는 수익과 위험을 고려해야 하지만 먼저 자신의 수요에 대응할 수 있어야 합니다. 향후 금리, 주가, 환율 등의 변동성에 따라 자산이 크게 변하는 구조라면 가격의 변동성을 감당할 수 있는지 생각하고요. 아파트, 빌라 등 부동산을 소유하고 있다면 담보대출금액이 당국의 정책에 따라 달라질 수 있다는 점에 유의하세요. 부동산을 매각하지 않은 상태에서 현금을 차입할 수 있는 한도도 미리 알아야 하지요.

다음으로 부채 구성에서 자산에 비해 부채의 규모가 과도하게 큰지, 만기가 적정하게 분산되어 있는지, 향후 금리 변화에 고정금리와 변동금리 조건이 적절히 대응할 수 있는지 등을 살펴야 합니다. 또 예상 수입을 가지고 이자 지급에 잘 대응할 수 있어야 합니다. 앞으로도 적정한 부채 규모를 유지할 수 있을지 역시 점검할 수 있어야 합니다.

아울러 재무계획도 앞에서 말한 생애주기를 고려하여 조정되어야 합니다. 앞으로 소득을 창출할 기회가 많지만 투자 재원이 많지 않은 청장년층과 앞으로 연금과 이자소득에 의존할 수밖에 없는 노년층의 재무계획은 차별화되어야 하며, 이에 따라 투자전략과 재무설계 역시 조정해야 하거든요. 청장년층은 많이 벌고 많이 소비하는 가운데 자산을 축적하고 부채를 상환할 수 있는 시기가 많이 남아 있지만, 노년층은 연금, 이자소득 등에 의존해야 하기 때문에 일상의 재무계획과 금융투자전략을 안정성이란 초점에 맞추어야 합니다. 여러분에게는 훗날의 일일 테지만 말입니다.

조금 다른 이야기지만, 여러분에게 다가오는 모든 투자 기회가 같은 시간대에 진열되지 않는다는 얘기를 하고 싶습니다. 시간이 지나 돌이켜 생각해 보면 '아차! 거기에 투자하면 더 좋았을 텐데!' 하는 생각이 든다는 말입니다. 그러나 그사이 주가와 금리가 바뀌어 있지 않겠어요? 남녀관계도 그렇습니다. 사람은 한 명씩 지나쳐 가고 전체 삶을 통해 만날 수 있는 사람들이 한꺼번에 등장하지는 않습니다. 한순간에 한 사람을 선택하는 과감한 결정이 필요하지요. 주식이나 채권에 대한 투자처럼 만남도 시간이 지나고 나서 후회하는 일이 생기기 마련입니다. 잘한 일이라고 해도 시간이 지난 후에야 조금씩 알게 되기도 합니다. 그런 점에서 투자는 연애와 같다고도 할 수 있겠습니다. 무엇을 거느냐만 다를 뿐이지요."

긴 시각과 통계의 뒷받침

"마지막으로 당부하겠습니다. 모두 알다시피 인터넷이나 유튜브에 기초 체력을 다지는 데 도움이 되는 무궁무진한 콘텐츠가 널려 있으며 매일 뉴스에서 세계 각국의 경제 움직임을 쏟아 내고 있습니다. 좋은 책도 연일 출간되고 지금 이 순간의 정보를 전하는 뉴스와 긴 흐름을 담은 정보도 있으니 잘 살펴보기를 권합니다. 자칫하면 숲을 보지 못하고 나무 하나하나에 얽매이기 쉽거든요. 한편 통계 자료에도 관심을 두기를 권합니다. 통계는 경제 실상에 대한 사실과 증거를 제공해 주니까요. 통계는 대부분 공공재이기 때문에 수집하는 데 별도의 비용이 필요하지 않습니다. 하지만 공표되는 통계를 적시에 챙겨 보려면 상당한 의지와 노력이 필요합니다. 통계를 기반으로 금융경제 동향을 긴 시각으로 일관되게 흐르는 경향이나 방향을 진단할 수 있다면 이를 토대로 미래를 전망할 수 있습니다."

그물에 걸린 기러기

"그러나 세상의 일은 공부한 대로 되지는 않습니다. 우연히 좋은 일이 생기기도 하고 우연히 나쁜 일이 생기기도 합니다. 어떤 사람은 '소 뒷걸음치다 쥐를 잡는다.'라고 표현하더군요. 또 '물고기를 잡으려고 그물을 쳤다. 그러다가 그물에 기러기가 걸렸다고 어찌 기러기를 잡지 않을 것인가?'라고 말하는 사람도 있습니다. 그러나 잘해도 우연히 손실을 보는 경우가 있지 않겠어요? 조심스럽게 걸어도 바나나 껍질을 밟고 미끄러지기도 합니다. 실제 투자 상황에서 이러한 일들이 일어납니다. 우리가 어떻게 세상 모든 일을 예상할 수 있겠습니까? 오직 꾸준히 공부할 뿐입니다. 세상의 모든 노력은 좋은 일이 생길 확률을 높이는 작업이라는 점을 잊지 마세요."

트루먼 대통령 이야기

"알고 있는 사람도 있겠지만, 옛날 미국의 트루먼Harry truman 대통령이 경제정책을 설명해 줄 '외팔이' 경제학자를 데리고 오라는 말을 했다는 이야기가 있습니다. 경제학자들이 매번 무슨 설명을 할 때마다 한편으로는on one hand 이러하고, 다른 한편으로는on the other hand 이러하다는 이야기를 늘어놓으니 팔이 하나밖에 없는 사람을 데려오라고 했다는 우스개입니다. 유명한 일화인데 아는 사람 없나요? 좌우지간 그렇다는 겁니다.

　다른 이야기를 해 보지요. 지금 소위 전문가라고 하는 채권 딜러나 주식펀드 매니저를 만나서 물어보면, 그 사람들은 금리와 주가가 올라갈 요인 열 가지와 내려갈 요인 열 가지를 쉽게 댈 수 있습니다. 그렇지만 가격의 방향을 점치기는 어렵다고 합니다. 금리 상승 요인 열 가지가 있고, 하락 요인이 한 가지 뿐이라고 하더라도 그것이 강력하다면 결국엔 금리가 하락한다는 것입니다. 이 쉬운 원리를 왜 우리는 인생에서 종종 잊고 살까요? 대부분 그 요인이 몇 개냐 하는 가짓수에 집착하는 경향이 있기 때문입니다."

　은성실은 '복 교수가 정말 '인생 또는 삶'이란 단어를 자주 사용한다.'라고 생각했다.

19 ▶ 핵심금융 아카데미를 마치며

"고등학교 동창인 경제학, 물리학, 화학 교수 세 사람이 어느 날 가까운 섬으로 낚시를 갔습니다. 세 사람은 간단히 먹을 음식만 챙겨서 배를 탔는데 얼마 가지 않아 갑자기 불어닥친 폭풍을 만났습니다. 세 사람은 고생 끝에 육지에서 멀리 떨어진 무인도에 도착하였습니다. 점점 배가 고파 오기 시작하자 정신을 차려 주위를 둘러보니 파도에 떠밀려 온 통조림 하나를 발견하였습니다. 당연히 따개는 없었습니다.

그때 먼저 화학 박사가 말을 꺼냈습니다.

모든 물질의 이온계수는 서로 상이하기 때문에 바닷물 속에 통조림을 넣으면 깡통과 내용물이 서로 분리된다. 이때 내용물을 꺼내 먹으면 된다.

그러자 물리학 박사가 반박하였습니다.

나도 화학을 조금 공부해서 아는데, 그건 쉬운 말로 '부패'라고 하는 거야. 우리가 어떻게 상한 음식을 먹겠나? 그런데 말이야, 모든 물질은 '열팽창 계수'가 다르니까 불을 가하면 깡통과 내용물이 분리된다는 말씀. 이때 내용물을 먹으면 되지.

그러자 화학 교수가 말을 받았죠.

나도 물리를 조금 공부해서 아는데, 이를 쉬운 말로 하면 '폭발'이라고 하지. 그럼 온 섬에 먹을 것이 흩어져 먹을 수 없어.

마침내 경제학 교수가 끼어들었습니다.

야, 이과 애들하고 같이 못 놀겠네. 여기 깡통 따개가 있다고 '가정'하자. 그러면 깡통 따개로 따면 되지. 뭐가 어려워?

어, 웃는 사람이 없네요. 썰렁했나요? 왜 이 이야기를 했을까요? 왜냐하면 경제학에서는 '가정'이 중요하기 때문입니다. 모든 논리를 전개할 때 항상 어떤 전제가 필요하다는 말입니다. 지금까지의 설명에서 어떤 '가정'이 주어졌는지 되짚어 보기 바랍니다. 그리고 현실에서 그 가정을 맞추면서 생각하기 바랍니다."

수료증을 받다

"강의를 마치면서 한마디 덧붙일 것은 2주간이라는 시간 제약 때문에 보험, 해외투자, 부동산 관련 금융, 세금 등에 대해서는 이야기할 기회가 없었습니다. '핵심금융 아카데미'라는 강의의 성격상 이런 사항들에 대한 언급을 자제하기도 했지만……. 어쨌든 돈의 움직임을 생각한다면 이것들에 대해서도 많은 관심을 기울여야 합니다. 기초 과정이 끝났으니 이제 하산할 때가 되었습니다. 요즘은 세상이 복잡해서 수련 후에도 하산하지 못하고 옆 산으로 가서 다른 수련을 받아야 한다는 말도 있지만 말입니다. 허허허.

내년 봄, 투자게임이 완성될 때 시간이 허락되면 여러분 모두 참석하기 바랍니다."

복 교수는 당연히 대부분 참석하리라고 믿고 있는 것 같았다.

"은성실 씨, 주식영 씨, 한영리 씨, 채권희 씨, 그동안 빠지지 않고 참여하느라 수고 많았습니다. 2주 동안 여러분이 상당히 많은 금융 공부를 했을 것이라고 확신합니다. 여러분께 금융거래의 세부적인 현황보다 핵심 개념과 이론의 배경을 알려 주려고 노력했습니다. 또한 전문가를 통해 현장의 상황도 들어 보았습니다. 시간이 짧아 더 많은 것을 알려 주지 못한 점을 안타깝게 생각하지만, 현실과 부딪혀 보고 무엇이 부족하다고 생각하면 다음에 중급 과정의 기회가 있습니다. 이제 각자 생활하는 곳에서 열심히 공부하고 저축하고 투자하고 돈도 많이 벌기 바랍니다. 이제 한 사람씩 나와서 수료증을 받으세요."

수강생들은 수료증을 받아 들고 복 교수와 인사했다. 은성실은 언제나 그렇듯이 공책과 자료를 챙기는 데 시간이 걸렸다. 은성실은 나가면서 다시 복 교수에게 다가왔다.

"교수님, 언제 저희 부부가 교수님을 저녁 식사에 초대하고 싶어요."

"하하하, 좋습니다."

복 교수는 특유의 너털웃음을 지었다. 주식영, 한영리, 채권희도 인사하고 문을 나섰다. 모두 가슴 깊은 곳에서부터 솟구치는 의욕을 느꼈다. 봄바람이 상쾌한 늦은 저녁이었다.

과제 풀이

과제 10 효율적 시장가설을 구분하면?

효율적 시장가설은 다음과 같이 약형, 준강형, 강형으로 구분할 수 있다.

① 약형weak form 효율적 시장가설: 과거의 주가 움직임, 거래 규모의 변동 등 금융시장의 변동 추이 정보만으로는 장기적으로 시장수익률을 넘어서는 초과수익률을 얻을 수 없다.

② 준강형semi-strong form 효율적 시장가설: 약형 시장의 정보에 더하여 해당 기업의 전망과 관련된 공개 정보인 제품에 대한 분석 자료, 경영진의 능력, 대차대조표 구성, 보유 특허, 예상 수익, 회계 관행 등의 정보를 이용하여도 장기적으로 시장수익률을 넘어서는 초과수익률을 얻을 수 없다.

③ 강형strong form 효율적 시장가설: 약형과 중강형의 공개된 정보에 더하여 비공개 정보인 내부 정보까지 이용하여도 이미 주가는 전망에 필요한 모든 정보를 반영했으므로 장기적으로도 시장수익률을 넘어서는 초과수익률을 얻을 수 없다.

과제 11 행동재무학의 기본 개념은?

행동재무학은 인간의 여러 가지 심리적 특성이 투자자, 애널리스트, 펀드매니저 등의 의사결정에 영향을 미친다고 본다. 이러한 관점은 자본시장에서 투자자산이 초과이익을 보이는 이례적 현상을 설명한다. 행동재무학을 주장하는 사람들은 전통 이론이 인간 심리를 고려하지 않기 때문에 불완전한 이론이라고 주장한다. 전통재무학이 인간은 합리적이라고 기대하며 이윤 극대화 목표를 세우고 위험 회피 성향이 있다고 가정하는 반면, 행동재무학은 인간은 기본적으로 비합리적이라고 가정하고 재무의사결정에 영향을 미친 인간의 심리적 측면과 행태를 연구한다. 그들은 시장이 효율적이지 않은 이유를 인간이 가지고 있는 기본적인 오류 때문이라고 주장한다. 진화 과정에서 생겨난 본능은 현대사회에서 더 이상 유효하지 않지만 아직 우리의 행동을 지배한다. 여기에 더하여 차익거래를 할 수 없는 현실적 한계가 존재한다.

인간이 지닌 오류에는 과대 확신의 오류, 확증 편의의 오류, 쏠림 현상의 오류, 군중심리의 오류, 보수주의적 오류, 손실·후회·회피의 오류, 부의 감소에 대한 위험 추구의 오류 등이 있다고 한다.

과제 12 가치주와 성장주란?

가치주란 시세차익보다는 안정적인 배당수익이 기대되는 주식을 말한다. 일반적으로 주가배수가 낮은 주식은 오랜 역사가 있는 전통 산업에 속하는 기업들의 주식이다. 반면 성장주란 높은 주당순이익을 나타내며 성장과 같은 수익성이 기대되는 주식을 말한다. 일반적으로 주가 배수가 높은 주식으로 바이오주, 기술주 등이 대표적이다.

여기서 주가 배수란 주가를 가치 변수로 나눈 값을 말한다. 즉 주가 나누기 주당 이익은 PER(주가수익비율), 주가 나누기 주당 순자산은 PBR(주당순자산비율)로 표시된다. 한 기업의 주가 배수가 높은지 또는 낮은지는 다른 기업의 주가 배수와 비교하여 상대적으로 평가한다.

과제 13 ▸ 주식과 채권의 수익과 투자, 무엇이 좋을까?

주식을 보유하면 배당을 받는 반면 회사채를 보유하면 이자를 받는다. 두 가지 증권 모두 매매하면서 자본이익 또는 자본 손실을 볼 수 있다. 주식을 보유하게 되면 향후 경기가 좋아질 것으로 전망될 경우 배당이 증가하는 가운데 주가가 상승하여 차익을 얻을 가능성이 있는 반면, 회사채를 보유하게 되면 경기 호조에 따른 금리 상승으로 자본 손실을 볼 가능성이 있다. 그러므로 경기가 좋아질 것으로 예상되면 주식 투자가 더 유망하다.

한편 경기가 나빠질 것으로 전망된다면 주식투자의 경우 배당이 감소하는 가운데 주가가 하락하여 손실을 볼 가능성이 있는 반면, 경기 불황에 따른 금리 하락으로 회사채 투자는 자본 이득을 볼 가능성이 있다. 회사채의 경우 경기 호황 또는 불황에 따라 이자 수입이 변경되지는 않는다. 어쨌든 경기가 나빠질 것으로 전망된다면 회사채 투자가 더 유망하다. 물론 회사채를 발행한 기업이 도산되지 않는다는 사실이 전제되어야 한다.

과제 14 ▸ 전환사채와 신주인수권부사채가 주식으로 전환될 때 기업 자본금과 부채 규모의 변동은?

전환사채CB가 주식으로 전환되면 전환사채는 없어지면서 기업의 부채 규모가 감소하고 자본금이 증가한다. 반면 신주인수권부사채BW의 주식인수권이 행사되면 회사채는 그대로 남고 신주인수권만 주식으로 바뀌기 때문에 기업의 부채 규모에는 변동이 없고 자본금만 증가한다.

과제 15 개인이 가입할 수 있는 단기금융상품은?

	취급 금융기관	금리수준[1](%)	편리한 점
MMDA	은행	• 1,000만 원-0.05~0.30[2] • 1억 원-0.30~1.00 • 확정금리(거액일수록 높은 금리 제공)	• 5,000만 원까지 예금자 보호 • 대출, 공과금 납부, 지급 결제 등 은행거래와 연계 용이
MMF	은행, 증권사	• 1.30~1.80[3] • 실적배당	• 개인연금계좌, ISA 등 다양한 계좌에서 편입 가능 • 은행, 증권사 등 다양한 금융기관에서 가입 가능
CMA	증권사, 종합금융기관	• 1.65~2.30 • 확정금리(종금형, RP형), • 실적배당(MMF형, MMW형)	• 종금형만 예금자 보호 가능 • 공모주 청약 등 증권사 업무와 연계 용이 • 공과금, 카드 결제 등 결제 거래도 가능
대고객RP	증권사	• 2.00 내외[4]	• 확정금리형
CP (91일물)[5]	증권사, 종합금융기관	• 2.84	• 상대적으로 고금리 (단, 만기 이전 매매 시 손실 가능)
CD (91일물)[5]	은행	• 2.76	• 상대적으로 고금리 (단, 만기 이전 매매 시 손실 가능)

주: 1) 2022년 8월 16일 기준
   2) 금액과 무관하게 2.15%를 지급하는 산업은행 제외
   3) 1년 수익률 기준
   4) 1일물 기준이며 약정 기간이 길어질수록 수익률 높아짐. 단, 약정 기간 전 인출 시 약정 수익률보다 낮은 수익률 적용
   5) CP는 신용등급이 A1인 발행회사 어음 기준, CD는 신용등급이 AAA인 시중은행 발행분 기준

자료: 은행연합회, 금융투자협회, 각 금융기관

과제 16 엄브렐라 펀드, 랩어카운트, 변액보험, 부동산투자회사를 설명하면?

① 엄브렐라 펀드umbrella fund: 우산처럼 하나의 펀드 아래 성격이 다른 여러 개의 하위 펀드가 구성되어 있는 형태로 하위 펀드 사이에 전환이 자유로운 것이 특징이다. 시장 여건에 따라 상승기에는 좀 더 공격적인 펀드로, 하락기에는 방어적인 펀드로 탄력적으로 운용할 수 있다는 장점이 있다. 그러나 좋은 펀드로 갈아탄다는 취지는 좋으나 잘못 갈아탔다가는 성과가 좋지 않은 쪽으로만 옮아갈 수 있다는 위험이 있다.

② 랩어카운트Wrap Account: 일임형 자산관리계좌라고도 하는데, 증권사가 상담을 통해 고객의 투자 성향을 파악한 뒤 투자에 관한 결정 권한을 일임받아 고객의 지시하는 범위 내에서 자산배분과 투자전략을 수립한 후 다양한 상품에 직접 투자하는 서비스를 제공하는 종합자산관리계좌를 말한다. 자산운용사에서 운용하는 투자신탁상품과 비슷한 성격이다. 다만 랩어카운트의 경우 개별 투자자의 성향을 반영하여 투자자 계좌별로 운용되는 반면 각 펀드는 운용 과정에서 투자자금이 통합 운용되므로 개별 투자자의 의견이 반영되기는 어렵다. 하지만 펀드는 다양한 성격의 상품을 갖추고 있기 때문에 투자자가 원하는 펀드에 가입할 수 있다.

③ 변액보험: 보험계약자가 납입한 보험료 가운데 일부를 따로 분리해 주식이나 채권 등 수익성이 높은 유가증권에 투자하여 그 운용 실적에 따라 계약자에게 투자 성과를 나누어 주는 실적배당형 보험상품이다. 보장기능, 저축기능, 뮤추얼 펀드의 형식

이 혼합된 구조를 가진다.

④ 부동산투자회사REITs, Real Estate Investment Trusts: 리츠라고 불리는 부동산투자회사가 투자자금을 모아 부동산 개발, 매매, 임대사업 등에 투자할 뿐 아니라 주택저당채권담보부채권MBS 에 투자한 후 이익을 배당하는 간접투자상품이다. 소액투자자의 부동산 투자 기회를 확대하기 위해 만들어진 리츠는 부동산 펀드와 달리 상법상의 주식회사로 운용되면서 부동산에 총 자산의 80% 이상을 투자하고, 수익의 90% 이상을 배당으로 지급한다. 리츠를 이용하게 되면 소액 개인 투자자라도 대규모 자금이 필요한 부동산 투자를 간접적으로 할 수 있다. 또한 현금화가 매우 어려운 부동산 투자의 단점을 제거하면서 증권시장에 상장된 리츠 주식의 매매를 통해 해결할 수 있는 장점이 있다.

과제 17 금리 상승을 예상할 경우 국채선물거래와 채권옵션거래의 포지션과 손익은?

파생상품의 종류		포지션	금리 상승 시의 손익(수수료 제외)
국고채 선물		매수(Long)	손실
		매도(Short)	이익
옵션	콜옵션	매수(Buy)	–
		매도(Sell)	–
	풋옵션	매수(Buy)	이익
		매도(Sell)	손실

답안

1. ③ 2. ⑤ 3. ② 4. ⑤ 5. ② 6. ⑤ 7. ③ 8. ③ 9. ④ 10. ①

해설

1. 적극적 투자전략을 선호하는 사람들 중 기본적 분석뿐 아니라 기술적 분석을 활용하는 경우도 있다.

2. 기술적 분석은 과거 주가 추이를 분석하여 주가를 예측한다.

3. 만기가 짧을수록 채권 듀레이션이 작기 때문에 금리 변동에 따른 채권 가격의 변동 폭이 작다.

5. 채권시장에서 새로 나온 만기 3~5년 국채의 유동성이 가장 좋다.

7. 주식형 펀드에는 CP, CD 등 유동성 자산이 포함된다.

8. 펀드 원금이 손실될 가능성은 항상 있다.

10. ②, ③의 경우 일부만 해당된다. ④ 미래 기대 수익구조는 가입시 결정된다. ⑤ 자산운용사에서 운용한다.

맺음말

금융거래에 대한 일반적인 내용을 가장 쉽게 설명하고자 하였을 때, 금융과 경제에 대한 기초지식과 원리 그리고 투자전략과 금융상품의 개요로 정리하면 되겠다고 생각하였습니다. 책을 쓰는 입장에서 무엇을 빼고 무엇을 남길 것인지 결정하는 일은 항상 어려운 문제이지만 '쉽게 이해할 수 있어야 한다'에 방점을 찍을 때에는 더욱 힘들어집니다.

언제나 그렇듯이, 시작하면서 들었던 걱정이 충분히 해소되었는지 돌아보니 안타까움으로 남습니다. 당초 복자금 교수와 금융시장의 실무 전문가, 수강생 4명을 등장시켜 이들의 목소리와 몸짓을 통해 딱딱한 내용을 조금이나마 쉽게 이해할 수 있도록 하고 싶었지만, 그들이 주고받는 사소한 대화가 금융의 핵심을 이해하는 데 방해 요소로 작용했을지도 모를 일입니다. 다만 조금이나마 재미를 더하기 위해 학생과 회사원 그리고 잠시 일을 쉬고 있는 주부의 입장에서 각기 다른 시각을 제공하고자 하였습니다. 긴 글을 읽어 나가는 데 도움이 되었으면 하는 바람입니다.

일반인을 위한 개론이라는 명제에 치중하다 보니 방대한 내용을 수박 겉핥기식으로 지나온 면도 없지 않으나 더 자세한 설명은 제가 출간한 다른 책을 참고하시길 권합니다. 여기서는 복잡다기한 내용을 잘라 내고 핵심에 집중하고자 하였습니다. 그러므로 '수박 겉핥기식'이라는 비판에는 태연할 수 있겠으나 아직도 '복잡하고 어렵다'는 비판이 제기된다면 뼈아픈 지적이 될 것입니다. 돌이켜 보면 쉽고 재미있게 써야 한다는 방향에서 과감한 가지치기가 필요하였지만 그렇지 못하였다는 아쉬움이 남습니다.

원고를 정리하면서 다시 한번 느낀 점은 이미 복 교수의 목소리를 빌려 언급하였듯이 모든 금융거래와 투자는 결국 수익과 위험의 상충관계trade-off에 의해 결정된다는 단순한 사실입니다. 어떤 방향으로 나아갈지는 자신의 마음을 찾는 과정에서 결정되지요.

이 책이 하나의 디딤돌 역할을 하여 많은 사람이 복잡하고 불확실한 금융 세상을 헤쳐 나가는 데 도움이 되기를 바랄 뿐입니다.

돈 모을 때 시작하는
금융투자 공부

초판 1쇄 인쇄 | 2024년 4월 19일
초판 1쇄 발행 | 2024년 4월 25일

지은이 임경
책임편집 조성우, 손성실
디자인 권월화
일러스트 신병근
펴낸곳 생각비행
등록일 2010년 3월 29일 | 등록번호 제2010-000092호
주소 서울시 마포구 월드컵북로 132, 402호
전화 02) 3141-0485
팩스 02) 3141-0486
이메일 ideas0419@hanmail.net
블로그 ideas0419.com

ⓒ 임경, 2024
ISBN 979-11-92745-24-4 03320